구비설화 속
거주공간과 인간욕망

김미숙(金美淑)

한국방송통신대학교 국어국문학과를 졸업하고
아주대학교 대학원 국어국문학과에서 석사와 박사학위를 받았다.
아주대, 국제대, 한국방송통신대, 경기대를 거쳐 현재 아주대에서 강의 중이다.

■ 연구 논문

「수수께끼의 疏通狀況 硏究-民譚에 삽입된 수수께끼를 중심으로」, 「<삼공본풀이>에 나타난 공간의 의미 -'집'을 중심으로-」, 「설화에 나타난 민중의식-최치원 설화를 중심으로-」, 「입사식 원형으로서의 버림/버려짐 모티프와 상자 모티프-<궤네깃당본풀이>를 중심으로-」, 「설화에 나타난 이주(移住)와 역(逆)이주」, 「구비설화에 나타난 공간과 인간의 관련성 연구」 등이 있다.

구비설화 속
거주공간과 인간욕망   값 20,000원

2013년 7월 15일 초판 인쇄
2013년 7월 20일 초판 발행

저　　자 : 김 미 숙
발 행 인 : 한 정 희
발 행 처 : 경인문화사
　　　　　서울특별시 마포구 마포동 324 - 3
　　　　　전화 : 718 - 4831~2, 팩스 : 703 - 9711
　　　　　이메일 : kyunginp@chol.com
　　　　　홈페이지 : http://kyungin.mkstudy.com
등록번호 : 제10 - 18호.(1973.11.8)

ISBN : 978-89-499-0945-5 93380

구비설화 속

거주공간과 인간욕망

김 미 숙

景仁文化社

　마당을 빛내주던 철쭉과 영산홍이 내년을 기약하고 떠나니 매발톱·
하늘매발톱·금낭화 등이 다시 마당을 채웁니다. 화무십일홍(花無十日紅)
이라지만 하나 지면 또 다른 꽃이 겨울 되기 전까지 번갈아 얼굴을 보이
니 꼭 그것이 아니라도 또 다른 것으로 채우는 즐거움도 만만치 않음을
느낍니다. 인간의 삶도 그러하겠지요.

　박사논문을 매우(梅雨)의 시기에 시작했습니다. 저녁에 학교에 출근해
서 밤부터 새벽까지 쓰고 새 날이 왔음을 알리는 마지막 새인 참새가
나오면 집에 돌아와 잠시 눈 부치고 식구들을 위해 밥을 지어놓고 또
출근하여 다시 똑같은 일을 반복했습니다. 지금 그 시절을 더듬어보니
혼인해 딸을 낳아 키우며 그 애와 여러 즐거움을 나누던 때처럼 제 생애
에서 매우 행복한 시기였습니다. 그 시기에 성취의 즐거움과 함께 박지
원(朴趾源)의 「일야구도하기(一夜九渡河記)」를 맛보는 행복함도 있었습니
다. 또한 한밤중 두세 시부터 시간 단위로 각각 다른 새가 날이 밝았음
을 알려주고, 맨 마지막에 참새가 새벽을 고지(告知)한다는 것도 알았습
니다. 선학(先學)이 느끼신 즐거움을 저도 맛본 것이고, 자연의 섭리를
다시 한 번 깨달은 거지요.

　이런저런 박사논문 집필시의 행복했던 순간들을 떠올리다가 다시 현
실로 돌아와 책 제목을 어떻게 쓸 것인가에 대해 고민을 많이 했습니다.
제목이 글의 요지를 포괄하고 있으니 제가 세상에 내보내는 결과물이 무

슨 내용을 담고 있는지는 보여줘야 할 것 같아서 이지요. 여러 생각이 많았지만 보다 함축적인 용어로 바꾸었습니다. 그렇게 하는 것이 보다 집약적이고 효과적으로 공간(空間)과 인간(人間)이 서로 유기적(有機的)으로 관련을 맺고 있는, 즉 상호조응적(相互照應的) 관계에 있는 존재임을 드러낼 수 있겠다고 생각했기 때문입니다.

저는 항상 인간의 삶에 관심이 많습니다. 그래서 어른들이 배고프다는 설화, 즉 이야기를 좋아합니다. 설화는 인간의 원초적인 삶을 당대 사회의 이슈라는 옷을 입혀 놓은 사람 냄새 물씬 묻어나는 장르입니다. 설화를 보면 그 사회가 어떤 생각을 하며 살았는지 쉽게 짐작할 수 있습니다. 이것이 학부 때부터 설화에 빠져 지금까지 제 학문연구의 축을 이루고 있는 이유입니다. 제 박사학위논문에서는 그 일환으로 공간과 인간이 서로 유기적으로 상호조응 관계에 놓여 있음을 보여주었습니다. 그 논문이 나온 지 벌써 이년 여, 어색한 부분을 다듬고 용어를 수정해서 세상 밖으로 내보냅니다. 이것은 저의 관심사 표현의 시작입니다. 앞으로도 계속 소재와 자료는 다르지만 저의 관심사를 결과물 속에 녹여낼 겁니다. 이 행복한 작업으로 인해 저의 삶은 배부르고 신날 것입니다.

이 책 출간을 계기로 늦은 나이에 공부의 길로 들어서서 처음으로 저를 만천하에 보여드리게 되었습니다. 이 책은 박사논문을 수정해서 세상에 내놓는 첫 성과입니다. 박사논문과 이 책이 나오기까지 음으로 양으로 제게 힘을 실어주셨던 모든 분들에게 가장 먼저 감사의 인사를 보냅니다.

그리고 무엇보다 전공도 다르고 당신보다 나이 많은 제자를 받아 여러 모로 불편하셨을 우리 선생님, 조광국 선생님께서 저를 이만큼 키워주신 데에 대한 감사는 빼놓을 수 없습니다. 제가 학문을 함에 있어 멘토로 의지했던 문혜원 선생님을 비롯해 아주대 대학원에서 제게 가르침을 베풀어주셨던 송현호·조창환·고정희·김현·최형용 선생님, 그리고 더 많은 학문적 욕구 충족을 위해 다른 학교로 가서 수업을 들은 적이 있었는데, 그때 가르침을 주셨던 이화여대의 강진옥 선생님과 중앙대의 김종대 선생님께도 마음 깊은 데에서 우러나오는 인사를 드립니다.

또 이 글의 모태가 된 박사논문 심사를 맡아주셨던, 우리 학교 교수님들과 충북대 정충권 선생님·한국방송통신대 박종성 선생님께도 마찬가지의 인사를 드립니다. 이 분들이 계시지 않았다면 제가 학문적으로 이 정도라도 목소리를 낼 수 없었습니다.

그리고 부족한 늦깎이 학자가 책을 낼 수 있게 추천해 주신 신라사학회 회장님이신 김창겸 선생님, 신진학자라는 부담이 있으실 텐데도 기꺼이 출판해 주시는 경인문화사도 정말 고맙습니다.

마지막으로 돌아가신 시부모님, 친정어머니께서 지하에서도 이 소식을 들으면 기뻐하시리라 믿으며, 아직 구십이라는 연세에도 건강하게 지탱해 주셔서 제 버팀목이 되어주시는 우리 아버지, 맏이와 혼인한 죄로 다소 까다로운 장인어른을 군소리 없이 모시며 아들노릇을 하고 있는 남편에게도 감사인사를 전합니다. 무엇보다 할아버지와 살기 위해 시골로 이사와 많은 것을 감수하고 사는 우리 딸, 딸에게는 항상 미안한 마음이 앞섭니다. 할아버지를 모셔 활동이 여유롭지 못하고, 시골에 살아 다른 연구자들과 접촉이 쉽지 않은 엄마를 위해 밤새워가며 함께 교정봐 주고 좋은 의견을 제시해 준 우리 딸, 엄마가 많이 사랑해.

양평 용문 흑천의 함효각(含曉閣)에서 김미숙(金美淑) 씀

차 례

제1장
여는 글

I. 문제 제기 및 선행연구 검토

인간은 공간 안에서 삶을 영위하고 공간을 형성하면서 살아가는 존재이다. 인간이 공간에 뿌리를 내린다는 것은, 세상을 바라보는 지지대(支持臺)를 가진다는 것이고, 사물의 질서 속에서 자신의 위치를 굳건하게 한다는 것이며, 특정한 어딘가에 의미를 담은 심리적 애착을 갖는다는 것이다.[1] 또한 공간에 뿌리박고 산다는 것은 공간에 감정이입(感情移入)을 한다는 것이고, 그 공간을 의미 있는 환경으로 만든다는 것이다. 이를 위해 인간은 물리적인 사물에 생리적·기술적으로 적용하고 타인과 교섭하면서 세계 속에서 자신의 성향(性向, orientation)을 드러낸다. 인간은 다른 대상에 대해 인식적이거나 정서적으로 반응하는데, 그 과정에서 환경과 역동적인 균형을 이루려고 노력함은 물론이다.[2]

'공간'이란 어휘를 살펴보면, 대기권 밖의 무한한 우주공간으로부터 인간과 사물이 존재하는 '공간'을 의미하기도 하고 '시간적 의미의 지속'이나 '기간'을 의미하기도 한다. 또한 원고의 '여백', 인터넷의 사이버공간이란 의미까지도 폭넓게 포괄한다.[3] 이 수많은 공간 중에서 인간

---

1) 공간에 투여된 애착이나 의식을 이푸 투안에 의하면 '토포필리아'라고 한다. 그는 그의 저서 *Topophilia*에서 인간은 환경을 통해야만 주어진 삶을 살아갈 수 있음을 강조하면서, 공간과 인간의 상호조응이 삶의 근본임을 다양한 예증으로 밝히고 있다.(Tuan, Yi-Fu, *Topophilia* (morningside), Colombia University Press, 1974 참조.)

2) Norberg-Schulz, C., *Existence, Space and Architecture*, Praeger Publishers, Inc., 1971. (金光鉉 譯, 『實存·空間·建築』, 泰林文化社, 1994, 7~8쪽.)

3) 이 서술은 中野 肇, 『空間と 人間,-文明と 生活の 低邊にあるもの-』, 1989.(최재

이 존재하는 공간 안에는 복잡하고 다양한 경험이 있다. 그것은 인간이 환경과 직접적인 관계를 가지고 있으며, 환경을 떠나서는 삶을 살아나갈 수 없는 존재임을 보여주는 근거가 된다.

인간이 거주공간에 대해 보이는 애착은 보다 나은 삶을 살고자 하는 강렬한 욕망, 즉 복록(福祿)을 얻고자 하는 욕망에서 비롯된다. 거주공간에 대한 애착은 그곳이 인간이 세계와 맺는 관계의 토대 아래 발생하는 것이어서, 공간과 인간 사이에는 유기적인 관련성, 즉 상호조응성이 있음을 보여준다.

거주공간에서 이러한 욕망은 개인 차원에서 나타나기도 하고 개인보다 범주가 큰 가문 차원에서 나타나기도 한다. 그런데 조선조를 배경으로 하는 구비설화에서는 인간 욕망은 자신의 영달보다는 그가 속한 가문의 영속성[4]을 위해 표출된다. 그 이유는 한 시대를 표방하는 인간의 사고가 인간을 둘러싼 사회의 환경 문제, 그리고 그 사회 환경과 관련된 당대의 이데올로기로부터 영향을 받기 때문이다. 당대 사회의 이데올로기가 인간 의식에 침투되고, 그것이 다시 인간의 욕망으로 표출되며, 또한 그러한 욕망이 특정 공간에 반영되기에 이른 것이다. 이러한 점이 구비설화에 잘 나타나 있는데, 구비설화 속의 주체들은 다양하고 끊임없는 자기갱신(自己更新)을 통해 이를 드러내고 있다. 따라서 구비설화의 공간은 인간의 감각과 정신을 담아내는 그릇이라 할 수 있다.

인간이 멈추고, 머무르며, 조용하게 휴식하는 곳이 거주공간 혹은 주

석 옮김, 『공간과 인간-문명의 밑바닥에 널려 있는 것-』, 도서출판 국제, 1999.)에 나타난 공간을 토대로 필자가 재구성한 것임을 밝힌다.
4) 가문의 영속성이라는 용어에 대해 고전 서사에서는 '가문창달(家門暢達)' 혹은 '가문의식(家門意識)' 등의 용어를 사용하기도 한다. 앞의 것은 조광국, 「<유효공선행록>에 구현된 閥閱家門의 自己更新」, 『韓中人文科學研究』 第16輯, 한중인문학회, 2005에서 사용하였으며, 뒤의 것은 金聖哲, 「<유효공선행록>연구」, 高麗大學校 大學院 碩士學位論文, 2002에서 사용하였다.

거공간이라 할 때, 그것은 장소성(場所性)에서 연유하는 것5)으로 볼 수 있을 것이다. 장소성이란 의미가 부여된 공간에서의 체험을 통해 그 공간을 이해하게 되고 그곳에 가치를 부여함6)을 의미한다. 장소성을 바탕으로 하는 거주공간의 범위는 살아있는 사람에게만 국한되는 것이 아니라 죽은 사람에게도 해당된다. 인간은 죽어서 '무덤'에 안주하게 되는데, 이는 여전히 특정 공간에 머물러야 함을 의미한다.7) 그러므로 거주공간을 거론할 때는 집과 무덤을 함께 다루어야 한다. 무덤은 살아서 거주하는 집과 마찬가지로, 죽어서 거주하는 또 하나의 집이라 할 수 있기 때문이다.

그런데 눈길을 끄는 점은 거주공간에 욕망을 투사하는 행위가 한 개인의 영달(榮達)을 이루기 위한 것이라기보다는 그가 속한 가문의 영속성에 기여하기 위한 것이라는 점이다. 이 점은 연구해 볼 가치가 매우 큼에도 불구하고 아직 연구 성과가 별로 없다.8) 그러므로 본고에서는 인간의 욕망이 거주공간에 어떤 양상으로 표출되는지 알아보고, 이것이 가문의 영속성에 어떻게 기여하는지에 대해 구체적 논의를 하고자 한다.

인간의 삶은 공간, 특히 거주공간과 서로 조응관계에 있지 않을 수 없다. 따라서 이에 대한 연구는 모든 문학 분야에서 꾸준히 이루어져 왔다. 현대문학에서는 주로 토포필리아와 의미의 차원에서, 고향과 집을 중심으로 논의된 바 있다.9) 그러나 인간의 거주공간이 집뿐만 아니라 무

---

5) 이명호, 「주거와 문화」, 대한건축학회 편, 『주거론』, 기문사, 1997, 15쪽.
6) 이석환·황기원, 「장소와 장소성의 다의적 개념에 관한 연구」, 『大韓國土·都市計劃學會誌』 第32卷 第5號, 大韓國土·都市計劃學會, 1997, 175쪽.
7) 인간이 집 뿐 아니라 무덤에도 머물러야하는 이유는 본고 7~9쪽에서 서술할 무덤도 거주공간이라는 견해를 보인 다른 학자들의 설명을 참고하기 바람.
8) 이 부분에 대한 선행 연구는 천혜숙의 논의가 있다. 이 논문에서는 집터에 나타난 부자가 되기 위한 인간의 욕망을 민중의 상상력의 구조로 보고 논지를 전개하였다. 자세한 것은 천혜숙, 「부자 이야기의 주제와 민중적 상상력」, 『구비문학연구』 제29집, 한국구비문학회, 2009, 38~74쪽을 참고하기 바람.
9) 현대문학에서 내놓은 연구 성과는 다음과 같다. 먼저 토포필리아적 관점의 연구

는 崔晩鐘, 「金素月 詩에 있어서 '場所愛'의 現象學的 硏究」, 西江大學校 大學院 博士學位論文, 2001; 김종구, 「「메밀꽃필 무렵」의 시공간과 장소애」, 『한국문학 이론과 비평』 제20집, 한국문학이론과 비평학회, 2003(이 논문은 그의 저서에 「효 석의 문학과 토포필리아」, 『소설시학과 담론』, 글누리, 2007로 다시 실렸다.); 박 정수, 「허윤석 소설의 토포필리아」, 『한국문학이론과 비평』 제20집, 한국문학이론 과 비평학회, 2003; 신재은, 「토포필리아로서의 글쓰기」, 『한국문학이론과 비평』 제20집, 한국문학이론과 비평학회, 2003: 신재은, 「유년의 기억 속에 투영된 공간 수사학-'토포필리아'와 '토포포비아'의 수사적 차이를 중심으로」, 『현대문학의 연 구』 제28집, 한국문학연구학회, 2006; 이혜경, 「문학적 토포필리아로 찾는 『혼불』 의 자리, 『한국문학이론과 비평』 제20집, 한국문학이론과 비평학회, 2003; 송명 희·박영혜, 「박완서의 자전적 근대 체험과 토포필리아-「그 많던 싱아는 누가 다 먹었을까」를 중심으로」, 『한국문학이론과 비평』 제20집, 한국문학이론과 비평학 회, 2003(이 논문은 그의 저서 『타자의 서사학』, 푸른사상, 2004에 다시 실렸다.); 김정아, 「이문구소설의 토포필리아 연구」, 『한국문학이론과 비평』 제20집, 한국 문학이론과 비평학회, 2003: 「이문구 소설의 토포필리아」, 『문예시학』 제15집, 문 예시학회, 2004: 「이문구 소설의 토포필리아 연구: 연작 소설을 중심으로」, 충북 대학교 대학원 박사학위논문, 2004; 안숙원, 「소설의 크로노토프와 여성서사시학 (1)-≪토지≫를 대상으로」, 『현대소설연구』 제21집, 한국현대소설학회, 2004: 안 숙원, 「소설의 크로노토프와 여성서사시학(2)-『미망』을 대상으로」, 『여성문학연구』 제13집, 한국여성문학학회, 2005; 정현숙, 「윤대녕 소설의 공간과 토포필리아」, 『江 原文化硏究』 第24輯, 江原大學校 江原文化硏究所, 2005; 김숙이, 「김소월 시에 나타난 공간 인식-「금잔디」의 토포필리아적 성격을 중심으로-」, 『民族文化論叢』 第34輯, 영남대학교 민족문화연구소, 2006; 李有土, 「李淸俊의 基督敎 小說 硏究」, 忠南大學校 大學院 博士學位論文, 2007; 정태귀, 「이양하 수필의 토포필리아 연 구」, 부경대학교 대학원 석사학위논문, 2008; 이형권, 「지역 문학의 정체성과 토 포필리아의 상관성-박용래와 대전·충남 문학의 관계를 중심으로」, 『語文硏究』 제 60집, 어문연구학회, 2009 등이 있다. 그리고 거주공간으로서의 집과 관련해서 서 술한 연구 성과는 다음과 같다. 이동하, 「70년대의 소설」, 『집 없는 시대의 문학』, 정음사, 1985; 金慶淑, 「金東里 小說의 空間 性硏究-住居空間을 중심으로」, 梨花 女子大學敎 大學院 碩士學位論文, 1986; 黃桃慶, 「李箱의 小說 空間 硏究」, 이화 여자대학교 대학원 박사학위논문, 1993: 「소설 공간과 '집'의 시학」, 『현대소설연 구』 제17집, 한국현대소설학회, 2000; 최유연, 「1970년대 소설에 나타나는 '집'의 상징성 연구」, 『도솔어문』 제15집, 단국대학교, 2001; 정유화, 「집에 대한 공간체 험과 기호론적 의미」, 『語文集』 第29輯, 中央語文學會, 2001; 류은숙, 「여성소 설에 나타난 <집>의 의미 연구-1980년대 이후 소설을 중심으로」, 『여성문학연구』 통권 7호, 한국여성문학학회, 2002; 정하늬, 「오정희 소설에 나타난 공간 의식 연덤을 포괄하고 있음에도 불구하고, 현대문학에서는 이를 통합적으로 묶어 다루지 않은 한계가 있다.

　설화문학에서는 집과 무덤을 각각 양택(陽宅)과 음택(陰宅)이라 하여 둘 다 거주공간의 개념으로 규정짓고[10], 이런 거주공간을 배경으로 한 설화를 '풍수설화(風水說話)'라는 유형으로 분류하고 있다. 하지만 이러한 연구가 공간과 인간이 서로 조응관계에 있다는 점에 대해서는 직접적으로 조명하지 못하고, 대부분의 연구가 복록이 폭넓게 보장되는 무덤에만 초점을 맞추고 논의했다는 한계가 있다. 무덤이 집보다 복록의 범위가 훨씬 크다는 점이 집에 대한 연구보다 무덤에 더 치중하게 된 요인으로 작용했을 것이다. 집과 무덤을 둘 다 거주공간으로 규정지으면서도,

구-'집'을 중심으로」, 서울대학교 대학원 석사학위논문, 2004; 한귀은, 「장소감에 따른 기억의 재서술-박완서의 ≪그 남자네 집≫을 중심으로」, 『현대문학의 연구』 제36집, 한국문학연구학회, 2008 등 다수가 있다. 또한 공간과 인간의 관련성 차원에서 공간에 대한 의식 혹은 인식을 논한 연구 성과는 다음과 같다. 김병욱, 「韓國 現代小說의 空間 意識」, 『西江語文』 第2輯, 西江語文學會, 1982; 金恩子, 「韓國現代詩의 空間意識에 관한 硏究-金素月·李箱·徐廷柱를 中心으로」, 서울大學校 大學院 博士學位論文, 1986; 김종건, 「소설의 공간 구조가 지닌 의미」, 『대구어문논총』 제13권, 대구어문학회, 1995; 이세경, 「한국 현대시에 나타난 공간 인식 연구」, 단국대학교 대학원 박사학위논문, 2007 등이 있다.

10) 金到南, 「朝鮮後期 山訟硏究-光山金氏·扶安金氏家門의 山訟 所志를 中心으로-」, 『考古歷史學志 第5·6輯, 東亞大學校 博物館, 1990; 張長植, 「韓國의 風水說話 硏究」, 慶喜大學校 大學院 博士學 位論文, 1993; 朴宗吾, 「陽宅風水說話-전남지역 전승자료를 중심으로」, 全南大學校 大學院 碩士學位論文, 1999; 곽진석, 「한국 풍수설화와 토포필리아」, 『한국문학이론과 비평』 제20집, 한국문 학이론과 비평학회, 2003 등이 거주공간이 집과 무덤으로 구성된다는 견해를 나타냈다. 林甲娘, 「陰宅風水說話硏究」, 『韓國學論集』 第十三輯, 啓明大學校 韓國學硏究所, 1986의 경우에는 논문 제목에 '陰宅'이라고 쓴 것을 보아 그 역시 거주공간을 집과 무덤으로 인식하고 있음을 보여주고 있지만 이에 대해 직접적으로 거론하지 않았다. 현대문학의 경우에는 집과 무덤을 모두 거주공간으로 묶어 연구한 성과물이 없고, '집'에 한정하고 있다.(金慶淑, 앞의 碩士學位論文 참조.) 다른 논문들은 직접적으로 거주공간의 범위를 명시하고 있지 않지만 문맥 속에서 집에만 한정하고 있음을 알 수 있다. 이에 대한 현대문학의 성과물은 각주 9를 참조하기 바람.

무덤 공간에만 치우쳐 연구가 진행되어 온 이유는 풍수를 복록 추구(復祿追求)의 입장에서만 바라보았기 때문이다. 이것은 풍수가 땅의 좋은 기운을 받아 인간이 잘 살기 바라는 데서 형성된 이론임을 의식하지 않은 결과이다. 그러나 인간과의 밀접한 관계를 맺고 있는 곳이 거주공간이라 할 때, 집 또한 무덤에 못지않게 중요한 공간이다. 설화문학 연구에서 역시 현대문학에서와 마찬가지로 집과 무덤을 함께 다루지 않았다는 점이 한계이다.

먼저 집과 관련한 선행연구는 박종오, 천혜숙, 필자에 의해 이루어졌다.[11] 먼저 박종오의 석사학위논문은 풍수설의 사고와 원리를 통해 양택풍수설화의 유형 분석 및 그 기능을 알아보는 연구로서, 이에 대한 개괄적인 설명을 담고 있다. 천혜숙의 연구는 집터를 매개로 부자가 되는 이야기를 분석하고, 이를 통해 부자가 되고 싶은 민중의 욕망을 알아보고 있다. 졸고는 가부장적 사고를 거부하여 축출(逐出)당한 여성이 자기가 주인인 질서로 운영되는 공간 만들기에 성공하고, 이전의 사고로 대변되는 부모와 화해하여 자신의 질서를 인정받는 것을 토대로 집 공간에 대한 의미를 재조명하고 있다.

다음은 무덤과 관련한 연구사로, 이른바 풍수설화라는 유형 아래 많은 연구가 진행되어왔다. 집에 대한 연구와 달리 이 부분의 연구들을 모두 나열하려면 지면을 많이 할애해야 하므로 연구 분야 별로 나누어 서

---

11) 朴宗吾, 위의 碩士學位論文; 천혜숙, 앞의 논문; 졸고, 「<삼공본풀이>에 나타난 공간의 의미: '집'을 중심으로」, 『구비문학연구』 제25집, 한국구비문학회, 2007. 고전소설 분야에서도 공간과 관련 한 논문이 한 편 발표되었다. 탁원정이 2006년에 발표한 박사학위논문으로 「17세기 가정소설의 공간 연구-<사씨남정기>, <창선감의록>을 대상으로-」, 이화여자대학교 대학원 박사학위논문이다. 이 논문은 '집을 떠나다'와 '집으로 돌아오다'라는 행위를 토대로 하여 등장 인물이 이동하여 머무는 특정 공간의 배치를 통해 만남을 위한 공간 집중화를 중심으로 하고 있어 거주공간을 통해 공간과 인간의 욕망을 알아보려는 본고의 논지와는 다르다.

술하도록 하겠다.

먼저 유형 분석 및 의미 분석과 관련한 연구 성과는 강진옥·임갑랑·
강중탁·장장식·신월균·손정희·오종근·강성숙·문형진·현승환·심민
호[12] 등이다. 이들의 연구는 유형 분석과 의미 분석이 함께 서술되어 있
는 것이 대부분이다.

강진옥은 그의 박사학위논문에서 구전설화를 유형별로 묶어 분석한
후 그 의미층위를 알아보았다. 설화유형의 자료 양상과 변이를 살펴보았
으며, 문제와 해결 구조, 그 의미에 대해 논했다. 강중탁은 그의 박사학
위논문에서 풍수설의 전반적인 내용을 개괄한 후 설화 뿐 아니라 소설·
시가에 이르기까지 작품에 수용된 풍수설의 전개 양상에 대해 알아보았
다. 설화분석의 경우 묘지 선택의 지시자와 수용자를 구분하고, 풍수에
관한 민중의식까지 폭넓게 피력하고 있다. 신월균은 그의 박사학위논문
에서 『구비대계』를 비롯한 여러 문헌에 게재된 풍수설화를 텍스트로 그

---

12) 姜秦玉, 「口傳說話 類型群의 存在樣相과 意味層位」, 梨花女子大學敎大學院 博士
學位論文, 1986; 林甲娘, 앞의 논문; 姜中卓, 「風水說의 國文學的 受容樣相 硏究」,
中央大學校 大學院 博士學位論文, 1987; 장장식, 「풍수설화의 유형 분류-음택풍
수설화를 중심으로」, 『韓國民俗學』 第22輯 第1號, 민속학회, 1989: 앞의 博士學
位論文; 申月均, 「韓國 風水說話의 敍事構造와 意味分析」, 仁荷大學校 大學院
博士學位論文, 1989; 孫貞姬, 「韓國風水說話硏究」, 釜山大學校 大學院 博士學位
論文, 1992: 「『靑邱野談』所載 風水說話 硏究」, 『文化傳統論集』 創刊號, 慶星大
學校 鄕土文化硏究所, 1993: 『풍수와 한국문학』, 세종출판사, 2000; 오종근, 「南
原地方의 風水說話硏究」, 『國語國文學』 第19輯, 圓光大學校 人文科學大學 國語
國文學科, 1997; 강성숙, 「풍수발복설화에 나타난 발복의 양상과 그 의미」, 『이화
어문논집』 제17호, 이화여자대학교 이화어문학회, 1999; 文亨鎭, 「風水思想의 전
래와 明堂 發福 說話」, 『外大史學』 第11輯 第1號, 韓國外國語大學校 外國學綜合
硏究 센터 歷史文化硏究所, 2000; 현승환, 「제주도 풍수설화의 이해」, 『耽羅文化』
第22號, 제주대학교 탐라문화연구소, 2002; 심민호, 「<명당을 훔친 딸> 설화의
형성 배경에 관한 연구」, 『한국고전여성문학연구』 제11집, 한국고전여성문학회,
2005: 「풍수설화에 나타난 여성인물 고찰」, 『겨레어문학』 제37집, 겨레어문학회,
2006 등이다. 연구사를 정리하면서 의미 분석과 유형 분석을 같이 서술한 이유는
여러 연구자들이 이 두 항목을 아울러서 연구하였기 때문임을 밝힌다.

서사구조와 의미를 분석하였다. 저자는 이 논문에서 중심인물을 중심으로는 지관(地官)과 명당득실(明堂得失)이야기를, 사건 중심으로는 명당발복(明堂發福)이야기로 유형을 나누었다. 명당득실이야기가 중심인물의 입장에서 형성 되었다고 분석하고 있지만, 이 이야기 구조는 인물 소개만이 아닌 그 인물의 행위에 관계된 것으로 사건이 포함되어 있어 복합적 형태를 가진 이야기라고 할 수 있다. 이 부분에 대한 논의는 한 부분으로만 국한시킨 한계점이 있다.

장장식은 그의 박사학위논문에서 풍수설화의 유형분류를 한 후에 그 유형에 따라 구성 체계를 세웠다. 나아가 풍수설화가 어떤 원리로 전개되었는가의 원인을 풍수설에 두고 이 두 관계를 조명하였다. 그는 이 논문에서 풍수설화에 나타난 여성상을 조명하고 이들을 '여성 생산력의 모델인 지모신(地母神)'의 성격을 띤다고 본 논점이 설득력이 있다.

임갑랑은 음택풍수설화(陰宅風水說話)를 대상으로 연구하였다. 여기에서 우리나라의 풍수지리설의 발달에 대해 언급하고, 음택풍수설화의 전개 과정과 그 의미, 민족의 인식층위에 대해 알아보았다.

손정희는 풍수설의 개괄적인 내용과 더불어 풍수설화를 지관, 수용자의 소망, 수용자의 행위 차원에서 분류하여 분석하고, 여기에 나타난 사상적 성격과 세계관을 함께 알아본 논문이다. 저자는 발복(發福)이란 것이 자신의 운명이며 이것은 받을 자격이 있는 사람에게만 가능한 일이라는 것을 재확인 시켜주었지만, 이 발복 역시 수용자의 지혜와 이를 이루려는 노력이 없이는 불가능함을 깨닫지 못한 듯 운명론적으로만 논지를 전개한 한계가 있다.

오종근은 그의 논문에서 남원지방 풍수설화의 유형을 나누고 그 속에 담겨 있는 세계관이 우리나라 들어와 있는 종교의 영향이라고 논했다.

강성숙의 연구는 풍수발복설화(風水發福說話)의 발복 양상을 유형별로 제시하고, 이 유형을 토대로 각각의 문제 제기와 그 해결 양상에 대

해 피력한 글이다. 이 글의 남다른 점은 여성의 관점에서 이해하고 썼다
는 점인데, 좀 더 페미니즘을 부각시켰으면 하는 아쉬움이 있다.

문형진의 연구는 풍수설화를 역사적 측면에서 검토해 본 논문이다.
저자가 사학연구자이어서인지 문학, 그중에서도 설화의 구연 내지는 기
록화에 대해 제대로 이해하지 못했다는 한계가 있다.

현승환은 제주도 설화의 분석을 토대로 지관에 대한 전승민(傳承民)의
인식과 풍수의 영향, 세계 인식, 즉 세계관에 대한 전반적인 풍수설화에
대한 개괄적인 설명을 했다.

신민호는 풍수설화에 비친 여성상이 대한 일련의 논문에서 가부장제
사회에서 주변화된 여성에 대해 한 편은 형성 배경에 대해, 다른 한 편
은 인물고찰에 대해 논의했다. 이 두 논문은 여성학적 측면에서 조명한
것인데, 보다 심층적인 자료를 통해 그의 논지를 제시했으면 하는 아쉬
움이 있다.

다음은 무덤에 대한 전승집단의 의식과 관련한 연구로, 강진옥·김석
배·최운식·김현숙[13] 등에 의해 진행되었다. 이들의 연구는 전승집단,
즉 민중의 명당에 관한 의식에 대해 설명하고 있다.

강진옥의 석사학위논문은 잃어버리거나 파괴된 명당에 대해 왜 그러
한 일이 일어날 수밖에 없었는가에 대해 전승집단의 의식구조 측면에서
연구한 논문이다. 그는 그 이유를 가진 자의 교만과 횡포, 더 많은 것을
소유하려는 욕심이 지나쳐서 자초한 패망의 결과로 인식했다.

김석배는 비보(裨補)를 해야 기능이 발휘되는 무덤에 대한 설화의 유

---

13) 姜秦玉, 「韓國 傳說에 나타난 傳承集團의 意識構造 研究」, 梨花女子大學教 大學
院 碩士學位論文, 1980; 김석배, 「裨補風水傳說과 이야기집단의 의식구조」, 『문
학과 언어』 제5집 제1호, 言語研究所, 1984; 최운식, 「설화에 나타난 한국인의 풍
수의식」, 『한국어문교육』 제10집 제1호, 한국교원 대학교 한국어문교육연구소,
2001; 김현숙, 「호남풍수설화의 전승집단의식」, 『國語文學』 第42輯, 國語文學會,
2007 등이 있다.

형을 정리하고, 이를 이야기하는 집단이 어떤 의식 구조를 가지고 설화를 전파하는가에 대해 논했다.

최운식은 한국인이 생각하는 명당에 대한 인식을 발복·획득·파손과 비보의 측면에서 알아보면서 이를 아는 사람에 대해 지술을 아는가 모르는가에 대한 분류를 함께 제시했다. 그리고 이어서 풍수설화에 나타난 민간의식을 설명하였다.

김현숙은 호남지역에서 구전되어 온 풍수설화를 통해 그곳의 전승집단 의식이 어떠한지에 대해 알아보고 있다. 이를 위해 저자는 풍수설화를 유형분류하고, 이들 토대로 전승집단의 의식을 추출하였다. 하지만 저자가 추출해 놓은 의식에 관한 내용은 그가 한 유형 분류와 맞지 않고, 개괄적인 설명에 지나지 않는다는 한계점이 있다.

마지막 선행연구는 곽진석의 무덤의 토포필리아에 대한 연구이다. 여기서는 인간이 왜 무덤이란 공간에 특별히 신경을 쓰고, 그곳에 애착을 느끼는 이유가 무엇인지에 대해 분석하여 그 상징적 의미를 도출하였다. 인간이 무덤에 보이는 애착의 원인을 분석하며 공간과 인간의 관련성, 즉 상호조응성에 다가가고자 했지만, 면밀히 보여주지 못하였다는 아쉬움이 있다.

위의 연구 성과 중 본고의 논지와 관련이 있는 연구는 집의 경우 천혜숙의 연구와 졸고, 무덤에서는 손정희·김현숙·곽진석의 연구가 여기에 속한다.

하지만 천혜숙 연구의 경우, 집터에 나타난 인간의 욕망에 대해 서술하고 있지만 개괄적 논의라는 한계점이 있다. 졸고는 자신의 질서로 운영되는 집을 세우는데 성공하지만, 거주공간을 통한 인간의 욕망 표출에 대한 논의가 미흡했다. 손정희는 복록을 얻기 위해 애는 쓰지만, 발복을 운명론적으로만 보고 있다는 문제점이 있다.[14]

---

14) 김현숙과 곽진석 논문에 대한 설명은 12쪽 설명을 참조하기 바람.

　　이상에서 알아본 것처럼 공간과 인간의 상호조응성 및 거주공간이 집과 무덤을 포함한다는 관점으로 연구된 성과들은 그다지 많지 않다. 따라서 여기에서는 선행 연구의 집과 무덤 중 한 쪽에만 치중하여 논의한 한계를 극복하고, 거주공간으로서의 이 두 공간을 함께 살펴보고자 한다. 이를 바탕으로 인간의 욕망이 가문의 영속성을 위해 거주공간에 어떻게 투사되는지, 공간과 인간의 상호조응 관계 속에서 알아보고자 하는 것이 본고의 목적이다.

Ⅱ. 연구 범위 및 연구 방법

　　설화 세계의 공간은 둘로 나눌 수 있다. 하나는 하늘·땅속·물속과 같이 인간이 직접 경험할 수 없는 비현실적 공간이고, 다른 하나는 이푸투안의 지적처럼 인간이 직접 경험하고 만날 수 있는 현실적 공간이다. 설화에는 전자와 같은 공간을 대상으로 하는 것도 많지만, 후자와 같은 공간을 배경으로 하는 것도 많다.[15) 공간에 대한 욕망은 현실적 공간 중에서도 인간이 가장 친근하게 접할 수 있는 거주공간에 대한 애착으로 표현된다.[16) 앞에서 거주공간에 대한 인간의 욕망은 가문의 영속성을 위해 표출되는 되는 바, 이는 사회적 환경인 당대 사회가 지향하고 있는 이데올로기의 영향으로 나타난 공간의 정서적 반영이라 했다. 이 말은 공간이 가문의 영속성을 실현하기 위한 도구로 이용된다는 것을 의미한

---

15) 비현실적인 공간을 대상으로 한 선행연구는 박현국,『한국의 공간설화연구』, 국학자료원, 1995; 윤분희,「地下國大賊退治 설화의 空間 構造와 意味」,『語文論叢』第7輯, 숙명여자대학교 어문학연구소, 1997; 최진봉,「창세신화의 공간 연구」,『崇實語文』第19卷, 崇實語文學會, 2003 등 다수가 있다. 현실적 공간을 대상으로 하는 연구는 풍수설화라는 유형이 대표적이다.
16) 거주공간에 대한 개념은 제2장을 참고하기 바람.

다. 본고의 목적이 조명되려면 인간이 가장 애착을 갖는 공간인 거주공
간을 통해 이를 드러내야 할 것이다. 앞에서 거주공간의 범위를 간략히
설명한 바 있지만, 본격적인 논의에 앞서 이에 대해 자세히 알아볼 필요
가 있다. 일반적으로 거주공간이라 하면, 인간의 휴식과 안주를 위한 공
간이므로 그의 일상과 관련이 있다. 이 말은 인간의 생사(生死)와 관계없
이 그 몸이 머무는 곳이라면 모두 거주하는 곳임을 의미하는 말이기도
하다. 거주공간의 범위에 대한 이해를 돕기 위해 집과 무덤, 이 두 공간
이 어떤 공통분모를 가지고 있는지 기존 연구자의 이론을 통해 살펴보기
로 하겠다. 먼저 노베르그 슐츠의 이론이다.

> 첫째 집이든 무덤이든 개인의 정체를 찾아내고 전개하는데 필요한 '움추림
> withdrawal'을 함축하고 있다는 점에서 같은 의미를 갖는다.[17]

> 둘째 집과 무덤이 같은 거주공간으로 묶일 수 있는 다른 특성은 이것들이
> 자연 속에 정주(定住)하고 있다는 점이다.[18]

첫 번째 예문의 설명은 개인적인 거주일 때 나타나는 양상이다. 집이
든 무덤이든 개인이 안주할 수 있는 '피난처refuge'로서의 역할을 성격
화할 수 있고, 그의 정체성을 확인시켜주는 요건이 되기 때문이다. 두
번째 예문의 설명은 집과 무덤은 모두 특정 공간에서 자연의 한 부분으
로 자리 잡고 있다는 것을 말하는 것이다. 살아있는 사람이 어떤 공간에
집을 정하여 산다고 할 때, 그 집까지 오기에는 어떠한 경로든 다른 곳
을 거쳐 그곳에 이르러 안착하게 되었을 것이다. 무덤 역시 삶의 여러
경로를 거쳐 죽은 뒤에 그곳에 묻힘으로써 안주하게 되었을 것이다. 두
번째 예문의 '정주'라는 용어는 '도착을 경험한다'[19]라는 의미로 볼 수

---

17) Noberg-Schulz, C.,*The concept of dwelling-On the way to figurative architecture*, 1987.(李
在動 譯, 『住居의 槪念-具象的 建築을 향하여』, 泰林文化社, 1995, 14쪽.)
18) 위의 책, 33쪽.

있다. 이는 공간을 한정한다는 의미를 포함하고 있다는 점에서 집과 무덤을 거주공간으로 규정할 수 있는 요건이 됨을 내포한다. 이러한 이유로 거주공간을 조명하려면 집뿐만 아니라 무덤도 함께 해야 함을 앞에서 밝혔다. 자연환경 그 자체에 의해 제안된 중심이 바로 거주공간이다. 이곳은 인간의 기초이고 바탕이 된다는 점에서 생활세계의 근거가 된다. 인간이 거주하는 모든 공간들은 그것이 배경으로만 끝나지 않고 그를 형성하는 특별한 의미가 있는 공간으로 거듭나는 것이다.

거주공간에 무덤도 포함된다는 시각을 가진 다른 연구자는 최봉영이다. 그는 '우리 민족은 전통적으로 죽은 사람을 살아있는 사람과 동일시해 왔다'고 한다. '따라서 죽은 사람도 산 사람과 똑같은 욕구를 가지고 있으며, 해소 방법 또한 똑같다'[20)고 하고 있다. 공간이란 인간에 속한 것이어서 인간의 완전한 의미를 드러낼 수 있는 곳임을 의미하는 것이므로, 그의 언급처럼 집과 무덤을 인간이 거주하는 공간으로 함께 묶어 생각해야 할 것이다.

장철수는 '집단 사이의 정치적 이해관계를 중요하게 여기는 사회에서는 집단과 집단 사이의 관계를 영속화(永續化)함으로써 현세의 질서와 관계를 유지하고자 한다'고 하였다. 이를 위해 '인간관계나 사회질서가 죽은 뒤에도 그대로 유지되거나 인정되어야 한다'는 것이다.[21) 장철수의 이러한 견해는 살아있는 사람의 세계와 죽은 사람의 세계가 동일하다고 보아, 집과 무덤을 같은 층위의 거주공간이라고 보는 현세적(現世的) 삶의 반영이라 할 수 있다. 전호태 또한 무덤이 '죽은 자를 위한 또 하나의 우주'라고 하여 무덤도 집과 같은 층위로 취급할 수 있음을 밝힌 바 있다.[22) 이러한 이유로 거주공간을 나누는 기준은 앞서 살펴본 이명호의

---

19) 위의 책, 같은 쪽.
20) 崔鳳永, 『韓國人의 社會的 性格Ⅰ-一般論理의 構成-』, 느티나무, 1996, 196~199쪽.
21) 장철수, 『옛무덤의 사회사』, 웅진출판주식회사, 1995, 251~252쪽.
22) 전호태, 민족화해협력범국민협의회·중앙일보·SBS주최, 『특별기획전 고구려!』,

견해처럼 그것이 지닌 장소성에 의거[23]해야 할 것이다.

그러나 본고의 견해와 달리 인간의 거주공간을 집만이 아니라 무덤에까지 범위를 넓히는 것에 대해서는 그 곳에 거주하는 존재가 산 사람이 아니라는 층위에서 의문이 제기될 수 있을 것이다. 어떤 사람이 인간이라는 사실은 살아서나 죽어서나 변함이 없다. 그런데 죽은 자는 욕망을 표현할 수 없다는 점과 자신의 욕망이 성사되어도 이를 누릴 수 없다는 점에서 문제가 제기될 수 있다. 문제 제기에서도 밝혔듯이 인간의 욕망은 한 개인의 영화를 위해서가 아닌 가문의 영속성을 위해 투사된다. 그리고 앞에서 거론한 견해들도 함께 살펴볼 때 산 자의 집인 양택(陽宅)과 죽은 자의 집인 음택(陰宅: 무덤)을 함께 거주공간으로 충분히 인식할 수 있는 근거가 될 것이다.

본고에서는 이러한 견해를 밝히기 위해 몇 가지 이론을 통해 이를 밝혀나갈 것이다. 첫째, 거주와 거주공간에 대해서는 많은 연구자들이 자신들의 생각을 밝힌 바가 있다.[24] 이들의 이론들을 참고하겠지만, 주로 '공간이 진정한 의미로서 삶의 터전이 되기 위해서는 공간이 인간화되어야 한다'는 오토 프리드리히 볼로프의 이론[25]을 중심으로 논지를 진행할 것이다. 둘째, 거주공간에 대한 인간의 욕망을 밝히기 위해서는 '인간의 삶의 핵심'[26]이 되는 심리기제(心理機制)라고 한 자크 라캉의 욕망이론을 비롯한 다양한 욕망과 관련한 이론들을 통해 논지를 진행해 나가겠

특별기획전 고구려! 행사추진위원회 편집 및 발행, 2002, 117쪽의 것을 윤병렬, 「'거주함'의 철학적 지평-하이데거의 사유와 고구려 고분벽화를 중심으로-」, 『존재론연구』 제11집, 한국하이데거학회, 2005, 23쪽에서 재인용함.

23) 5쪽 각주 6) 참조.

24) 거주와 거주공간에 대한 이론은 II장의 각주 47에 기술한 참고문헌들을 참조하기 바람.

25) Bollnow, Otto Friedrich, *Anthropologische Pädagogik*, tamagawa University Press (Tokyo), 1971.(한상진 역, 『인간학적 교육학』, 양서원, 2006, 135~166쪽 참조.)

26) Dylan, Evans, *An Introductory Dictionary of Lacanian Psychoanalysis,* Routledge (London), 1996.(김종주 외 지음, 『라깡 정신분석 사전』, 인간사랑, 1998.), 279쪽.

다. 셋째, 거주공간을 통한 인간의 욕망이 가문의 영속성을 위해 전개된다는 본고의 논지를 규명하기 위한 이론은 당대인들의 이데올로기이다. 각각의 공간에 생기는 욕망은 추구하는 목적에 따라 다르게 나타나겠지만, 궁극적으로는 인간의 정체성 형성과 풍요로운 삶을 위한 욕망으로 나타나며, 이는 자신이 속한 가문의 번영을 위한 영속성 기여로 귀결된다고 본다.

구비설화는 근본적으로 인간의 원초적 사고를 저변에 담고 있는 장르이다. 그러나 구비설화는 이러한 이유로 시대에 따라 변해가는 인간의 사고를 담을 수 있는 그릇이 되기도 한다. 현전(現傳)하고 있는 구비설화는 주로 바로 앞 시대의 의식을 많이 담고 있다. 현재에서 바로 앞 시대는 조선시대이고, 주지하다시피 조선은 유학 이론을 이데올로기로 삼았다. 설화의 내면세계는 인간의 원초적 의식과 더불어 당대 이데올로기의 깊은 영향을 받지 않을 수 없다. 따라서 이를 토대로 필자의 견해를 충분히 밝힐 수 있을 것으로 본다. 이러한 견해를 토대로 본고에서는 다음과 같은 방법으로 논지를 전개하고자 한다.

제2장은 본고의 이해를 돕기 위한 예비적 고찰이라 할 수 있는 부분이다. 여기서는 거주공간과 인간욕망의 상호조응 관계를 알아보기 위해 공간과 욕망의 개념과 거주공간과 인간욕망이 어떤 현상으로 조응되어 나타나는지 구비설화를 통해 이해하고자 한다.

제3장은 본고를 구체적으로 조명하기 위한 장으로, 공간과 인간이 가장 많은 상호조응을 맺게 되는 거주공간을 중심으로 그곳에 나타나는 인간의 욕망이 어떤 양상으로 나타나는지에 대해 알아볼 것이다. 이를 위해 거주공간을 살아있는 사람들이 거주하는 공간인 집과 죽은 사람들이 안주하는 무덤으로 나누었다. 이 공간에서 인간이 공간과 상호조응을 맺는 것은 그들의 욕망을 성취하기 위해서이고, 그것은 자신이라는 개인이 아닌 자신이 속한 가문의 영속성을 위해 갈구하는 것이라는 것을 설화

분석을 통해 규명하겠다. 본 연구에서 규명하고자 하는 거주공간을 배경
으로 한 인간의 욕망 표출과 성취는 구비설화에서 선명하게 드러난다는
특징이 있다. 사람은 공간을 떠나서는 살아갈 수 없고, 여기에 많은 애착
을 투여한다. 이러한 것들을 모두 수용하여 전승층의 있는 그대로의 삶
이 진솔하게 들어있는 장르가 바로 구비설화이기 때문이다.

　Ⅳ장은 Ⅱ장과 Ⅲ장의 논의를 통해 추출된 내용을 토대로 거주공간
과 인간욕망의 관련성 즉, 상호조응이 사회문화적으로 어떤 의미를 지니
고 있는지에 대해 알아볼 것이다. 이를 위해 먼저 당대 사회문화적 배경
을 알아보겠다. 그리고 그 배경을 통해 드러나는 거주공간과 인간욕망의
상호조응의 의미를 밝혀보겠다.

　따라서 이러한 연구는 우리나라의 모든 설화를 대상으로 하는 것이
바람직할 것이다. 하지만 그 모든 설화 텍스트를 대상으로 한다는 것은
불가능하다. 그래서 첫째, 논의의 편의상 가장 많은 자료가 수록되어 있
어, 우리나라 설화의 집대성이라 할 수 있는 『한국구비문학대계』(이하
『구비대계』)전 86권 중 제주도 설화를 제외한 나머지를 중심으로 논지
를 전개하겠다. 아울러 논지를 전개함에 있어 같은 내용을 가진 설화 중
『구비대계』보다 논지 전달이 확실하고 선명한 다른 자료가 있을 때에는
그것을 텍스트와 보조 자료로 선정하여 서술할 것이다. 둘째, 본고는 공
간에 나타난 애착을 통해 인간의 욕망을 알아보고, 이것이 가문의 영속
성에 어떻게 기여되는지를 통해 인간과 공간의 상호조응성을 조명하고
자 함이 목적이다. 따라서 이를 선명히 느낄 수 있는 텍스트를 선별하여
진술할 것이다.

제2장
거주공간과 인간욕망 개관

I. 공간과 욕망의 포괄적 개념

공간이란 일련의 복잡한 관념들을 추상적으로 일컫는 용어이다.[1] 이 말은 '공간은 모든 인간의 마음속에 구비된 보편적 형식'[2]이라는 나카노 하지무의 언급과 그 맥락이 닿는다. 인간은 공간을 바라보고, 만들며, 그 속에서 생활한다. 이는 공간은 '인간이 살아갈 환경을 조성해준다'는 의미로서, 공간과 인간이 서로 조응적 관계에 놓은 존재임을 보여주는 것이다. 이와 같은 공간과 인간의 관계를 통해 본다면, 공간이 그 기능을 하는 것은 수많은 사람들 사이에서 자신만의 공간을 확보하면서 미래에 대한 전망을 갖는 일[3]이라 할 것이다. 공간의 이와 같은 기능은 인간의 경험을 바탕으로 이루어지기 때문에 현실적 공간이라야 가능하다. 여기에서 경험이란 인간이 자신의 삶 속에서 겪어온 사실들을 의미하는 말로, 그들이 실재(實在)를 인식하고 구성하는 여러 가지 양식을 포괄하는 용어이다.[4] 경험은 다른 사실과의 '만남'이라 할 수 있는데, 이를 통해 인간은 자신의 욕망을 공간에 투사한다. 구비설화에서 공간 확보를 통해 미래에 대한 전망을 갖는 것은 인간이 명당에 투사하는 욕망으로 형상화된다. 욕망이란 용어에서 '욕(慾-欲)'은 욕구·욕심·욕망·욕정·식욕·색욕·성욕·애욕·과욕·탐욕·물질욕·권력욕 등 인간이 원망(願望)하

---

1) Tuan, Yi-Fu, 구동회·심승희 옮김, 앞의 책, 63쪽.
2) 中野 肇, 최재석 옮김, 앞의 책, 53쪽.
3) 穐山貞登 著, 崔光烈 譯, 『공간학의 초대』, 電波科學社, 1991, 78쪽.
4) Tuan, Yi-Fu, 구동회·심승희 옮김, 23쪽.

는 것과 관련이 있다.

그런데 이 '욕'에는 마음이 관여하기 이전의 욕(欲)과 마음이 관여한 후의 욕(慾)이 혼용되고 있음을 주목해야 한다. 이 둘을 구분한다면 전자는 언어적 상징이 개입하기 이전에 몸에서 유발되는 느낌에 의한 이끌림이라는 지각적 의미가 강한 반면, 후자는 언어적 상징이 개입하여 마음에서 유발되는 관념에 의한 이끌림이라는 의식적(意識的) 의미가 강하다. 인간은 심신을 통해 연결되어 있는 구체적인 사물의 세계와 그의 인생을 상징적 방식으로 관계를 맺고, 이를 언어를 통해 타인과 공유가 가능한 의미의 맥락을 형성하는 존재이다.5) 이때 의미의 맥락인 마음이 구체적 실체인 몸에서 떨어져 나와 독자적으로 존재할 수 있게 된다. 이러한 마음에 기초하여 '인간의 삶'에 대한 욕구를 '보다 잘 살기 위한' 욕망으로 전환시키는 것이다. 이것은 지각 단계에서 형성되는 욕구(欲求)와 생각 단계에서 형성되는 욕망(慾望)을 구분하는 근거가 될 수 있다.6)

인간이 어떤 행위를 하는 이유는 그 행위를 추구하는 내면적 동기가 있기 때문이다. 이러한 동기는 그에게 결핍된 불만족 상태를 의미하는 욕구와 더불어 환경적 압력으로 인한 영향에서 오는 것으로서, 그것이 욕망으로 표출되는 것이다. 이를 표로 나타내면 다음과 같다.

---

5) 최봉영, 『주체와 욕망』, 사계절, 2000, 21쪽.

6) 최봉영의 이러한 욕구와 욕망에 대한 이론은 라캉의 욕구와 욕망에 대한 이론과 맞닥뜨리는 부분이 있다. 라캉도 욕구 중 소외(욕구가 언어로 표현되면서 왜곡되거나 포기되는 부분을 말함: 필자 주)되는 부분이 요구로 전달되지 못하고 남는 어떤 원억압(原抑壓: 욕구가 요구로 표명될 때 발생하는 욕망의 소외를 말한다: 필자 주)을 구성한다고 한다.(김석, 『에크리』, 2007, 60쪽.) 그러나 이 억압된 것은 어떤 파생물 속에서 나타나는데, 그것이 바로 인간에게 욕망으로 모습을 드러낸다고 하여 욕구와 욕망이 각각 다른 기제임을 밝혔다. 자세한 것은 Lacan, Jaques, "Die Bedeurng des Phallus", *Yale French Sudies No. 55-56*, 1977.(민승기 옮김, 「남근의 의미 작용」, 권택영 엮음, 『욕망이론』, 文藝出版社, 2005, 265~267쪽.)을 참고하기 바람.

표 1. 욕망이 표출되는 과정

　여기에서 생각해 볼 점은 인간이 지각의 주체로서 형성하고 실현하는 '욕구'는 동물과 별로 다르지 않다는 것이다. 그러나 인간은 사고의 주체로서, 동물에게서는 볼 수 없는 형태의 삶인 사회문화를 통해 욕구를 욕망으로 전환시킬 수 있는 존재라는 점을 간과해서는 안 될 것이다. 이런 점에서 인간이 '인간다움'을 본격적으로 실현해 나가는 것은 '욕구하는' 존재에서 욕망하는 존재로 탈바꿈하게 될 때 비로소 가능해 질 수 있음을 알 수 있다. 이 욕망은 구비설화의 주요배경이 되는 조선조에 이르면 당대 이데올로기와 손을 잡고, 개인이 속한 가문의 영속성을 위한 도구로서 사용하게 한다. 이러한 방식으로 공간과 인간이 깊은 연관을 맺어 상호조응적 관계가 된 것이다.[7]

　인간과 상호조응이 가능한 공간은 그 속에 복잡하고 심오한 경험이 투영되어 있으며, 애정과 반응을 불러일으키는 특별한 곳이다. 이러한 공간에는 인간의 삶이라는 함축된 의미가 내포되어 있어 그곳을 환경으

---

7) 임병양란 이후 이를 극복하고자 하는 의도로 나타난 경향 중 하나가 가문중심으로 사회를 운영하는 가문화 경향인데, 주로 18세기-19세기에 형성되었다. 이는 향촌사회의 주도권 문제나 권위의 유지, 나아가 상대 세력과의 경쟁 등과 밀접하게 관련된 것으로, 이 모든 문제에 대응하면서 자신들의 종래 지위를 유지·강화이기 위한 족적(族的) 차원의 대응 수단이었다. 가문화 경향은 가문의 영속성으로 표출되었는 바, 이는 이데올로기의 강화의 측면에서 설명될 수 있을 것이다. 자세한 것은 이해준, 「조선후기 '문중화' 경향과 친족조직의 변질」, 『역사와 현실』제48권, 한국역사연구회, 2003, 169~190쪽을 참조하기 바람.

로서 재탄생하게 한다. 공간이 인간의 삶을 대변하는 환경이 된다면, 그 공간은 인간적 의미를 내포하게 되어 '공간의 인간화(人間化)'[8]가 될 것이다. 이 공간은 지리적 개념이나 물질적 개념보다는 정신적 의미의 '나의 집home, 나의 공간'이라는 가치로서의 공간[9]이 되는 곳이다.

Ⅱ. 거주공간과 인간욕망 개관

공간과 인간이 관련성을 가지고 상호조응할 수 있는 매개는 거주공간에 대한 애착이다.[10] 애착에 대해서 이푸 투안은 다음과 같이 진술하고 있다.

애착에는 다양한 이유가 있다. 사람의 소유물은 그의 개성에 대한 확장이다. 왜냐하면 그 소유물은 그에 대한 평가가 인간으로서의 가치가 줄어드는 것을 허용하지 않기 때문이다. 옷은 인간의 가장 개인적인 소유물이다. 자신감이 드러나지 않는 사람, 혹은 그가 다른 사람의 옷을 입었다고 같은 사람으로 취급하지 않는다면 모자란 어른rare adult이다. 시간이 지남에 따라 한 개인은 옷과 근처의 집의 범위를 뛰어 넘어 그의 집에 삶의 정서를 불어넣는다.[11]

그의 설명은 사람들의 일상에서의 경험을 통한 것으로서, 가장 개인

---

8) 中野 肇, 최재석 옮김, 앞의 책, 130쪽.

9) 졸고, 앞의 논문, 422쪽.

10) 앞에서 애착은 투안에 의하면 '토포필리아Topohillia'라고 표현되며, 이 용어는 사람들이 본능적으로 가지고 있는 어떤 특정 공간에 대한 강렬한 애착의 정서를 일컫는다고 했다. 이 용어는 투안이 만든 신어구(新語句, neologism)로, 그 자체로는 아무런 의미가 없던 환경을 의미 있게 체계화하고 그 가치를 부여하는 인식적·정서적·상징적 활동을 말한다. 그는 이 용어를 '사람의 정서를 물질적 환경적으로 묶는 모든 것을 포함한다'고 폭넓게 정의하고 있다.(Tuan, Yi-fu., *Topophilia*, p.93. 참조.)

11) *Ibid*, p.99.

적일 수 있는 부분에 대한 애착에 대해 잘 표현하고 있다. 그가 말하는 애착이란 바로 '삶의 정서를 불어넣는 것'[12]이다. 여기에서 삶이란 '살아있는 존재에게 그 생명이 계속되는 동안 자체의 동일성을 줄곧 유지하면서 끊임없이 변화하는 것'[13]을 의미한다.

인간은 살아있는 동안 공간 속에서 살 수밖에 없고, 그 삶 속에서 자신이 머무는 공간에 애착을 보인다면 그 공간과 상호조응적 관계에 놓이게 됨은 자명한 일이다. 인간의 삶은 환경과 밀접한 관련이 있어 환경은 인간의 삶에 영향을 끼치는 반면, 인간은 환경을 자신의 것으로 조성하려고 한다. 여기에서 환경은 일상적인 것을 넘어선 차원으로 삶을 끌어올리며 삶의 가치를 알도록 해 주는데, 공간을 매개로 하는 삶의 가치를 포함한다.[14] 이때 인간이 접하는 직접적이고 대표적인 환경이 바로 거주공간이다.

이푸 투안은 공간을, 환경을 조성하는 근본 요소로 보고 인간이 어떻게 세계를 경험하고 이해하는가에 관심을 두었다. 여기에서 그는 인간의 육체가 공간적 내지는 장소감을 형성하는 토대라고 생각했다. 감각이라는 인간의 생물학적 사실에서 비롯되는 공간에 대한 경험을 통해, 인간이 그 곳에 의미를 부여하고 그것을 조직하는 방식에 관심을 두었던 것이다.[15] 이 공간에서 인간은 직접적으로 혹은 간접적으로 다양한 경험을 하며, 이를 통해 미지(未知)의 의미 없는 공간을 친밀한 나의 공간으로 만든다. 그러한 공간을 의미 있는 '나의 공간'으로 만들기 위해서는 그곳에 관심을 갖고 애착을 투여해야 하는데, 공간과 인간과의 상호조응은 여기에서부터 시작한다. 다시 말해 무의미 공간을 유의미 공간으로

---

12) *Ibid*, p.99.
13) Magliola, Robert R., *Pheenomenology and literature: An Introduction*, Perdue University Press(Indiana), 1977.(崔祥圭 譯, 『現象學과 文學』, 大邦出版社, 1986, 195쪽.)
14) Tuan, Yi-Fu, 구동회·심승희 옮김, 앞의 책, 66~67쪽.
15) 위의 책, 15~22쪽 참고.

전환하는 '공간 만들기Space-making'16)를 하는 것이다.

공간의 정신에 순응하는 공간 만들기는 곧 땅이 지니는 독특하고 성스러운 힘이나 개성에 순응함으로써 삶의 안락함을 유지하고자 하는 것이다.17) 공간에 대한 애착은 사람이 가진 감정 중에서 가장 강한 감정은 아니라고 이푸 투안은 말한다. 하지만 그것은 공간이나 환경이 감정적으로 변화된 사건, 또는 상징적으로 인식된 이동이 될 거라고 확신하고 있다18)는 점에서 사람의 중요한 감정으로 자리매김한다.

지금까지 공간과 인간이 상호조응을 맺게 하는 매개인 인간의 공간에 대한 애착에 대해 알아보았다. 앞에서도 언급한 것처럼 공간과 인간의 관련성 중 가장 많은 상호조응 관계가 보이는 부분은 거주공간이다. 거주한다는 것은 인간에게 주어진 환경, 즉 공간과의 사이에 의미 있는 관계를 설정함을 내포하고 있다. 인간이 거친 자연으로부터 보호받기 위해

---

16) '공간을 만든다'라는 견해는 아키야마에게서 비롯되었다. 그는 그의 저서에서 '인간은 공간 속에서 생활하고, 공간을 바라보며 공간을 만드는 존재'라고 정의하고, '공간이 인간의 행동에 영향을 미치는 동시에 인간은 공간을 창조해 간다'고 하였다.(자세한 것은 穐山貞登 著, 崔光烈 옮김, 앞의 책을 참조하기 바람.)

　　그리스어로 '공간'을 뜻하는 용어는 'topos'로, 이 토포스라는 어휘는 고대문법가들이 만든 용어이다. 프랑수아 조스트는 이 용어를 '어느 문맥 속에서나 발견할 수 있는 진부한 비유나 표현, 또는 암시적인 상투어구'라고 말한다. 예를 들면 '즐거운 곳'이라는 뜻을 가진 'Locus Amoenus'는 지리적이거나 기후적으로 '쾌적함'을 주는 공간을 가리킨다.[Jost, Francois, Seigneuret, Jean-charles., ed., *Dictionary of Literary Themes and Motifs*, Greenwood Press, 1988, preface(장순란 옮김, 「모티프와 주제」, 이재선 엮음, 『문학주제학이란 무엇인가』, 민음사, 1996, 140쪽 참조).] 이렇게 표현된 어구는 독자로 하여금 특정 풍경에 대한 이미지, 중요한 공간에 필요한 실제적 묘사를 전달하는 역할을 하는 것이다. 이렇게 하여 토포스는 문학 용어로 사용되게 되었는데, 오늘날은 '사람들이 그들의 삶을 기탁하여 행동을 의지하고 생각을 맡겨 옮(김열규, 「Topophilia: 토포스를 위한 새로운 토폴로지와 시학을 위해서」, 『한국문학이론과 비평』 제20집, 한국문학이론과 비평학회, 2003, 9쪽 참조.)'을 그 의미에 담고 있다.

17) 이석환·황기원, 앞의 논문, 176쪽.

18) Tuan, Yi-Fu, *op.cit.*, p.93.

만든 거주공간은 원시시대부터로 인류 역사와 함께 시작되었다고 해도 과언이 아니다. 당시에는 사나운 동물과 험한 기후를 피하기 위한 단순한 피신처에 지나지 않았던 동굴 형태의 공간이었던 것에 비해, 거주공간은 점차적으로 인류 문명의 발달과 더불어 점차적으로 그 내면적인 본질을 더하게 되었다. 조선조, 특히 후기에 이르면 당대의 이데올로기와 결합하여 가문의 영속성에 기여하기 위한 환경으로 자리 잡아 그 시대를 살아가는 사람들에게 지대한 영향을 미치는 존재로 변모하게 된다. 이런 과정을 거쳐 현재의 거주공간은 개인과 그의 가족의 공동생활 공간으로 변모하였다. 이로써 거주공간은 인간의 의식에서 분출되는 욕망이 드러나는 세계를 형성하게 되었으며, 인간 관계와 삶의 과정이 진행되는 첨단의 공간으로 진화한 것이다.

공간과 인간의 상호조응이 가장 잘 드러나는 거주공간에 대해 조명하려면 우선 '거주'라는 용어의 의미를 파악해야 할 것이다. 거주와 관계되는 용어상의 의미는 다양하다. 라틴어의 고어(古語)에서 유래된 의미를 확인할 수 있으며, 프랑스어의 résidence는 '앉아서 지낸다'라는 의미를 내포하고 있다. 또한 영어의 mansion이나 프랑스어의 maison은 모두 라틴어 동사 manere에서 유래된 것으로, '멈추다(止)' 또는 '한 장소에 거주하다'라는 의미를 가지고 있다. 그리고 영어의 dwelling은 '머무르는 곳(停, 거주)'을 의미하며, housing 또한 비슷한 의미를 가진다. 우리나라의 집(家)도 처음에는 '한 집안'이라 하여 가문(家門) 혹은 문벌(門閥)·족벌(族閥) 등을 나타내는 말이었으나, 현재에는 그 의미가 확대되어 영어의 house 혹은 home·라틴어의 domus 등과 같은 의미도 포함하고 있다.

거주와 거주공간에 대해 명확한 개념을 알기 위해서는 철학, 건축학, 주거학 등 다양한 분야의 도움을 받아야 할 것이다.[19] 이들의 이론을 종

---

19) 각 분야에서 언급하고 있는 거주 및 거주공간에 대한 연구는 Bollnow, Otto F., 箸, 李奎浩 譯, 『인간과 그의 집, 『現代哲學의 展望』, 法文社, 32~35쪽; Norberg-

합해 보면 거주공간은 단순히 제시되는 의미 없는 자리가 아니다. 거주
공간은 환경을 경험하는 곳이고, 그 곳에 머무는 사람의 정체성을 대변
해 주는 의미 있는 공간이다. A. 버티머의 견해처럼 '살아있는 상호작
용'[20]이라고 할 수 있을 것이다.

인간은 공간에서 산다. 이 말은 공간, 특히 거주공간과 인간은 서로
유대 관계를 맺어 유기적으로 조응되고 있는 관계라는 점을 함축하고 있
다. 거주공간이란 인간에 의해 체험되고 살아온 곳으로서, 그 속에 거주
하는 인간의 삶의 경험이 녹아있어야 한다. 특정한 공간 안에서 태어나
그곳에서 삶을 영위하고, 형성하면서 존재하는 인간에게 자신의 터전인
공간과 무관한 삶의 방식을 생각할 수 없을 것이다. 이러한 특성을 가진
거주공간은 무엇보다도 인간에게 '진정한 삶의 감각'[21]을 지니게 하는
특별한 곳이다. 이러한 공간에 인간은 그들이 가지고 있는 친밀한 경험
을 아낌없이 주는 마음인 애착, 즉 욕망을 투여하여 공간과 인간의 관련
성을 깊게 드러내 서로 조응적 관계에 있음을 보여 준다.

앞에서도 언급했지만 공간과 인간의 상호조응성은 인간이 공간에 욕
망을 투사하여 자신이 속한 가문의 영속성에 기여하는 것으로 형상화 된
다. 『구비대계』의 설화를 통해 공간을 통한 인간의 욕망 실현이 구체적

Schulz, C., Existence, 金光鉉 譯, 앞의 책, 65~68쪽.); 이명호, 앞의 책, 15~16쪽;
秦晶和, 「女性과 住居空間」, 『建築』第45輯 第3號, 대한건축학회, 2001, 47쪽;
Dovey, Kinberly, "Home and homelessness", Altman, I. & Werner, C. M.(ed.),
Mome Environment, Plenum Press(New York), 1985, pp.33~64(이경희 편역, 「주거
의 의미와 상실」, 洪亭沃 編著, 『人間과 住居』, 文運堂, 1995, 13~26쪽.); 金慶
淑, 앞의 논문, 13~19쪽; 박수호·궁선영, 앞의 논문, 232~234쪽 참조; 이진경,
『근대적 주거공간의 탄생』, 도서출판 그린비, 2007, 11~13쪽 등이 있으니 자세
한 것은 이 연구서들을 참조바람.
20) Buttimer, A., "Home, reach, and a sense of place", In A. Buttimer, & D. Seamon
(Eds.), The human experience of space and place, Croom Helm(London), 1980, p.169의
것을 Dovey, Kinberly, 이경희 편역, 위의 책, 24쪽에서 재인용함.
21) 정태귀, 앞의 석사학위논문, 20쪽.

으로 어떻게 드러나고 있는지 살피면서 논지를 심화하고자 한다. 집터에 대한 욕망을 실현한 설화를 먼저 살펴보기로 하겠다.

경주 최씨 집안에서 동지섣달이 되면 항상 팥죽을 끓여 고방에 있는 업에게 대접했다. 어느 날 새벽에 맏며느리가 나와 보니 버지기가 없어지고, 마당에 이것을 끈 자국을 발견한다. 업이 떠났다고 생각한 맏며느리가 그 흔적을 따라가니 천왕을 모시는 나무에 구멍이 있는데 거기에 이르러 사라졌다. 이를 본 맏며느리가 그 터를 자기 시집의 것으로 하기 위해 그 자리에 치마를 벗고 누웠다. 맏며느리가 없어진 것을 안 시부모의 지시로 그녀를 찾으러 온 하인들에게 주변의 도랑에 담을 쌓으라고 하고, 그곳으로 집을 옮겨 살았다. 어느 날 유기장수가 들어와 자신의 물건을 사달라고 떼를 쓰는데, 시아버지가 실수로 이 사람을 죽였다. 시신을 감추어두고 있었는데 어떤 여인이 아이를 업고 찾아와 남편을 내놓으라고 한다. 모른다고 하자, 그 여인은 집을 뒤져 남편의 시신을 찾아 관가에 시아버지를 고발했다. 옥에 갇힌 시아버지를 구하기 위해 맏며느리가 점을 치러갔더니, 점괘에 산골 사는 세 발 강아지가 있어야 음해를 벗는다고 나왔다. 맏며느리가 그 곳으로 찾아가봤더니 노부부가 그 강아지를 의지하고 살고 있었다. 그래서 노부부를 부모로 섬기기로 하고 강아지를 데리고 와 관가에 풀어 놓았더니, 유기장수 아내의 목덜미를 물고 죽였다. 죽은 것을 보니 사람 아닌 백여우였고, 먼저 죽은 유기장수도 여우로 변해 있어 풀려나왔다. 여우를 죽인 강아지도 죽어 무덤을 잘 만들어 주었다.(임덕명 구연, <경주 최씨과 개무덤>, 『구비대계』 7-14, 경상북도 달성군 화원면 설화 38, 한국학중앙연구원, 1980, 178~181쪽 요약.)

위의 설화는 업(業)의 도움으로 새로운 집터를 얻어 잘 살았다는 전반부와 음해(陰害)를 당한 시아버지를 맏며느리가 구해온 세 발 강아지가 구했다는 후반부로 구성되어 있다. 이 중 공간과 인간의 상호조응과 관계가 있는 부분은 전반부이다.

이 부분에서 서사진행의 실마리가 되는 것은 '업 신앙(業信仰)'이다. 업 신앙은 집안의 재물을 지켜주는 수호신(守護神)의 하나로 집안 한 곳에 보이지 않게 들어 있다고 믿어지는 민속신앙으로서, 흔히 뱀·족제비 등의 동물에 의하여 상징된다.[22] 설화에서 동지섣달에 업에게 팥죽을 드렸더니 '버지기(자배기)가 없고 마당에 큰 짚단을 끈 자국이 있었다'(178쪽)고 구연되어 있는 것으로 보아 업이 이 집을 떠난 것으로 보인다. 흔히 업이 집을 나가면 그 집이 망한다는 속설이 있어 이를 막으려고 맏며느리가 이 흔적을 따라가 보니, 천왕신(天王神)을 모시는 나무에 구멍이 나 있는 데 거기에서 흔적이 사라지고 없었다. 여기에서 맏며느리의 혜안(慧眼)이 발휘되는데, 그녀는 업이 이리로 왔으니 이곳을 자기 집 터로 만들어야겠다고 생각한 것이다. 그래서 그녀는 그곳에 치마를 벗고 누웠다.

　여기에서 맏며느리가 치마를 벗고 대지에 누웠다는 행위와 자신을 찾으러 온 하인들에게 자신이 누운 터의 주변에 있는 도랑에 담을 치라고 한 지시에 대해 관심을 가질 필요가 있다. 먼저 여성인 맏며느리가 치마를 벗고 대지에 누운 행위에 대해 알아보겠다. 인류학에서는 여성과 경작된 대지를 동일시(同一視)한다.23) 더구나 이 맏며느리는 치마를 벗고 대지 위에 누웠다. 이것은 여성과 대지의 동일시 차원을 한 단계 넘어선 에로티시즘24)과 출산을 의미한다. 이러한 흙의 풍요로움과 여성의 창조적인 힘의 연관은 바로 풍요의 상징적 표현이고, 이는 집터가 부귀영화의 기능을 가진 땅이기를 바라는 욕망을 표출한 것이라 할 수 있다.

---

22) 이능화 지음, 서영대 옮김, 『조선무속고』, (주) 창비, 2008(1927), 339쪽.

23) 여성과 대지의 동일시는 많은 문명 속에서 발견된다. 이집트의 한 연가(戀歌)에서는 연인에게 '나는 대지이다'라고 고백하는 대사가 있다. 비데브다트Videvdāt에서도 경작되지 않은 황무지를 아이를 못 낳는 여성과 비교하였다. 이러한 인간과 토지의 비유는 농경작업과 생식행위를 동일시하는 것으로 풍요를 상징적으로 이미지화하는 것이다. 여기에 대한 자세한 설명은 Eliade, *Mircea, Patterns in Comparative Religion.*(이은봉 옮김, 『종교형태론』, 한길사, 2004, 348~350쪽)을 참조하기 바람.

24) 동러시아에서는 벌거벗은 여인이 완두콩 씨를 뿌리러 밭으로 가는 풍습이 있었고, 핀족 사이에는 여성이 월경 기간에 다 떨어진 옷을 빅고 창녀의 구두를 신거나 혹은 서자의 양말을 신고 밭으로 가는 풍습이 있었다. 독일에서도 곡물의 씨를 뿌리는 사람은 반드시 여성이어야 하고, 그것도 특히 결혼한 여성이어야 하며, 그 중에서도 임신한 사람을 더 선호하였다. 자세한 예증은 위의 책, 435~437쪽을 참조하기 바람.

다음은 자신을 찾으러 온 하인들에게 자신이 누운 터 주변에 있는 도
랑에 담을 치라고 한 지시에 대해서이다. 담이란 집 주변을 둘러막는 사
물로, 한 공간과 다른 공간을 구별하고 격리시키는 역할을 한다. 이것은
시각적 효과를 가지며, 담으로 둘러싸인 공간과 담 밖의 공간이 다른 정
서를 가진 곳임을 말해 주는 장치이다. 여기에서 주목할 것은 담이 주는
정서가 단지 시각적 요소로만 이루어지는 것이 아니라, 그것이 주는 보
호적 기능도 함께 갖는 것[25]이라는 데에 있다. 이러한 담의 기능으로 볼
때 맏며느리가 담을 쌓으라고 지시한 이유는 주위에 자신의 시집이 그
집터의 주인임을 확인시키는 것으로서, 이를 알리는 고지(告知)의 역할
을 하게 하는 것이다. 오토 프리드리히 볼노프는 담, 즉 울타리에 대해
'집이 그 사명, 즉 인간에게 안식과 평화 속의 삶을 가능하게 해 주는
사명을 다하기 위해서는 외부세계로부터 보호를 해 주는 외적인 울타리
(담)가 필요하다'[26]고 역설함으로써 그 역할을 입증했다.

　맏며느리의 이와 같은 일련의 행위와 지시는 업이 지정해 준 것으로
믿어지는 공간을 집터로 얻기 위한 일종의 제의(祭儀)에 해당한다. 여기
에는 정당한 절차를 밟아 그 공간을 소유했음을 알려 불필요한 분쟁을
미리 막겠다는 의도도 포함되어 있다. 그녀의 제의와 같은 절차를 통해
소유한 땅의 기능을 알 수 있다. 이것은 업을 믿는 마음이기도 하다. 살
던 집은 이미 업이 떠나 복록이 사라졌고, 부귀영화가 점지된 이 터를
자기 집 터로 만들어야 가문의 영속성을 유지시킬 수 있다는 욕망이 공
간과 인간을 서로 조응하게 한 것이다.

　이러한 상황은 살아있는 사람들이 거주하는 공간인 집터에만 한정된
것은 아니었고, 죽은 사람들의 사후공간인 무덤을 정할 때에도 적용되었

---

25) 朱南哲, 「韓國 建築에 있어 담(墻)에 관한 硏究」, 『韓國文化硏究院 論叢』 第28輯,
　　이화여자대학교 부설 한국문화연구원, 1976, 162쪽.
26) Bollow, Otto F., 箸/李奎浩 譯, 앞의 책, 34쪽.

다. 다음 설화에서 그 이유를 짐작할 수 있다.

> 목조(穆祖)가 어떤 기생과 친한 것을 본 산성 별감이 시기하여 삼척으로 도
> 망쳐서 숨어살았다. 부모님이 돌아가셨는데 가난하여 묘자리를 볼 수 없어 바
> 깥에 가장을 해 놓았다. 하루는 도토리를 줍다가 피곤하여 잠이 들었는데 사
> 람 말소리가 나서 깨었다. 두리번거리며 보니 노인과 젊은이가 산등성이에 서
> 서 "참! 명당대지로구나"하는 소리를 들었다. 노인이 함부로 말하지 말라고
> 하고 야단치는 것을 보고, 그 자리가 명당임을 깨달은 목조는 노인 앞에 나가
> '묘지를 선택 못 해 부모님의 장례를 치르지 못한다'고 말했다. 노인이 '이
> 묘지는 돈이 많이 드는데 할 수 있겠느냐' 하자, 목조가 하겠다고 했다. 노인
> 의 말이 '백호제를 지내는데 백 마리 소로 제사지내야 하며, 금관(金棺)을 써
> 서 모시면 5대 후에 왕이 태어난다'고 하였다. 가난한 목조는 곰곰이 생각하
> 여 처가의 흰 소(白牛)를 가져다가 제사지내고, 줄기가 노란 연맥(蓮脈)을 엮
> 어서 관(棺)을 둘러싸서 장사를 지냈다. 처가의 소를 잡아 면목 없어 함경도
> 로 피해 갔는데, 나중에 조선의 태조인 이성계가 태어났다.(박재문 구연, <백
> 우(白牛)의 전설>, 『구비대계』 2-3, 강원도 삼척군 편 삼척읍 설화 125, 1980,
> 307~310쪽 요약.)

위의 설화에서 목조는 집안이 가난하여 부모의 묘자리를 볼 수 없어
시신(屍身)을 가장(假葬)해 두고 있었다. 그는 우연한 기회에 명당이 있다
는 것을 알게 되어 그 곳에 애착을 갖는다. 그런데 그 무덤 자리는 물질
적으로 많은 공을 들여야 얻을 수 있는 곳이라는 데에서 난관에 부딪힌
다. 부모를 임시로 묻을 수밖에 없을 만큼 가난한 그의 처지로서는 도저
히 시행하기 어려운 터였다. 그래도 쓰겠다고 우겨서 그 자리를 넘겨받
았지만, 그로서는 백(百) 마리의 소와 금관(金棺)을 구할 도리가 없었다.
궁리 끝에 百과 白이 동음이의어이고 연 줄기와 금의 색이 같은 부류의
색깔임에 착안하여[27], 흰 소와 연 줄기로 대체해서 제사를 지내 훗날 조

---

27) 이것은 하나의 언어가 여러 개의 뜻을 가지고 있는 것을 이용하여 언어유희를 하
　　는 수수께끼의 일종이다. 숫자 100을 가지고 색깔의 흰 색으로까지 연결시키고,
　　연 줄기와 금의 색깔이 같음을 연계시켜 의미를 확대시킨 것은 문화적·사회적 코

선조의 문을 여는 태조 이성계가 태어날 발판을 만들어 가문의 영속성에 기여한 것이다.

목조는 부모의 장례를 정식으로 치러 불효를 면하겠다는 생각으로 그 자리를 원했다.[28] 그러나 그는 권력자에 의해 쫓겨 온 상황이었기 때문에 마음속에는 자신도 피지배자 계층의 입장에서 벗어나 부귀영화를 누리고 싶은 마음 또한 없지 않았다. 이와 같은 그의 고단한 삶은 자신 혹은 자손이 입신출세할 수 있는 무덤 자리를 찾아 복록이 발휘되어야만 벗어날 가능성이 있다. 그는 백호제를 지내야 하고 금관까지 사용해야 복록의 기능이 나타날 수 있기에 분수에 맞지 않는 공간을 차지하기 위해 절도까지 서슴지 않았다. 그 이유는 그 공간이 당장은 아니더라도 그가 고단한 삶에서 벗어나 가문의 영속성에 기여할 수 있는 발판이 될 수 있는 곳이기 때문이었다. 다시 말해 그와 그의 가문의 미래를 보장해 줄 수 있는 꿈의 공간이기 때문인 것이다.

집터와 무덤 공간에 나타나는 맏며느리와 목조의 공간에 대한 욕망 표출은 공간과 인간의 사이가 범상치 않은 관계라는 것을 의미한다. 이 곳들과 이들의 관계가 그러하다는 것은 공간이 인간의 욕망을 이룰 수 있는 매체가 될 수 있기 때문임을 보여주는 것이다. 이들의 명당을 얻기 위한 노력은 모두 자신을 위해서라기보다 가문의 영속성을 위해 이용되

드가 같은 것을 이용한 것이다. 한 언어나 사물이 여러 가지의 뜻을 가지고 있는 문화언어권에 사는 사람들은 거기에 맞는 일반적이고 보편적인 규칙만 적용시켜 준다면 쉽게 소통시킬 수 있다.(졸고, 「수수께끼의 疏通狀況 研究-民譚에 삽입된 수수께끼를 중심으로-」, 아주대학교 대학원 석사학위논문, 2005, 68~79쪽 참조.)

28) 이 부분에 대해 이 설화에서는 직접 언급이 되어있지 않다. 하지만 후술한 설화인 <삼형제 죽고 만대 발복한 명당>에서 '원래 이 사람 네가 효심이 있는지라 부모가 백골이 편하구...'라고 명시되어 있다. 이러한 생각은 많은 민중들에게 각인되어 있는 의식이기 때문에 당연시 되어 많은 설화에서 굳이 표현하지 않고 있다. 이러한 이유로 이 설화의 주인공인 목조의 경우도 이와 같은 생각을 하고 있을 것이라고 유추한 것이다.

었다. 경주 최씨 가문은 누대(累代) 부자로 살고[29], 목조가 속한 전주 이
씨 가문은 조선이라는 국가를 세워 수백 년의 영화를 누릴 수 있게 된
것이다.

두 설화에서 보는 바와 같이 인간의 욕망을 성취할 수 있는 공간을
만난다는 것은 수많은 공간 중에 전망이 있는 공간을 찾아 자신의 공간
으로 만들어야 한다는 것을 함의하고 있다. 이는 공간과 인간의 서로 조
응할 수 있는 곳이어야 한다는 것을 의미한다. 인간이 특정 공간에 애착
을 느끼고 그 공간 또한 인간을 받아들여, 욕망을 성취할 수 있는 터로
재탄생시킬 노력이 필요한 것이다.

집과 무덤, 즉 거주공간을 명당에 조성하여 가문의 영속성을 누리려
는 것은 동서고금을 통해 공통적으로 나타나는 현상일 것이다. 인간이
거주공간을 명당에 사용하려는 이유는 행복한 삶을 보장받기 위함이다.
여기에 집을 지으면 생기(生氣)가 그 집에 사는 사람에게 감응(感應)되어

---

29) 흔히 경주 최부자는 9대 만석꾼으로 통한다. 이 가문은 최치원(崔致遠)의 후대(後
代)인 재경 최국선(在卿 崔國璿, 1631-1682)에서 문파 최준(文波 崔浚, 1884~
1970)에 이르는 약 300년 동안 부요를 누리고 살았다. 구비설화에는 경주 최씨
가문과 관련한 설화가 총 15편 있는데, 이들에 대한 구연자, 즉 민중의 평가는
따뜻하다. 그 이유는 이 가문이 장기간 부를 누렸음에도 불구하고 동서고금의 다
른 거부들처럼 권력과 결탁하여 이권(利權)을 가로채지 않고 정당한 방법으로 부
를 축적했으며, 그 부를 지극히 정당하고 적절한 방법으로 사용하였기 때문이다.
또한 부의 소멸 과정 역시 대부분 그 부의 남용과 오용 그리고 더 많은 부를 축적
하려는 과도한 투자에 있었지만, 이들의 부는 주로 국가를 위난(危難)으로부터 구
하고, 남은 부는 국가를 흥하게 하기 위한 교육 투자목적으로 사용되었다. 이로
인해 그들은 민중에게 흔히 받을 수 있는 부정적인 시선을 받아 본 적 없이 오히
려 존경과 숭앙을 받았다. 이러한 사실들은 오늘날의 기업과 기업가, 경영자에게
부의 형성과 사용 측면에 대한 교훈적 의미를 제공하는 것으로, 그들의 경영사상
은 시대를 달리 해도 훌륭한 교육적 효과를 기대할 수 있을 것이다. 경주 최씨가
오랫동안 만석꾼으로 살 수 있었던 사실에 대한 자세한 기록은 최해진, 「경주 최
부자의 경영사상과 경제적 부의 지속요인에 대한 연구」, 『大韓經營學會誌』第16
輯, 대한경영학회, 1997, 337~352쪽을 참조하기 바람.

집안이 잘 되고, 무덤을 쓰면 생기가 백골에 감응되어 후손이 발복한다[30]고 믿기 때문이다. 그렇다면 명당에 대한 애착은 산 사람이 사는 집보다 죽은 사람이 사는 곳인 무덤을 선호하는 감정이 훨씬 강한 것으로 보인다. 그 이유는 집의 경우 무덤보다 그 효험이 쉽게 나타나기는 하지만, 그 음덕(蔭德)은 그 곳에 사는 사람이나 태어난 사람에게만 한정되기 때문이다. 반면 무덤은 즉시 발복하는 경우도 있지만, 원칙적으로 복록을 누리는 기간이 길고 그 음덕이 모든 혈족(血族)에게 두루 나타나기 때문이다.[31] 이 점 때문에 집보다 무덤에 대한 공간적 애착이 더욱 강하여서, 일상을 비롯한 구비설화의 세계 속에서도 집터와의 조응보다 무덤에 대한 관심이 더욱 많음을 알 수 있다.

이상에서 알아 보았듯이 물리적이고 지리적인 환경인 공간을 의미 있게 체계화시키고, 거기에 그 가치를 부여하는 인식적·정서적·상징적 활동이 바로 공간에 대한 애착, 즉 욕망이다. 또한 인간은 다양한 성격의 주체가 상호 밀접한 연관 속에서 서로에게 영향을 미치는 통합적인 삶의 코드를 가지고 살아가는 존재이다. 그렇다면 그와는 아무런 의미가 없던 공간을 의미가 있는 공간으로 '공간 만들기'를 하는 방법인 거주공간에 대한 욕망의 정서가 바로 구비설화에 나타나지 않을 수 없다. 문학작품의 세계는 근본적으로 현실세계와는 다른 허구의 세계이다. 그러나 문학에서 내포하는 것은 현실에서 경험한 보편적인 인식과 행위를 통해 이를 표현하는 현실의 반영이다. 인간의 적나라한 일상의 경험과 세계관을 거칠지만 숨김없이 드러내고 있는 장르가 구비설화이다. 구비설화에 나타난 가문의 영속성을 위해 인간이 거주공간에 투사한 욕망 표출 정서를 통해 볼 때, 공간은 인간 욕망의 산물이며 도구임을 거듭 확인할 수 있다.

---

30) 崔雲植, 『韓國說話硏究』, 集文堂, 1994, 287~290쪽 참고.
31) 박상호, 『풍수지리의 원리』, 가교, 2002, 30쪽.

제3장
거주공간에 나타난 인간욕망

인간은 살면서 각각의 위치를 차지하고 있는 여러 특정 공간과 관련
을 맺게 된다. 그 대표적인 예가 인간이 거주하는 공간, 즉 거주공간이
다. 이 공간은 살아 있는 사람이 거주하는 '집'이나, 죽은 사람이 거주하
는 '무덤'이나 모두 똑같은 환경을 점유하게 한다. 거주공간을 선정할
때 사람들은 풍수지리설을 이용하여 그 터를 결정한다. 풍수지리설은 인
간이 땅의 좋은 기운을 받아 잘 살게 되기 바라는 마음을 나타내는 학설
이다. 이 학설은 땅·자연·이웃에 대한 사랑에서 출발하여, 땅의 기운으
로 이루어진 살아있는 땅에 '인간이 어떻게 어울려서 살 것인가' 하는
문제의식에서 출발하였다. 사람들은 이 학설을 바탕으로 자신의 욕망이
성사될 공간을 선택하는 것이다. 따라서 거주공간을 선정할 때에 풍수지
리설은 매우 중요한 역할을 한다. 집을 길지에 조성하고 함은 그 집에
사는 사람들의 복록을 구하고자 함이고, 무덤을 명당에 조성하고자 함은
그 집안의 자손들의 번영을 원하는 마음을 담은 것이다.[1] 그렇다 해도
가문중심체제를 내세운 앞 시대에서 개인은 가문을 위해 존재하기 때문
에 이것은 가문의 영속성을 위한 것이다.

여기에서 그 공간의 사용자 층위(層位)에 대한 문제가 제기될 수 있다.
앞에서도 언급했지만 살아있는 사람의 경우 자신과 후손들이 그 복록을
누릴 수 있지만 죽은 사람의 경우 자신은 누릴 수 없다는 문제가 거론될
수 있을 것이다. 인간은 살아서나 죽어서나 인간이라는 층위는 변함없

---

1) 村山智順, 『朝鮮の 風水』, 朝鮮總督府, 1931.(崔吉城 옮김, 『朝鮮의 風水』, 民音
社, 1990, 27쪽 참조.)

다. 그리고 이 욕망은 자기 자신을 위한 것이라기보다 자신이 속한 가문
의 영속성을 위해 표명되는 것이라고 앞에서도 밝혔다. 따라서 명당을
사용하는 존재의 문제가 아니라 그 영향력의 문제, 즉 욕망의 달성 문제
이다. 이처럼 명당을 사용하는 것은 사용자가 직접 복을 누리느냐 그렇
지 않느냐의 차이가 아닌 가문의 영속성을 위한 메커니즘으로 보고, 이
를 장소성의 문제라고 보았다. 이러한 견해를 토대로 본고에서는 살아있
는 사람과 죽은 사람을 같은 층위에 놓고 진술하였다.

공간과의 관련이라는 측면에서 인간이 자신의 가문이 오래도록 영달
을 누리려면 그 가문의 구성원들이 점유할 공간이 중요해지는 것은 당연
한 일이다. 복록을 구하고, 번영을 구한다는 말은 달리 말하면 결핍 상태
에 있음을 말하는 것이다. 이러한 상태에서 원하지만 주어지지 않은 복
록을 얻으려는 것은 자신에게 주어진 운명을 극복하는 일이다. 이를 공
식화하면 다음과 같다.

차이의 의식 = 결핍의 의식 → 욕망 표출

표 2. 욕망 공식

위의 공식에서 보듯 인간이 타자와의 차이를 의식한다는 것은 바로
그가 상대적으로 결핍 상태에 있다는 것을 내포한다. 결핍 상태로 표현
되는 인간의 욕망은 무의식이며, 무의식은 인간이 존재하는 데 근원이
되는 심리기제이다. 무의식적 욕망은 결코 소멸될 수도 없고, 만족될 수
도 없다. 단순히 소멸되지 않는 욕구가 없다면 인간은 욕망을 품지 않겠
지만, 그러한 상태는 곧 유기체를 파멸을 의미할 뿐이다.[2] 인간은 자신

---

2) Lacan, Jacques, "L'instance de la lettre dans l'inconscient ou la raison depuis
   Freud", 1957.(민승기 옮김, 「무의식에 있어 문자가 갖는 권위(주장) 또는 프로이

에게 주어진 운명에 순응하고 살기도 하지만 이를 극복하고자 하는 의식도 강한데, 이 의식이 외부로 표출되는 것이 욕망이다. 그리하여 자신의 욕망을 달성시킬 수 있다고 보는 공간에서 운명의 극복을 가능하게 하는 동인(動因)은 땅과의 교감에서 비롯된다고 믿어 풍수에 의존하게 되는 것이다.

따라서 풍수지리설은 거주공간을 선택할 때 중요한 역할을 한다. 하지만 본고의 목적은 풍수지리설을 조명하고자 함이 아니라 공간에 투여하는 인간의 애착 심리를 통해 그들의 욕망이 어떻게 드러나는지를 보고자 하는 것이다. 그리고 이 욕망이 가문의 영속성을 위해 투사된다는 것을 보여줌으로써, 이것이 공간과 인간이 서로 조응하는 관계임을 조명하고자 함이다. 그러므로 필요한 부분이 있을 때 첨가하는 방식으로 서술하고, 이 장에서는 공간, 다시 말해 거주공간에 이러한 점들이 어떻게 나타나는지 알아보겠다.

이를 조명함에 있어 집과 무덤의 공간에서 나타나는 인간의 욕망이 서로 상응되어야 할 것이다. 집과 무덤 공간에 투사하는 인간의 욕망은 부귀영화가 공통으로 나타나 가장 많은 빈도를 차지한다. 다음으로 드러나는 것이 인간의 생명과 관련한 것으로, 이는 집과 무덤에서 각각 단명 극복과 자손 문제로 약간 다르게 조명되었다. 그러나 마지막으로 조명하려는 유형의 경우는 집과 무덤이 상응되는 점이 없이 각각 자기실현과 이기적 선택 형태로 표출되어 전혀 다른 모습으로 나타나 흥미롭다. 이를 도표화 하면 다음과 같다.

트 이후의 이성」, 권택영 엮음, 『욕망이론』, 文藝出版社, 2005, 81쪽.)

집 공간	무덤 공간
부귀영화	부귀영화
단명극복	자기확장
자기실현	이기적 선택

표 3. 각 공간에서 표출된 욕망

Ⅰ. 집(터)

거주공간으로서의 집은 인간이 처한 자연적인 환경과 사회·경제적인 환경에 대응하기 위한 가장 기본적인 건축 행위의 산물이다.3) 이중환은 '사람이 살 터를 잡을 때에는 첫째 지리(地理)가 좋고, 둘째 생리(生利)가 좋고, 셋째 인심(人心)좋은 아름다운 산천(山水)을 찾아야 하되 그 중 하나라도 부족하면 살기 좋은 곳이 못 된다'4)고 했다. 예전이나 지금이나 이중환의 견해대로 집을 얻을 수 있다면 최상의 조건을 갖춘 공간이 되겠지만 집은 무덤과 달라서 지기(地氣)만 충만해서는 안 된다. '완전한

---

3) Schoenauer, Nobert, *6000 Years of Housing*, W. W. Norton & Company, 1981.(김연홍 옮김, 『집[6000년 인류 주거의 역사]』, 다우, 2004, 8쪽.)

4) 이중환 지음, 허경진 옮김, 『택리지』, 한양출판, 1999, 177쪽.
  여기에서 '지리(地理)'는 수구(水口)를 기준으로 산세(山勢), 들, 강, 토질(土質) 등 지리적으로 판국(版局)이 좋은 곳을 말한다. '생리(生利)'란 농·축·수·공산물의 생산과 그 유통이 활발하게 이루어질 수 있는 도로 등 기반시설이 잘 되어 있거나 자연적 여건이 잘 이루어져서 사람들이 살아가는 데 경제적으로 윤택하다는 것을 뜻한다. '인심(人心)'은 살 터를 잡을 때에는 그 지방의 풍속을 살펴야 한다는 것이다. '아름다운 산천'은 심신 수련에 필요한 휴식처를 의미한다.
  地理: 先着水口 次着野勢·次着山形 次着土色 次着水理 次着朝山朝水…… 生利: ……何嘗使裸體乞食 不奉祖先之祀 不顧父母之養 不有處子之倫…… 人心: …… 卜居 不可不視其地之謠俗矣. 山水: 則亦不可徒取山水以爲生 不如宅沃土廣野地理佳處築居 買名山佳水於十里之外 或半一程內每日意到 時時往復 以消憂 或留宿以返 此乃可繼之道也. 자세한 것은 이 책, 177~192쪽 참고하기 바람.

길지(吉地)'라고 인정받을 수 있는 집터는 지기가 충만할 뿐 아니라 생활하기도 적당해야 한다. 인간이 살아가는 데 있어 환경이 직접적으로 빨리, 그리고 많이 영향을 미치는 쪽은 무덤보다는 집이기 때문에 집터의 선정은 각별히 신경 써야 한다. 이러한 이유로 완전한 길지를 찾는 것은 여간 어려운 일이 아니다. 그래서인지 『구비대계』를 비롯한 설화자료집에는 집보다 무덤과 관련한 이야기가 더 많다. 그러나 가문중심적인 삶을 사는 사람들에게 집 또한 매우 중요한 의미를 가진다. 가문중심주의를 표방하는 사회에서 한 개인의 집은 그 집에 소속되어 있는 한 가족만의 영화를 보여주기 위함만은 아니라, 그들이 속한 가문의 영속성을 유지하기 위해 초시간적(超時間的)인 속성을 가지기 때문이다.[5] 집을 매개로 가문의 영속성을 드러내기 위해 나타나는 욕망은 가장 많이 나타나는 것이 부귀영화를 바라는 욕망의 경우이고, 자신에게 주어진 불가항력적(不可抗力的)인 운명인 단명극복 욕망을 드러내는 경우와 자기실현을 하고자 하는 욕망의 경우가 표출된다. 이를 도표화하면 다음과 같다.

---

5) 『구비대계』에 보면 <율곡 선생 탄생담>이라는 설화가 있다. 이 설화는 율곡 선생이 탄생에 대한 이야기가 실려 있다. 주지하다시피 율곡 선생이 탄생한 곳은 강릉 오죽헌(烏竹軒)이다. 설화에서 보면 이 오죽헌은 율곡의 이모부인 권씨 댁인데 율곡의 어머니가 언니와 함께 자다 황룡과 청룡이 내려서 언니의 치마에 싸이는 것을 보고 언니에게 부탁하여 그 치마를 빌려 입고 자신의 집인 서울로 갔다. 마침 율곡의 아버지도 태몽을 꾸었다. 이리하여 수태된 이가 율곡 선생이다. 율곡의 어머니는 아기를 낳을 때가 되자 언니의 집으로 가서 몸을 풀고자 했는데, 그 집에서 대인(大人)이 태어날 거라는 것을 알고 있는 형부 권씨가 자신의 직계 자손이 그 집에서 태어나기 원하여 반대하였다. 만일 처제가 그 곳에서 아기를 낳으면 그 운이 조카에게로 갈 것이 뻔했기 때문이다. 그래서 다른 집으로 가서 아기 낳을 것을 권하여 그 집을 나가는데, 집을 나가기 전에 해산을 하여 할 수 없이 그 집서 몸조리를 하게 되었다고 한다.(심연수 구연, <율곡 선생 탄생담>, 『구비대계』 2-1, 江原道 江陵市·溟洲郡 설화 80, 1980, 253~256쪽 참조.) 자신의 자손이 대인으로 태어나기를 바라는 마음이 바로 자신의 가문의 영속성이 이어지기 바라는 초시간적인 마음인 것이다.

욕망의 형태	설화 텍스트	비고
부귀영화	집터 잘 잡아 왕비된 이야기	신분상승
	허풍수와 임금	재물추구
	정승판서 집터	신분상승 + 재물추구
단명극복	중이 호환 면한 이야기	극기
	호환 면한 정승아들	용서와 화해
자기실현	진사까지 된 천애고아	자신이 주인인 집 세우기
	삼공본풀이	자신이 질서인 집 세우기
	황씨 성이 살아야 하는 집터	자기 인정 받기

표 4. 집 공간에 나타난 욕망

1) 부귀영화

공간을 통해 표출되는 인간의 욕망 중 가장 대표적인 경우는 부귀영
화를 바라는 욕망이다. 집(터)을 길지를 찾는 이유 중 가장 큰 이유는 물
질생활의 안정과 관련된 부(富)와 신분상승에 관련한 귀(貴), 즉 부귀영
화를 누리고 싶어서이다. 부귀영화란 말 그대로 재물이 많고 지위가 높
으며 귀하게 되어서 세상에 드러나 온갖 영광을 누리는 것을 의미한다.
인간으로 태어났다면 부귀영화를 누리고 싶어 하지 않는 존재는 없을 만
큼 이 욕망은 많은 사람들의 동경이며 원망(願望)하는 덕목이다. 더구나
자신이 처지가 사회적으로 대접받지 못하여 빈곤에 시달리는 존재들이
원하는 가문의 영속성을 위한 복록은 단연 부귀영화이다. 부귀영화를 누
린다는 것은 힘 또는 권력과 연결되기도 하기 때문에 자연스럽게 이를
중요시[6]하는 풍조가 만연하게 된 것이다. 부귀영화란 어휘에서 보듯 부
(富)와 귀(貴)로 나누어 생각해 볼 수 있는데, 사회적으로 높은 계층에 있
는 사람들이 얻으려던 부귀영화는 신분상승이 대부분이고 서민 계층에

---

6) 맹용길, 「한국인의 가치관과 의식구조」, 『기독교 사상』 제31권 제8호, 대한기독
교성회, 1987, 70쪽.

속하는 사람들이 원하는 것은 물질적 풍요를 위한 재물추구이다.[7] 그런데 신분상승은 대체로 재물을 수반하고 있지만, 재물을 추구하는 경우에 반드시 신분상승이 동반한다고 볼 수 없다. 본고에서 거주공간에 신분상승의 원망(願望)을 투여한 예증으로 선택한 설화는 <집터 잘 잡아 왕비된 이야기>와 <정승판서 집터>이다.[8] 따라서 본고에서는 재물추구의

---

[7] 이에 대해 손정희와 곽진석도 전승 주체가 양반인 문헌설화에서는 귀(貴)가 발복의 결과로 더 많이 나타나고, 전승 주체가 서민인 구비설화에서는 부(富)가 더 많이 나타난다고 하였다.(손정희, 앞의 책, 138쪽 참조; 곽진석, 앞의 논문, 158쪽 참조.) 그런데 이 양상은 19세기에 오면 직접적으로 대응시키기 어렵다. 이 시기에 이르면 자본주의적 성격의 사회가 당대에 도래하여 이것이 당대 사회의 동적(動的) 능력으로 변한다.(김윤식·김현, 『韓國文學史』, 民音社, 1999, 31~36쪽 참조하기 바람.) 하지만 당대가 자본주의 사회로 변모하여 재물 우선인 시대가 되었다 해도 이들이 원하는 것은 부(富)만 갖고자 하는 것이 아니라, 부를 통해 권력을 가지려 한다. 또한 양반의 족보를 사고 매관매직(賣官賣職)을 하는 사람들이 많은데, 이것이 부를 이용해 권력을 가지려 한다는 것을 대변한다. 권력은 신분상승이 이루어져야 가능하기 때문이다.

[8] 양반이 국가가 군주의 전복을 꾀하는 모반(謀反) 또는 국가의 기강을 어지럽힌 대역(大逆)으로 인해 죄인이 되어 노비가 되는 경우가 있었다. 대명률은 이 두 가지 죄목에 대해 같은 형벌을 주었다. 공모자는 주범과 종범을 가리지 않고 모두 능지처사(陵遲處死)의 형벌에 처하고, 연좌인(連坐人) 중 아버지와 16세 이상의 아들은 모두 교수형에 처하며, 15세 이하의 아들과 어머니, 딸, 처첩, 조부모, 손자녀, 형제자매, 그리고 아들의 처첩은 공신가(功臣家)의 노비로 급부(給付)하여 백숙부와 형제의 아들에 대해서는 모두 '삼천리 밖으로 유배하는 형(流三千里安置)'에 처하도록 규정하였다.(凡謀反大逆 但共謀者 不分首從 皆陵遲處死 父子年十六以上 皆絞 十五以下及母妻姜祖孫兄弟姊妹 若子之妻姜 給付功臣之家爲奴……伯叔父兄第之子 不限籍之同異 皆流三千里 安置-『大明律直解』卷 第十八 刑律, 盜賊, 謀反大逆條, 法制處, 1964, 381~383쪽 참조.) 『세조실록』에는 단종 복위 운동에 연루된 사육신 가족의 형벌에 대해 다음과 같이 나타나 있다. '성삼문 (成三問)의 아내 차산(次山)과 딸 효옥(孝玉)은 박종우(朴從遇)에게, 박팽년(朴彭年)의 아내 옥금(玉수)은 영의정 정인지(鄭麟趾)에게, 이개(李塏)의 아내 가지(加知)는 우참찬 강맹경(姜孟卿)에게, 하위지(河緯地)의 아내 귀금(貴今)과 딸 목금(木수)은 지경 조사 권언(權偃)에게, 유성원(柳誠源)의 아내 미치(未致)와 딸 백대(白代)는 좌승지 한명회(韓明澮)에게, 유응부(兪應孚)의 아내 약비(若非)는 예빈사윤 권반(權攀)에게, 첩의 딸 환생(還生)은 동지중추원사 봉석주(奉石柱)에게 급부되었다.(사회과학원 민

경우보다 신분상승의 경우가 보다 포괄적인 성격을 가지고 있다고 생각
하여 신분상승을 먼저 설명하기로 하겠다.

대개의 구비설화에서 결핍 상황은 가난에서 시작된다. 또한 설화에
나타난 신분상승에 대한 욕망은 당대가 신분 계층의 제약이 많은 시대임
을 알게 해 준다. 이러한 성향은 조선조 후기로 갈수록 심화되었다. 세력
있는 양반들만이 부귀영화를 누리며 살 수 있고, 그렇지 못한 계층에서
는 군역 및 경제적 압박과 착취 뿐 아니라 혈통이나 직업에 따른 문화적
차별과 학대가 강화되었기 때문이다.[9]

날이 갈수록 심해지는 신분차별은 부귀영화에 대한 욕망 표출을 강화
시킬 수밖에 없었다. 양반이라는 지배계층만이 누릴 수 있는 특권들로
인해 사람들은 신분상승을 향한 욕구가 더욱 강해졌던 것이다. 앞에서도
언급했듯이 욕망이란 인간 본연의 모습이고, 인간의 삶에서 떼어놓고서
는 본질과 삶을 제대로 규명할 수 없다. 인간의 삶에 있어 욕망이란 문

족고전연구소 편, 『이조실록』 58 세조혜장대왕실록 제5권 세조 2년 9월 갑술일,
여강출판사, 1993, 22~25쪽과 제8권 세조 3년 8월 임자일, 355~356쪽 참고.) 이
러한 당대의 상황으로 미루어보아 왕씨의 현재 신분은 남의 집 살이를 하는 사람
이었지만, 이전의 신분은 양반의 후손이었다고 짐작할 수 있다. 게다가 당대는 종
모법이 통행되던 시대였음을 상기할 필요가 있다. 왕씨의 두 딸이 과거를 볼 생각
을 할 수 있었다는 것은 아버지는 비록 현재의 신분이 남의 집 노비였지만, 어머
니는 경제적으로 몰락한 양반이었다는 것도 무시할 수 없다. 이러한 이유로 왕씨
의 두 딸의 신분은 양반이므로 과거를 볼 수 있는 자격이 주어지는 것이다. 그러
므로 두 딸이 과거 급제하여 벼슬을 살고, 이어 왕비가 됨으로써 왕씨의 이전 신
분을 되찾을 수 있었던 것으로 보인다. 여기서는 왕씨가 위의 두 가지 사실로 미
루어 신분상승을 꾀할 수 있는 가능성 있는 계층으로 보았다. <정승 판서 집터>
의 경우에도 이러한 지위를 노릴 수 있는 계층은 양반 계층에서나 가능한 일이므
로, 이 아버지의 신분을 몰락양반으로 추정할 수 있었다. 굳이 아버지의 신분이
그렇지 않다하더라도 셋째를 통해 후사(後嗣)를 이어줄 여성을 정승 신분의 딸로
설정한 장치 역시 종모법에 의거해 그 자식은 양반에 해당되므로 과거를 볼 수
있어서 정승판서가 될 근거를 갖추고 있다.

9) 이이효재, 『조선조 사회와 가족-신분상승과 가부장제 문화』, 한울아카데미, 2003,
249쪽.

제는 삶의 질의 문제와도 연관이 있기 때문에 이러한 현상은 지극히 당
연한 것일 수도 있다. 조선조에서 신분상승에 대한 욕망 표출이 강력히
표명될 수 있었던 것은 당대 후기 사회경제가 자본주의적 성향을 띄게
됨10)에 따라 가능해 졌기 때문이다. 그래서 경제력 있는 부호들 사이에
서 매관매직, 족보 및 양반 신분 매매 등을 통한 비합법적 수단을 통한
신분상승이 성황을 이룰 수 있었다.

당시의 신분상승에 대한 현황을 나타낸 다음 표를 통해 이를 알 수
있다.

연대	양 반		상 민		솔거 노비		외거 노비		총인구수
	인구수	백분비	인구수	백분비	인구수	백분비	인구수	백분비	
1729	493	19.39	1260	49.57	555	21.83	234	9.20	2542
1765	602	32.11	953	50.83	285	15.20	35	1.87	1875
1804	963	43.67	747	33.88	488	22.67	7	0.32	2205
1867	1340	67.07	365	18.27	287	14.36	6	0.3	1998

표 5. 조선후기 신분계층별 인구 비율표11)

조선조 전기에 10% 내외에 불과하던 양반계층이 18세기에 양반호가
급증하기 시작하면서 19세기에는 오히려 절대 다수층을 이루고 있음12)
을 위의 표에서 알 수 있다. 이 사실은 구비설화에서 후술할 설화를 비
롯한 많은 부분에서 명당에 투사한 욕망을 매개로 하여 신분상승이 가능
했던 경우의 예를 통해 알 수 있다.

---

10) 金允植·김현, 앞의 책, 33~34쪽 참조.
11) 鄭奭鍾, 『朝鮮後期社會變動研究』, 日潮閣, 1983, 249쪽에서 인용함. 鄭奭鍾의 이
   도표는 울산 부호적대장을 중심으로 만든 표이다. 전국적 수치가 아니라는 한계
   점은 있지만 이 자료가 양적으로 풍부하고, 다른 지역에 비해 신분제의 유지가
   가장 완강한 지역으로 인정받고 있기 때문에 사용하였다.(같은 책, 236쪽 참조.)
12) 이이효재, 앞의 책, 251쪽.

신분상승을 욕망하는 설화인 중 하나인 <집터 잘 잡아 왕비된 이야 기>에 나타난 공간에 투사된 욕망에 대해 살펴보기로 하겠다.

ㄱ. 남의 집 사는 왕가 성을 가진 사람이 사십 후에 장가를 든다.

ㄴ. 신행(新行)할 곳이 없어서 동네 머슴들이 동구 밖에 원막(오두막)을 차 려준다.

ㄷ. 1남을 낳고 사는데, 하루는 도인(道人)이 찾아와 만대유전할 터라며 딸 둘이 태어나 그들로 인해 부귀영화가 만대유전 할 테니 이곳을 떠나지 말라고 당부한다.

ㄹ. 딸 둘이 총명하여 헌 책을 얻어다 공부시켰더니, 과거를 보러가겠다고 하여 은근히 방해를 하면서도 도움을 준다.

ㅁ. 두 딸이 과거를 보러 가는 도중 이번에 과거할 상(相)이라며 많은 도움 을 받는다.

ㅂ. 두 딸이 과거에 급제해서 한림학사를 하게 되었는데, 임금에게 청해서 각각 광주목사, 나주목사를 한다.

ㅅ. 고을살이를 하러가니 오빠가 죄를 짓고 옥에 갇혀 있어 구해주고, 5년 동안 목사로 일하다가 더 이상 임금을 속일 수 없어 왕에게 용서를 청 한다.

ㅇ. 두 딸에게 감탄한 임금이 둘 다 왕비로 삼아 왕씨 집안은 부귀영화를 만대유전 하고 살았다.(이문구 구연, <집터 잘 잡아 왕비된 이야기>, 『구비대계』 8-6, 경상북도 거창군 북상면 설화 35, 1981, 171~174쪽 참고.)

이 설화의 주인공은 자신이 살고 있는 집터13)가 '부귀영화가 만대유 전할' 터임을 우연히 알게 되어, 이를 지키기 위해 그 터를 떠나지 않고 지켜 원하는 바를 얻었다. 위의 설화에서 공간과 인간이 상호조응을 맺

---

13) 생물학과 생태학에서 '터territory'의 개념은 '다른 개체들을 배격하고 그 안으로 들어오는 것을 제지하는 역할을 하는 경계설정과 투쟁에 의해서 방어되는 영역이 다.[Broom, Donald., *Biology of Behavior: Mechanisms, functions and applications*, Camidge University Press(New York), 1981, p.196.의 것을 윤재홍, 『울타리와 우리의 교육인간학』, 한국학술정보(주), 2006, 48쪽에서 재인용함.] 따라서 인간을 비롯 한 모든 생물의 본질적인 생존을 위해 근본적으로 요청되는 공간이 된다.

어 주체가 욕망을 투사하는 곳은 가난한 머슴의 신행(新行)을 위해 잡은 원막(움막)인데, 이 설화를 통해 신분상승으로 부귀영화를 누리고 싶은 민중의 의식을 엿볼 수 있다.

하지만 처음에 자신이 뿌리 내린 집터가 복록이 만대유전(萬代遺傳)할 터라는 것을 왕씨 머슴은 알지 못했고, 그에게 원막을 꾸며준 마을 머슴들 또한 알지 못했다. 이때에는 당연히 그 터에 대해 특별할 애착을 가질 수 없었다. 그런데 지나가던 도인이 찾아와서 그 집이 복록이 만대유전할 터이니 꼭 잡고 놓지 말라는 금기를 제시하면서부터 왕씨의 자기 집 터에 대한 애착이 생기고, 자신의 집안이 가문의 영속성을 누릴 기회의 공간을 지키기 위해 부단히 노력한다.

인간이 경험하는 많은 공간들은 이 경우처럼 시각적으로 두드러진 특징을 가지고 있지 않은[14] 평범한 공간이 많다. 이러한 공간들은 보통사람의 눈이나 정신으로는 알아볼 수 없고, 예지력이 있는 사람의 눈이나 정신을 통해야만 알게 된다. 도인이 왕씨 집터의 능력을 알아보기 전에 이 공간은 아직까지 진정성을 띄지 못한 평범한 공간일 수밖에 없다. 만일 집터를 잘 지키라는 도인의 금기를 지키지 못했다면, 이곳은 잠재력은 있지만 빛을 보지 못한 신기루와 다름없는 공간에 불과했을 것이다. 공간 역시 실존의 한 형태이다. 실존의 한 형태로서의 공간의 진정성은 이를 알아볼 수 있어야 하고, 그곳에 애착을 가지고 욕망을 투사해서 이를 가꾸고 지켜야 발휘되고 유지된다. 왕씨의 집은 다행히 이를 알아봐 준 도인이 있었고, 왕씨 또한 은밀히 욕망을 투사하여[15] 자신의 공간을

---

14) Tuan, Yi-Fu, 구동희·심승희 옮김, 앞의 책, 262쪽.

15) 왕씨는 겉으로는 자신의 집 공간이 그의 집안이 만대유전할 터라는 것을 전혀 내색하지 않았다. 따라서 이 공간은 추상적 공간으로 보일 수도 있다. 그러나 이후에 그가 한 일련의 행위를 볼 때 그는 자신의 집 공간이 가진 기능에 대해 욕망을 품었음을 알 수 있다. 그렇지 않다면 그가 한 행위들은 당대 사회로서는 전혀 이해되지 않는 황당하기까지 한 행동이라 할 수 있기 때문이다.

잘 가꾸고 지켜 부귀영화가 만대유전하여 살았다.

왕씨가 그의 집에 은밀히 신분상승을 통한 부귀영화 욕망을 품었다면
이를 희망하고 있다는 단초가 된다. 희망은 세계에 대한 신뢰 관계의 시
간적 측면이며, 모든 근심과 좌절을 벗어난 희망은 우리 삶의 마지막 기
초이다. 이 기초는 그 안에서만 의미 있는 계획과 행동이 가능하게 하는
지평선이다.16) 그는 머슴이라는 신분을 벗어나 부귀영화를 누리기 위한
희망의 싹이 자기 집 공간에 있음을 잘 이용하여 원하는 바를 이뤘다.

> 도인이 한 분 오더란구마. 와서, "이 집터를 뉘가 잡았냐?"
> 이고 이캐.
> "아이고 뉘가 잡고 머시고 신항할 데가 없어서, 동네 머슴들이 요 움막을
> 끼리 주더라." 꼬 이카인게.
> "아이 그러냐."꼬.
> "여게 인지 만대유전하고 살 집인께 이터를 떠나지 말라." 카더랑구마.
> "인지 딸 둘이 놔가주 인지 맘껏 호강을 시킬 긴게, 이 집을 터를 이사를
> 가지 말고 만대유전 하도록 살라." 카더라캐.(171쪽)

위의 설화에서 보듯이 왕씨의 마음속에 신분상승으로 인한 부귀영화
욕망이 부추겨진 것은 도인이 '이 집터가 부귀영화를 만대유전할 터'라
고 한 예언 때문이다. 도인이 왕씨 집을 처음 보았을 때에는 아직 복록
의 기능이 겉으로 드러나지 않고 잠재적으로 존재할 때였다. 이 말은 땅
의 생기(生氣), 즉 지기(地氣)가 조금 부족하다는 말과 상통하는데, 이 땅
이 제대로 기능을 하려면 두 가지의 조건이 필요하다. 하나는 딸이 둘 태
어나야 하는 것이었고, 또 하나는 이곳을 떠나서는 안 된다는 것이었다.
이 집의 터와 두 딸이 밀접한 조화가 있어, 이로 인해 그 집안의 부귀

---

16) Bollnow, Otto Friedrich., *Neue Geborgenheit: Das Problem einer Überwindung des
    Existentialismus*, Stuttgart 1955, a. a. O., S. 118ff의 것을 Bollnow, Otto Friedrich,
    한상진 역, 앞의 책, 138쪽.)에서 재인용 함.

영화가 만대유전할 거라는 도인의 말은 왕씨가 자기 집터에 신분상승을 통한 부귀영화 욕망을 투사하기에 충분했다. 다행히 그 집에서 두 딸이 태어났고, 이제 왕씨가 그 집터를 잘 가꾸고 지키기만 한다면 복록의 만대유전은 그야말로 '따 논 당상'이었다. 그는 자신의 욕망을 성취시키기 위해 두 딸에게 비록 헌 책을 얻어다 주는 것이긴 했지만 글공부를 시키고, 과거 보러 가겠다는 딸들을 떠나보내기까지 했다. 물론 왕씨는 이 과정에서 책을 얻어다 주며 "없는 집 딸이 책이 다 머이냐?", "길쌤이나 부지러이 하지 그 이 책이 다 머이냐?" 하며 부정적인 말을 하기는 한다. 또한 과거 보러 가겠다고 하니 "과개가 다 뭐이냐?" 하며 신을 얄궂이 (이상야릇하게: 필자 주) 삼아주기도 했다.

그러나 그는 궁극적으로 도인의 말을 믿고 있었다. 그는 글 읽는다고 타박을 하면서도 딸들의 지식 습득을 위해 책을 얻어다 주었고, 동네사람한테 삼베창옷을 얻어다가 두 딸에게 입히는 등 도움을 준 데에서 나타난다. 여기에서 왕씨는 두 딸에게 신을 얄궂게 삼아주어 길을 가다 발이 아파 발병이 나게 하고, 허름한 삼베창옷을 입혀 남루하게 보이게 한 점에 대해 생각해 볼 여지가 있다. 과거보러 먼 길을 가야하는 자식에게 이러한 차림새는 상식적인 생각으로는 이해하기 어렵다. 왕씨는 집이 가난해서 딸들의 과거준비를 제대로 해줄 수 없었다. 그런 점에서 볼 때, 과거 보러가는 딸들에 대한 이와 같은 행위는 사람들의 동정심을 유발시켜 자기 딸들에게 도움을 주게 유도한 것으로 보인다. 그의 이러한 생각은 적중하여 사람들은 옷도 주고, 숙식을 제공하기도 하며, 심지어 돈까지 주는 등 지원을 아끼지 않았던 것이다.

여기에서 왕씨의 두 딸이 과거시험을 보러가는 문제에 대해 생각해 보기로 하겠다. 조선조는 혈연적인 것을 중심으로 하는 사적(私的) 영역과 혈연을 초월하는 것을 중심으로 하는 공적(公的) 영역의 구분이 매우 엄격한 사회구조를 가진 시기였다.[17] 공적인 것은 과거를 보고 벼슬살

이를 하는 등의 사회적인 활동을 의미한다. 공(公)과 사(私)를 명확히 구
분하였으며, 여성은 공적 영역에서 철저히 배제 되었던 시기가 조선조였
다는 점을 주목해 볼 필요가 있다.

가부장제 중심의 가족구조와 질서를 강하게 유지하고자 했던 조선조
는 『예기』에서 제시된 남자의 '정위호외(定位乎外)'와 여자의 '정위호내
(定位乎內)'라고 하는 이른바 '내외법(內外法)'으로 남녀구별관을 적극 강
조함으로써18) 당대 사회에서 이를 구체적으로 실천하고자 했다. 가정을
잘 다스리는 것을 아내를 잘 다스리는 것으로 인식했던 시대였던 만큼
여성의 활동영역을 '안'에만 국한시키고 그 범위를 축소시켜 교육과 정
치·경제·문화·종교 등 대외적인 부분에서의 활동을 배제시켰다.19) 사회
를 움직이는 요소인 공적 영역(公的 領域)인 과거와 벼슬살이 같은 행위
들은 여성들이 할 수 있는 영역이 아니었으며, 자격조차 주어지지 않았
다. 여성들이 할 수 있는 주요 역할은 과거보고 벼슬살이를 하는 것이

---

17) 조혜정, 『한국의 남성과 여성』, 文學과 知性社, 1988, 69쪽.
18) 양혜란, 「고소설에 나타난 조선조 후기사회의 性차별의식 고찰-<方翰林傳>을
    중심으로-」, 『韓國古典硏究』 第4輯, 韓國古典硏究學會, 1998, 128쪽.
19) 이러한 사고는 후기로 갈수록 심해져서 초기에 속한 세조대의 김시습(金時習)조
    차도 '남자는 밖에서 종사하고 여자는 안에서 종사하여야 한다'는 성리학적 여성
    관을 보이며, 중기에 속한 선조 대의 이이(李珥)도 '부인의 똑똑함은 오히려 명철
    한 임금으로 하여금 마음을 혹하게 하고 덕을 잃게 만들 뿐'이라고 강조하였다.
    이는 '여성이란 그른 것도 없고 본받을 것도 없는 것을 선(善)이라 하며, 똑똑한
    것은 소용이 없다.(위의 논문, 128쪽에서 재인용함.)'고 하면서, 아예 인성(人性)을
    가진 인간으로 취급하지 않는 철저한 배제의 측면을 보여주는 것이다. 이러한 사
    회적 인식 속에서 존재해야 했던 여성들은 자신들이 조선조 후기 이전에 누리던
    많은 권한과 활동 영역에서 배제된 채 점차 가정 안에서 가사와 육아 등으로 축
    소된 영역에 머물 수밖에 없었다. 이것은 각각 법속(法俗), 예속(禮俗)으로 구체화
    되면서 여성의 지위에 결정적인 영향을 미치게 되며, 여성들이 남성의 하위구조
    에서 남성과는 다른 차별적 생활과 문화를 지키게 하는 억압기제로 작용하게 되
    었던 것이다. 이러한 사상적 바탕 위에서 조선 사회는 부계 혈통 중심의 조직화와
    남녀유별의 관습을 통해 남성지배적 체제를 구축할 수 있었고, 인간관계는 가문
    을 구성하는 친족 중심적이며 수직적인 성격을 띠게 되었다.

아닌 그러한 이들을 돕는 내조(內助), 즉 사적 영역에 한정되어 있었다. 여성의 사회적 자기실현은 원천적으로 봉쇄상태에 있었던 것이다.

여성의 외출조차 수월하지 않았던 시기에, 더군다나 여성에게 원천적으로 봉쇄되어 있었던 과거를 보러간다는 딸들에게 왕씨는 이를 허락하고 나름대로 도움을 주었다. 그것은 그가 도인의 말을 믿어 자신의 집 공간에 부귀영화를 위한 욕망을 투사했음을 말해주는 것이다. 결국 왕씨의 딸들에게 한 일련의 언행들은 그의 욕망을 성공시키기 위해 가꾸고 지키는 반어적(反語的) 표현이었던 것이다.

왕씨의 자기 집 터에 대한 장소감은 딸들이 과거에 급제하고, 여성으로서 과거에 급제한 것에 탄복한 왕이 그들을 왕비로 삼아 결실을 거둔다. 자기 집 터가 복록의 땅이라는 것을 알게 되어 그곳에 욕망을 투사한 후 그가 한 일련의 행동들은 가문의 영속성을 만대유전할 복록을 지키기 위한 노력이 성공을 거둔 것이다.[20] 자신과 가족의 실존이 초점화되는 공간인 집에 욕망을 투사함으로써 공간을 하나의 실체로 자각하고 경험한 것이다.

얼핏 보면 왕씨의 삶에서 부귀영화 욕망이란 환상에 가깝다고 볼 수 있다. 환상은 신비스럽고, 모호(模糊)하며 모순적인 성질을 가지고 있다. 욕망의 마침표가 될 수 있지만, 인간의 의식(意識) 속에 위치해 있다는 점에서 더욱 모호하게 느껴지는 것이 환상이다.[21] 왕씨의 환상 같은 부귀영화 욕망은 끝까지 무의식으로 남아 노력을 거듭해 자칫 환상으로 끝

---

20) 손석우에 의하면 왕비가 날 터는 정해져 있지만, 왕비가 된 사람이나 주변사람들이 어떻게 살아가는가에 따라 이 터에서 나오는 기운이 좌우된다고 한다. 이를 테면 그들이 선한 삶을 사는가, 그렇지 못한가에 따라 터의 기운이 변한다는 것이다. 자세한 내용은 손석우, 『터』상, 도서출판 답게, 1993, 152~165쪽을 참고할 것.

21) Lacan, Jacques, tran, Hulbert James, "Desire and the Interpretation of Desire in *Hamlet*", *Yale French Studies No. 55-56*, Yale University, 1977, pp.11-52.(이미선 옮김, 「욕망, 그리고 「햄릿」에 나타난 욕망의 해석」, 권택영 엮음, 앞의 책, 139~140쪽.)

나버릴 수 있었던 그의 욕망이 달성될 수 있었다. 그의 환상이 욕망을 지탱해준 것이다.

　욕망의 주체는 욕망하는 자로서 스스로를 지탱한다. 부귀영화라는 대상이 그의 욕망을 지탱해준 것이 아니다.[22] 장소감의 본질은 뿌리가 있고, 안전과 안정의 중심이며, 보살핌과 관심의 장(場), 무언가를 지향할 때 출발점이 되는 공간[23]에서 느낄 수 있다. 자신의 집터가 '부귀영화가 만대유전할' 집이라는 잠재적 경험을 통해 있는 그대로 순수하게 받아들여져서 뿌리를 내렸을 뿐 아니라, 의식적으로 경험하게 되어 그 장소는 이해와 성찰의 대상이 된 것이다.[24]

　길지(吉地)가 제 기능을 하기 위해서는 이러한 터를 얻는 것도 중요하지만, 자기 공간으로 수용하여 끝까지 지키는 일은 더욱 중요하다. 인간은 생각을 뛰어넘어 바라보는 것이 가능한 동물이다. 그래서 욕망을 형성하고, 이를 실현하기 위해 노력한다. 이럴 때 욕망은 생명의 약동인 '생의(生意)'[25]로서 작용될 것이다. 왕씨가 가진 욕망은 처음엔 환상처럼 추상적 상태에 머물렀지만, 그의 끈기 있는 노력으로 이를 넘어 구체적 현실로 나타났다. 이는 욕망이란 기제가 사고의 세계에 기초하여 언제나 지금의 상태를 넘어선 상태, 즉 미래에 대한 계획을 지향하기 때문에 초월적 성격을 갖는다[26]는 것을 보여주는 것이다.

　다음은 부귀영화 욕망 중 재물추구 욕망에 대해 알아보기로 하겠다.

---

22) Lacan, Jacques, *Le Séminaire livre XI-Les quatre concepts fondamentaux delapsychanalyse*, Seuil, 1973.(맹정현·이수련 옮김, 「부분 충동과 그 회로」, 『세미나-정신분석의 네 가지 근본 개념』, 새물결, 2008, 279쪽 참조.)

23) Relph, Edward, *Place and Placelessness*, Pion(London), 1976.(김덕현·김현주·심승희 옮김, 『장소와 장소상실』, 논형, 2005, 288쪽.)

24) 위의 책, 150쪽.

25) 이덕진, 「욕망의 바다에서 유영하기」, 김종욱 편, 『욕망, 삶의 동력인가 괴로움의 뿌리인가』, 운주사, 2008, 148쪽에서 용어를 인용함.

26) 최봉영, 『주체와 욕망』, 56쪽.

풍수를 통해 얻어지는 복록은 부, 귀, 자손번영 및 가문의 대 잇기 등이
많이 나타나는데, 이중 구비설화에서 가장 많이 나타나는 것은 부와 관
련한 재물추구이다. 부를 대표하는 것은 재물로, 이것은 부의 저장수
단[27]이다. 『대학』에서 '德者本也 財者末也, 즉 덕(德)은 본(本)이고, 재(財)
는 말(末)'[28]이라 하였지만, 예나 지금이나 재물은 필수불가결한 존재이
다. 소소한 것조차도 재물이 없다면 얻을 수 없을 만큼 일상생활의 중요
한 것으로 인식되고 있어 사람들은 이 때문에 울고 웃는다. 또한 재물은
인간에게 안정감을 주고 힘을 주며 자신의 힘이 편재(偏在)되어 있는 것
과 같은 경험을 하게 하는 존재이다. 재물이란 존재는 인간의 존재적 항
상성(存在的 恒常性)[29]을 경험하게 하기 때문에 많은 사람들이 재물추구
에 열성적인 태도를 보이는 것이다. 그래서 재물은 사실상 인간 행위의
기본이며, 재물의 부재(不在)는 생존의 불가능과 직결[30]되어 있다고 해
도 과언이 아닐 정도이다. 성호 이익은 악의 발생을 '사람이 태어나면서
부터 욕심이 있어 도심(道心)의 절제를 받지 않아 인욕(人慾)이 생기는
것'[31]이라 했다. 그에 의하면 '선과 악의 조화는 도심(道心)이 주가 되어

---

27) 방운규, 「돈 관련 속담에 나타난 한국인의 의식구조」, 『겨레어문학』 제31권, 겨레
   어문학회, 2003, 22쪽.
28) 朱熹, 한상갑 역, 『大學·孟子』 本論, 삼성출판사, 1990, 521쪽 참조.
29) 김홍근, 「돈과 재물에 대한 통합적 인식과 상호관계적인 영성」, 『신학과 실천』
   제23집, 2010, 40쪽.
30) 李在銑, 「韓國文學의 金錢觀」, 『韓國文學 主題論』, 西江大學校 出版部, 2003,
   307쪽.
31) 李瀷, 『星湖僿說』 卷19 「經史文」 聖善. 故知基本善 人生而有欲 墮也使飢 這飢也
   是人心之合有 者不待道心之節制而何嘗有不善 人之歸咎於惡者 只繫乎人心 而人
   心之最初原頭 無有不善 即之不善 從人欲熾蕩而生也.(www.itkc.or.kr, 한국고전종
   합DB, 한문문집총간에서 원문을 인용함.) 이익은 이황을 사숙(私淑)하고 성리학
   에 대해 많은 식견을 가졌지만 그의 학문적 관심은 사회제도 개혁에 있었다. 그는
   서학 문헌에 해박한 지식을 가져 천문·역법 등 서양 과학 지식의 적극적 수용태
   도를 밝혔다. 이와 같은 이익의 서학에 대한 지식과 관심은 그의 제자들에게 계
   승되어 18세기 후반의 정약용에 의해 19세기 초 실학파의 철학적 입장이 정립되

절제해야만 가능해진다'[32]고 한다. 재물의 경우 선악(善惡)의 양면적 기능을 가지고 있어 잘 쓰면 생활의 필수품이 되고, 인간 행위의 기초가 된다. 반면 재물을 잘 못쓴다면 부(富)의 상징으로서 욕심의 대상이 되며 자기 파멸의 길로 이끄는 엄청난 존재가 될 것이다. 여기서는 <허풍수와 임금>이라는 설화로 알아볼 것인데, 서사구조는 다음과 같다.

　ㄱ. 이씨 조선의 임금이 심복을 데리고 민심을 알아보기 위해 평복을 하고 대궐 밖을 나가, 경상도로 갔다가, 마침 영장(靈葬) 지내는 광경을 보게 되었는데, 김모라는 큰 장사군이 죽어 장례를 지내는 중이었다.
　ㄴ. 그 영장 지내는 곳에 가서 임금은 죽은 아버지의 친구라며 산을 잘 쓰라고 일러 주고는 무덤을 잡은 사람에 대해 물어서, 허풍수라는 것을 알아낸다.
　ㄷ. 허풍수가 잡은 자리는 아들을 낳으면 삼정승 육판서가, 딸을 낳으면 황후가 되는 자리이다.
　ㄹ. 이 소리를 들은 임금이 허풍수를 죽여야겠다고 생각하여 그 집으로 찾아가 담뱃불을 빌리며 앞서 본 산자리에 대해 물어보았다.
　ㅁ. 허풍수는 안방으로 들어오라며, 그 자리는 임금이 와서 낙루(落淚)해야 발복하는 자리라고 말해 준다.
　ㅂ. 풍수이면서 이 같은 오막살이에 사는 것이 궁금한 임금이 그 이유를 물었더니 집이 남으로 팔천 석, 북으로 칠천 석, 총 만 오천 석을 할 터인데, 상감이 안방이 들어와 앉아야 하는 자리라고 대답을 한다.
　ㅅ. 임금이 '상감이 와 앉을 날이 멀지 않았다'고 하자 허풍수가 엎드려 절하였다.
　ㅇ. 과연 허풍수 집은 만 오천 석을 추수하고, 김씨(안동 김씨) 집은 황후와 삼정승 육판서를 내었다.(박석산 구연, <허풍수와 임금>, 『구비대계』 2-2, 강원도 춘천시·춘성군 편 신북면 설화 18, 1981, 395~403쪽.)

　이 설화의 앞부분은 무덤과 관련한 것이고, 뒷부분은 집과 관련한 내용으로 구성되어 있다. 여기는 집과 관련한 내용을 서술하는 부분이므

　　었다.
32) 위의 각주를 참조하기 바람.

로, 집터에 나타난 부분을 중심으로 하겠다.

텍스트에서 허풍수는 '알아주는 풍수'임에도 불구하고 정작 자신은 산 밑 오막살이에 살고 있다. 앞에서도 언급하였듯이 집은 무덤과 달리 지기(地氣)만 충만해서는 안 된다. 사람이 살아가는 데 있어 환경이 직접적으로 빨리 그리고 많이 영향을 미치기 때문에 생활하기도 적당해야 한다. 그런 점에서 본다면 세속과 멀리 떨어져 있어 생활하기 불편한 산 밑 오막살이인 허풍수의 집은 거주공간으로 적합하지 않은 곳이라 할 수 있다. 이처럼 생활이 불편한 것을 감수하면서 허풍수가 이 집에 사는 이유는 자신의 집터가 남북으로 만 오천 석이나 할 거부의 운명을 타고난 복터이기 때문이다.

> "당신이 그런 풍수면 이런 오막사릴 살고 어찌 당신은 부자루 살질 못할 집자릴 잡았오?"
> 인제 이러고 하니까, 그 허풍수가 말하길.
> "아, 이 집이 남루 팔만 석(이 부분은 잘못 구연한 부분이다. 뒤에서 보는 것처럼 팔천 석이어야 맞다: 필자 주), 남으루 팔천 석, 북으루 칠천 석, 만 오천 석 받을 집터야. 그런데 아무 때두 우리 상감이 우리 안방에 들어와 앉어야 되지, 되지 않는다."
> 이말야.
> "근데 언제든지 내가…. 나는 안되지만 내 아들이나 손자가 있다가서 남으루 팔천석, 북으로 칠천 석 추술 받을테면 이 나라 상감이 우리 안방에 와 앉었다가 나가서야 된다."(401~402쪽 참조)

예문에서 보듯 허풍수가 만 오천 석을 하는 거부가 되려면 단서[33]가 하나 붙는데, 그 단서란 임금이 그 집 안방에 들어와 앉았을 때에야 발

---

33) 터에 지기가 부족하여 이를 보완하는 것을 풍수지리설에서는 '비보(裨補)'라고 한다. 위에 언급한 것처럼 집과 관련하여 생기가 충만한 땅을 찾는 것은 쉬운 일이 아니다. 그래서 풍수적으로 결함이 있는 땅을 인위적으로 보완하여 길지로 조성하는 것이다. 비보와 비보의 방법에 대한 자세한 내용은 村山智順, 崔吉城 옮김, 앞의 책, 235~249쪽을 참고하기 바람.

복이 가능해진다는 것이다. 그렇다면 이 집터는 지기(地氣)가 부족한 터라는 것인데, 풍수는 그것마저 채워질 것을 이미 알고 있었다는 셈이 된다.34) 이는 텍스트의 내용에서 보는 것처럼 담뱃불을 빌리려는 사람, 즉 임금을 안방으로 청해 들이는 데서 알 수 있다.

인간의 생활은 의식(儀式)으로 가득 차 있고, 비보(裨補)는 그러한 의식의 하나이다. 이러한 의식의 행위들은 인간이 추구하는 목적 때문에 행해진다. 여기에서 허풍수가 비보라는 의식을 거행한 것은 많은 재물을 얻어 부귀영화를 누리고 싶은 욕망을 성사시키기 위해서이다. 존 갈브레이드는 돈으로 대표되는 재물에 대해 '이를 에워싼 문제만큼 흥미진진한 것을 없다'고 했다. 그는 재물에 관한 문제에 대해 '그 어느 것이나 인간적인 드라마로 넘쳐있고 정치와도 관련이 깊고, 누군가가 한번은 대하소설적 거편(巨篇)을 써도 좋은 주제를 이루고 있다'35)고 평가하였다. 그만큼 재물과 관련해서는 다른 복록의 기능보다 순기능과 역기능이 강하게 작용하여 사회윤리의 명암을 조명하는 산물이 되기도 하는 것이다. 허풍수의 경우 자신의 가문의 영속성을 위해 재물추구라는 욕망을 자신의 집 공간에 투사하였지만, 역기능이 나타나지 않아 이 욕망은 자신의 결핍을 충족시키는 선에서 끝난다.

매년 천 석만 해도 부자라는 소리를 듣는데, 만 오천 석씩 추수를 할 수 있다는 것은 하늘이 내린 갑부 아니면 불가능하다. 더구나 지기의 부족으로 비보를 해야 한다는 것은 자신이 처한 운명에 대한 일종의 도전이라고 할 수 있다. 자신에게 주어진 운명을 그대로 따른다면 그가 풍수

---

34) 이 설화의 앞부분은 무덤을 통해 부귀영화를 누리는 욕망을 다뤘는데, 이 부분에서도 '상감이 낙루(落淚)해야' 그 기능이 발휘된다고 했다. 이 경우에도 비보가 되어서 완벽한 길지가 조성되어 안동김씨가 80년 동안 왕후와 정승판서가 많이 나와 부귀영화를 누려 가문의 영속성을 누렸다.

35) Galbraith, John K., *Money*.(최광렬 역, 『돈-그 역사와 전개』, 현암사, 1980, 14~15쪽.)

라는 직업을 가졌으므로 비보 없이 만 오천 석까지는 몰라도 다만 천
석이라도 수확할 수 있는 자리로 옮겼을 수도 있다. 아니면 가난을 천명
(天命)으로 알고 산 속 오두막집에서 비보해 줄 인연을 기다리지 않고
그냥 살았을 수도 있다.

하지만 그는 자신에게 주어진 운명을 그대로 받아들이지 않았다. 엄
청난 목록을 품고 있음에도 불구하고 양기(陽氣)보다 음기(陰氣)가 더 세
어, 목록이 성사되지 않고 있으므로, 이 음기를 약화시킬 수 있는 양기를
가진 인물을 끈질기게 기다려서 자신에게 주어진 운명을 극복하는 것이
다. 생활에 불편이 있었을 것이 분명한 그 집터를 지키고 앉아 비보해
줄 인물을 기다렸다가, 원래의 그 터가 지닌 복의 기능을 발휘시켰다는
것은 집 공간과의 관련을 통한 인간의 욕망 실현을 보여주는 단적인 예
이다.

인간의 삶은 구체적인 인생의 경험을 통해 이루어지며, 그 양상은 사
람마다 다르다. 하지만 인생은 그 자체가 그가 지닌 욕망을 통해 중대되
며, 성장시키려는 힘과 가능성의 합계여서 그 내부에 모든 목적과 가치
를 가지고 있다[36]는 공통점이 있다. 허풍수는 자신의 욕망을 달성시키
기 위해 오랜 세월을 자신의 집터의 부족한 점을 메워줄 존재를 기다리
고 있었다. 그 존재는 그의 대에 오지 않을 수도 있어서, 자손에게 이
욕망을 대물림하려는 마음을 가지기까지 했다. 자신이 속한 가문의 영속
성을 위해 의식(儀式)과도 같은 행위를 하고 있는 것이다. 이런 점에서
볼 때 허풍수에게 재물추구란 욕망 기제는 그의 삶을 지탱해주는 에너지
였고, 원동력이었다고 할 수 있을 것이다.

지금까지 알아본 논의는 부귀영화라는 공간과 인간 사이의 관계의 산
물이 긍정적 측면임을 보여주는 것이었다. 반면 이와 관련하여 집 공간

---

36) 박성환, 「고전사회학에 나타난 근대사회의 '행복' 논리」, 『韓國社會學』 제39집
　　제3호, 한국사회학회, 2005, 21쪽.

에 투사한 욕망은 달성하였지만, 이것이 부정적 기능으로 작용한 설화가 있어 이를 살펴보겠다. 본고에서는 집 공간에 나타나는 인간의 욕망 중 부귀영화와 관련한 내용을 다음의 <정승판서 집터>라는 설화를 통해 설명하겠다.

> ㄱ. 아들 사형제를 둔 사람이 부자가 되고 싶어 (지관에게) 부자집이 되는
>   집터를 봐달라고 하여 잡아주었다.
> ㄴ. 그곳에 집을 짓는데 해골이 나와 집어던지고는 집을 지었다.
> ㄷ. 어느 날 어떤 사람이 '왜 내 집에 와서 집을 짓고 사냐'며 '내 집이니
>   나가라'고 한다.
> ㄹ. 못 한다고 했더니 위의 세 아들들이 죽어나갔다.
> ㅁ. 아들들의 연이은 죽음에 고집이 생긴 아버지는 남은 막내아들도 마저
>   잡아가도 집을 못 비워주겠다'고 버틴다.
> ㅂ. 그러자 그 사람은 '할 수 없다'며 '네가 임자다'하고는 물러났다.
> ㅅ. 그 후 과연 막내아들이 정말 정승판서를 했다.(진상춘 구연, <정승판서
>   집터>, 『구비대계』 5-4, 전라북도 군산시 설화 14, 1980, 62~64쪽.)

네 아들을 가진 가난한 아버지는 부귀영화 욕망이 있어 지관에게 그러한 집터를 선정해 달라고 요청했다. 지관이 이에 응해 정승판서가 되어 잘 살 수 있는 집터를 알려주기는 했다. 그런데 이 땅은 처음부터 문제가 있는 공간이었다. 누군가의 무덤, 즉 예전에 죽은 사람의 거주공간이었던 것이다.

> 옛날에 아들 사 형제를 뒀드래요. 뒀는데 에 참 부자되고 싶어서 말이자믄
> 집이 잘되는가 싶어서,
> "나 집터 좀 하나 부자집이 하나 잡어 달라."
> 이고 잡어 달라곤게,
> "그랴 하나 잡어 주꺼나?"
> 이고 그러드래야. 그리고는 가서는,
> "여가 집, 집만 지으면 당장 정승판서가 나온게, 헴(기침) 여기다 지어보라."

이고 그려, 그 질라곤게 거그를 팔라고 어찌고 허니란게 뼈골이 노란 헌놈이 하나가 나오드래여. 그래서 집어 내 뻔지고는 그 집을 지었어. 짓고서 사는디 거그서 짓고 살믄서 아들 사형지를 뒀는지 장소는 있어서 그러믄 하루 저녁 이 이 달밤이 어스름 어스름 헌디,

"아무개, 아무개."

과 찾드래요. 집앞이 나갔어. 가가더니,

"니가 왜 내 집이 와서 짓고 사냐. 집을 짓고 사냐? 이 내 집인디 그러니까 당장으 집 비어놓고서 나가거라. 이게 내 집이다."(62~63쪽.)

위의 예문을 보면 이 아버지는 남의 무덤공간을 탈취했고, 그 과정에서 거기에서 나온 해골을 다시 묻어주지도 않고 내던져 버린 것으로 보인다.

자신의 욕망추구를 위해 타인의 거주공간을 탈취하여 내 공간으로 만든 가장 오랜 기록은 탈해왕(脫解王)에게서 비롯된다. 탈해왕은 신라의 네 번째 임금으로 용성국에서 왕자로 태어났음은 모두 아는 사실이다. 왕자로 태어났다하면 우선 떠오르는 것이 부귀영화를 누리고 살 것이라는 점이다. 하지만 이 왕자는 어머니가 임신한 지 7년 만에 큰 알로 태어나는 바람에 부모에게 버림을 받았다. 자신의 집에서 뿌리 뽑힘을 당한 왕자가 신라에 이르러 토함산이 올라가 내려다보니 호공(瓠公)의 집이 오래 살만한 땅이었다. 그는 숫돌과 숯을 그 집에 파묻어 놓고 '조상 때부터 자신의 집'이라고 하며 빼앗아 자신이 그 집에 살았다.[37]

탈해왕의 경우 뿌리 뽑힘을 당한 상황에서 낯선 곳에 이르러 자신이 살 공간을 찾아야 하는 위기감에 처해 있었고, 자신이 입신양명하게 되자 호공에게 보은하여 일정 정도 자신의 죄 값을 치렀다.[38] 이 설화에서는 탈해왕과 달리 처음부터 의도된 것은 아니라는 점에서 차이가 있다.

---

37) 김부식, 이병도 역주, 『삼국사기』 상, 을유문화사, 1997, 26~29쪽 참조.

38) 탈해왕은 자신이 왕위에 오르자 호공에게 벼슬을 주어 측근에 두었는데, 이는 자신이 호공의 집을 빼앗은 사죄의 의미로 제공된 것이다.(二年, 春正月, 拜瓠公爲大輔-위의 책, 27쪽 참고.)

남의 공간이었다는 사실을 알았을 때, 그가 취한 행동은 기본적 양심조차 저버린 행위로 남의 집을 내 집화(化)하여 마찰을 유발한다. 비록 해골이라 하지만 아버지의 이러한 행위는 집 주인을 강제로 내쫓은 것과 다름없다. 탈해왕이 자신이 출세한 후에 자신의 행위에 대한 사죄의 보답을 한 것과 대조적인 행위를 한 것이다.

주지하다시피 부귀영화의 욕망을 투사할 집터를 지관이 선정해 주었을 때, 주인공이 그것이 타인의 무덤 공간이었다는 사실을 모른 것은 사실이다. 이 점에 대해서는 일차적으로 지관에게 책임이 있다. 그러나 집을 지을 때 '뼈골이 노란 헌놈'이 나옴으로서 이곳이 이미 임자가 있는 땅이란 것을 알 수 있었으므로 일차적으로 그의 행위는 남의 거주공간을 빼앗는다는 문제를 안고 있었던 것이다. 이런 터를 소개해준 지관이나 이 아버지는 부자가 되고 싶은 욕심에 자신의 행동이 남의 거주공간인 무덤을 빼앗는 일이라는 것을 알고 있으면서도 그 자리에 그냥 집을 지어버렸다. 게다가 더 큰 문제는 그곳에서 나온 뼈를 다른 곳에 묻어준 것도 아니고 그냥 집어 내 버렸다는 점이다.

자신이 살고 있는 집이 타인의 해골이 안주하는 공간임을 알았을 때, 이곳이 비록 자신의 욕망을 실현시켜 줄 길지임에 틀림없다 하더라도 이를 포기하거나, 적어도 <이장(移葬)해 준 원귀의 묘>[39])에서처럼 다른

---

39) 이 설화의 내용은 다음과 같다. 빌어먹으러 어떤 동네에 들어간 거지 가족이 빈 집이 있어 그 집에 묵었다. 마침 그 집에 쌀이 있어 거지 아내가 밥을 하는데, 밥이 다 되어 푸려하자 웬 시커먼 손이 나와 '밥 좀 도고' 하여 놀라 기절하였다. 아내의 비명 소리에 놀란 남편이 나와 정신 차리게 하여 물으니, 방금 당한 일을 말해 주었다. 이상하여 다음 날은 남편이 밥을 하였는데, 똑같은 일이 일어났다. 그래서 그 손에 밥을 덜어주었다. 그날 밤 남편의 꿈에 어떤 장수가 나타나 자신을 이장해 달라고 나타났는데 많은 사람들이 놀라 죽어 이 집이 빈집이 되었던 거라고 했다. 그 집 아궁이에 자신의 해골과 금덩어리가 있으니 자신이 정해주는 곳에 그대로 이장해 주면 보답을 하겠다고 했다. 시킨 대로 해 주었더니, 이후 살림이 늘어 부자가 되어 그 집을 사서 잘 살았다는 내용이다.(권중원 구연, <이장(移葬)해 준 원귀의 묘>, 『구비대계』7-14, 경상북도 달성군 유가면 설화 18,

곳에 이장시켜 해골을 편하게 해 주어야 마땅할 것이다. 이러한 기본적 행위를 무시한 채 자신의 욕망만을 내세운 결과, 네 아들 중 세 아들을 죽게 만들었다. 이 설화의 경우와 같은 경우에 해당하는 특정 공간에 대한 욕망은 위에서 알아본 설화와 달리 공간에 대한 애착을 넘어선 집착에 해당된다. 이처럼 지나친 집착으로 인해 사고(思考)에 결함이 생기면 '판단력 저하(判斷力 低下)'라는 장애가 발생한다. 아버지의 이러한 장애는 '생각 없는' 혹은 '몰상식한' 행동으로 인해 발생하고, 그 대가로 생떼 같은 자식들을 희생시킨 것이다.

여기에서 눈길을 끄는 것은 가난해서 고통받는 민중인 아버지의 선택으로 인해 얻어진 대가가 '세 아들의 죽음'이었다는 점이다. 물론 아버지가 부자가 될 수 있는 집터를 얻고자 했을 때, 아들들의 희생, 즉 죽음을 염두에 두고 이를 선택한 것은 아니다.[40] 하지만 아버지가 이 집터를 얻음으로 인해 의도했든 의도하지 않았든 애꿎은 목숨들이 희생되었고, 이것은 일종의 폭력이었다는 점에서 시사되는 바가 크다.

폭력은 정치적·심리적 또는 기타 여러 요인들, 즉 외적 측면에서 비롯된 각종 표출현상이다.[41] 수많은 폭력의 형태 중 인간을 죽이거나 죽

1980, 315~32쪽 참고.) 죽은 사람이 보답을 해 준다고 했지만, 그 아궁이에 금덩어리가 있는 것을 알고 있으니 우선 그 금덩어리를 취했을 수도 있다. 하지만 그렇게 하지 않고 죽은 사람이 시킨 대로 금덩어리와 함께 이장을 해주고 정당하게 그 집을 사서 살았던 점이 <정승 판서 집터>의 아버지와 비교가 된다.

40) 이 점에 대해서는 후술할 <삼형제 죽고 만대발복한 명당>의 경우와는 다르다. 이 설화가 그 터를 얻음으로써 인간의 생명이 담보가 될 수 있다는 사실을 전혀 알지 못한 반면, 후술 설화는 이에 대한 사실을 알고도 선택했다는 점이 그러하다. 인간의 생명을 담보로 해야 한다는 사실을 알든 모르든 생명을 담보로 해서라도 가문의 영속성을 위한 욕망이 성사될 공간과 관련을 맺고 싶어 하는 민중들의 고단한 삶의 비애를 느끼게 한다. 하지만 어떤 측면에서 보면 아버지 또한 희생자라 볼 수 있다. 앞에서 거론했다시피 그가 집터를 점지 받았을 때 그곳이 타인의 무덤 공간이었음을 전혀 알지 못했기 때문에 어떤 대가가 수반되리라고는 생각할 수 없었다. 따라서 세 아들이 죽어나간 것은 생각지도 않은 불행에 해당했으므로 아버지도 어떤 측면에서는 희생자라 볼 수 있을 것이다.

음으로 몰아넣는 인간 생명을 위협하는 행위는 폭력 중에서도 가장 극단
적이고 절대적인 폭력이다. 부모의 입장에서 자식의 죽음으로 인해 받는
고통은, 산모가 아기를 낳을 때 느끼는 고통인 '원형적 폭력(原型的 暴
力)'[42]과는 다른 형태의 폭력이다. 산모의 고통으로 인한 원형적 폭력은
생명 창조의 비약 속으로 끌어넣어 생명을 창조해 내는 상황에서 오는
데에서 오는 폭력이라면, 여기에서의 폭력인 자식을 죽음으로 몰아넣은
데에서 오는 고통은 생명을 파괴하는 데에서 오는 폭력이라는 차이가 있
다. 가문의 영속성이 보장된 집터를 되돌려주고 싶지 않은 아버지의 욕
망과 자신의 사후 안식처인 무덤 공간을 지키고자 했던 해골의 욕망의
충돌은 집을 폭력이 야기된 문제의 공간으로 만들었다.

　남의 무덤을 내 집으로 하여 부자가 되려는 욕심은 막내아들이 정승
판서가 됨으로써 성공하기는 했다. 그러나 이를 얻기 위해 남의 사후(死
後) 공간인 무덤까지 빼앗아 사람이면 당연히 지켜야 할 기본적 도리마
저 저버렸다. 자신 집안의 부귀영화를 얻으려는 욕심은 폭력을 야기 시
켰고, 그 대상이 세 명의 자식이었다는 점에서 그 대가가 엄청나다. 욕망
의 대가가 바로 자기 아들들의 생명을 앗아가는 일이었음에도 불구하고,
귀신으로 하여금 잘 살게 해 줄 땅에 대한 애착을 넘은 집착은 이렇게
강하다. 욕망의 구조상 인간의 욕망의 대상에는 항상 이 설화의 경우와
같은 불가능성이 내포되어 있다.[43] 하지만 아버지 입장에서 가문의 영
속성을 유지해줄 수 있는 좋은 집터에 집을 짓는 일을 포기할 수 없었을
것이다. 게다가 멀쩡한 아들들까지 잃고 물러설 수는 없었을 것이다. 이

---

41) Dadoun, Roder, Le violence: Essai sur l' 'home violens', Hatier(Paris), 1993.(최윤주 옮
　　김, 『폭력: '폭력적 인간'에 대하여』, 東文選, 2006, 10쪽.)
42) 위의 책, 49쪽에서 용어를 인용함.
43) Lacan, Jacques, Hulbert, James tran., 'Desire and the Interpretation of Desire in
　　Hamlet', Yale French Studies No. 55-56, 1977, pp.11-52.(이미선 옮김, 권택영 엮음,
　　앞의 책, 166쪽.)

에 아버지는 집주인인 귀신에게 맞서 자신에게 돌아오지 않을 자리였음에도 불구하고 귀신으로 하여금 아버지 것으로 선언케 하여 욕망을 성취한 것이다.

장자(莊子)는 사람의 목숨을 소중히 여겨 뛰어난 재목이기보다 쓸모없는 재목이기를 원했다.[44] 장자는 춘추전국시대에 살았던 사람으로, 잦은 전쟁으로 인해 무고한 많은 사람들이 죽는 것을 보고 살아왔다. 이러한 상황을 보고 자라온 장자의 입장에서 볼 때 당연하다고 볼 수 있지만, 인명(人命)의 소중함을 일깨우는 실마리가 되는 말이기도 하다.

인간의 욕망이 무한하다는 것은 현재의 처지에 만족하지 않고 보다 나은 내일을 기약하는 것이라는 점에 이견(異見)은 없다. 일반적 의미에서의 욕망의 대상은 욕망의 버팀목이라 할 하나의 '환상이거나 미혹(迷

---

44) 장자 <逍遙遊>에 다음과 같은 구절이 있다. "혜자(惠子)가 장자에게 말하기를 '나에게 큰 나무가 있는데, 사람들이 그것을 가죽나무라고 합니다. 그 몸통은 울퉁불퉁하며 먹줄자에 맞지 않고, 그 작은 가지는 굽어서 규구(規矩)에 맞지 않아서 길가에 있어도 목수가 쳐다보지 않습니다. 이제 당신의 말은 크기만 하고 쓸모없어, 뭇사람들이 함께 버리는 바이지요'라고 하였다. 장자가 말하기를 '당신만 홀로 살쾡이와 족제비를 보지 못 했나보군요. 몸을 낮추고 엎드러서 뛰어오는 것들을 기다립니다. (그것들이 작은 동물들을 잡게 되면) 이리저리 뛰어 놀며, 위아래를 가리지 않다가 덫에 부딪쳐 그물 속에서 죽게 됩니다. 이것들은 크기는 하지만 쥐는 잡지 못한답니다. 이제 당신에게 큰 나무가 있으나, 그것이 쓸모없음을 걱정하지요. 어찌 그 나무를 허무의 세계와 광활한 들에 심어 놓고서 무위자연(無爲自然)하게 그 곁에서 배회하며 소요자재(逍遙自在)하게 그 아래에서 잠들지 않습니까? 도끼에 요절(夭折)당하지 않으며 그를 해칠 것이 없는 것이 쓸모없기 때문인데, 어찌 곤고(困苦)한 바가 있겠습니까!- 惠子謂莊子曰 : 吾有大樹 人謂之 樗 其大本擁腫而 不中繩墨 其小枝卷曲而不中規矩 立之塗 匠者不顧 今子之言 大而無用 衆小同去 也莊子曰 : 子獨 不見狸狌乎 卑身而伏 以候敖者 東西跳梁 不避高下 中於機辟 死於網罟 今夫斄牛 其大若垂天之雲 此能爲大矣 而不能執鼠 今子有大樹 患其無用 何不樹之於無何有之鄕 廣莫之也 彷徨乎無爲其側 逍遙乎寢臥 其下 不夭斤斧 物無害者 無所可用 安所困苦哉(莊子, <逍遙遊>, 李康洙 외 5인 번역, 『慾望論-哲學的·宗敎的 解釋-』, 경서원, 1995, 236~237쪽 참조. 이 글은 이 책에 소재한 李康洙가 <逍遙遊>를 원본과 함께 번역해 놓은 것에서 원본을 참고하였으며, 번역은 필자가 함.)

惑)'이다.[45] 이는 환상 혹은 미혹이 욕망을 지켜주는 것이지, 욕망이 투여된 대상이 욕망을 지켜주는 것이 아니라는 말이다. 사람들이 바라보고 있는 환상 혹은 미혹이란 타인보다 잘 살게 되었을 때에 향유할 것으로 예상되는 쾌감이다. 그러나 인간에게 있어 큰 불행은 이와 같은 환상에서 오는 쾌감을 자기화(自己化)하여 과욕을 부린다는 점에 있다. 이처럼 구비설화에서 과욕은 결코 삶의 원동력이 될 수 없음을 구연자의 목소리로 들려주고 있다.

위의 세 설화를 살펴보았을 때 분명 왕씨와 허풍수가 집 공간에 투사한 욕망은 그들을 살아가게 하는 생(生)의 추진력으로 작용하였다. 사람인 이상 잘 살고 싶은 욕망은 떨쳐버릴 수 없을 것이다. 욕망을 완전히 제거하는 것은 불가능한 일일 뿐 아니라 불필요하기까지 하다. 인간의 삶에 있어 욕망을 제거해 버린다면 그의 본질과 삶이 제대로 규명되지 않을 만큼 중요한 것이다. 인간의 삶에서 욕망이란 조항은 그 사람의 '삶의 질'[46]과 관련이 있기 때문이다.

그러나 욕망은 그 자체만으로는 인간을 행복하게도 불행하게도 만들지 못한다. 인간의 행복과 불행을 좌우하는 것은 욕망 그 자체가 아닌 충족 여부에 달려 있다.[47] 자신이 품었던 욕망이 실현될 때 인간은 행복

---

45) Lacan, Jacques, 맹정현·이수련 옮김, 「부분 충동과 그 회로」, 앞의 책, 281쪽.
46) 서정호, 『儒學의 욕망론과 인간해석』, 한국학술정보(주), 2008, 20쪽.
47) 욕망의 충족은 쾌락의 경험을 제공하는 반면, 좌절은 고통스러운 경험을 제공한다. 이러한 과정을 다이너에 의하면 '욕망총족이론'이라 한다.(자세한 것은 Diener, E., "subjective well- being", *Psychological bulletin* Vol.4, 1984, pp.542-575를 참조하기 바람.) 그러나 권석만은 다이너의 욕망총족이론이 다른 긍정심리학의 연구결과들과 다음과 같은 부분에서 일치하지 않는다고 한다. ① 다양한 욕망을 충족시킬 수 있는 외부적 조건과 행복도의 상관관계가 미미하다. ② 욕망 충족 상태는 일시적이어서 시간이 지나면 요구가 반복된다. ③ 하나의 욕망이 충족되면 다른 욕망이나 상위의 욕망이 부각되며 그 충족을 요구한다. ④ 인간은 욕망이 충족되면 그러한 상태에 익숙해져 행복감을 느끼지 못한다. ⑤ 개인적 욕망이 충분히 충족되어도 자신보다 더 풍요로운 상태에 있는 사람을 보게 되면 행복감이 저하

을 느낄 것이다. 반면 그렇지 못할 때 불행하다고 느낄 것이다. 인간은 불행하다고 느끼게 되면 결핍감을 불러일으킨다. 충족기제(充足機制)를 만들기 위해 스스로 최적(最適)이라고 생각하는 수단과 방법을 동원하여 욕망을 채우려 한다. 이럴 때 나타나는 현상을 과욕이라 하는데, <정승 판서 집터>라는 설화는 바로 인간의 빗나간 욕망이 어떤 결과를 가져오 는지 여실히 보여주고 있다. 앞의 두 설화가 욕망의 긍정적 측면을 보여 주는 예증이라면, 뒤의 설화는 부정적 단면을 보여주는 증거가 된다.

인간에게 생명이 있는 한 욕망은 버릴 수 없는 것이며, 버릴 필요도 없다고 했다. 이처럼 욕망이 인간에게 주어진 삶의 요건이라면 적절한 조절을 통해 나타나는 욕망은 삶의 건강한 동력이 되고, 에너지 역할을 하기 때문이다. 욕망이란 대체로 필요와 결핍을 충족시키기 위해 발생하 지만, 인간의 욕심은 끝이 없다보니 늘 결핍감에 시달리는 경우도 있다. 이러한 경우 채워진 욕망에 비해 채워지지 않은 욕망의 크기가 더 크게 느껴질 것이다. 또한 인간은 공동체의 일원으로 살아가야 하는 사회적 존재이다. 한 사회의 구성원으로 삶을 살다보면 자연 타인보다 더 나은 삶, 더 나은 지위에 대한 욕구가 생길 것은 자명하다. 인간은 자신에게 결핍되어 있다고 생각되는 대상에게 욕망을 느낀다. 그것을 얻고 나면 자신의 결핍이 완전히 채워질 것이라고 믿지만, 그 대상을 얻어도 여전 히 욕망은 남는다. 이와 같은 상태를 조절하지 못하고 노출시키는 것이 과욕(過慾)이다.

이처럼 욕망이라는 기제는 인간의 삶의 질을 높여주기 위한 덕목으로 작용하여 삶을 지탱해 주는 에너지[48]가 되기도 하지만, 이를 넘어서려

된다. ⑥ 외부적 여건으로 결코 충족시킬 수 없는 비현실적 욕망을 지닌 사람은 좌절할 수 밖에 없다.(권석만, 「욕망의 자각과 조절」, 김종욱 편, 앞의 책, 272쪽 참조.)

48) 김갑수, 「장자의 욕망론」, 『시대와 철학』 제8권 제2호, 한국철학사상연구회, 2005, 199쪽.

고 할 때 생기는 과욕은 자신이나 주변에 해를 끼치게 되어 양가적(兩價
的)임을 알 수 있다. 우리 민족은 삶의 에너지가 되는 욕망은 권장하였지
만, 반대로 이것이 과욕이 될 때에는 경계의 자세를 취하였다. 이것은
반영적 세계관(反影的 世界觀)과 반성적 세계관(反省的 世界觀)49)을 보여
주는 것이기도 하다. 설화의 세계에서는 삶의 에너지인 욕망과 폐해의
원천인 과욕에 대한 진술이 다양한 양상으로 그 모습을 드러낸다. 욕망
은 잘 조절하여 활용하게 되면, 인생의 건강한 원동력이 될 수 있지만,
그렇지 않고 과욕이 되면 고통의 원천이 될 수 있음을 경계하는 단면을
보여주는 것이다.

2) 단명극복

인간에게 있어 오래 살고(長壽), 정상적으로 죽는 것(考終命)은 오복(五
福) 중 두 가지 복을 얻는 것으로 인식되어 왔다.50) '개똥밭에 굴러도
이승이 좋다'는 속담도 있듯이 많은 사람들이 오래 살고 정상적인 임종
(臨終)을 맞기를 바라고, 그렇게 되기 위해 노력한다. 인간은 출생하여
삶을 시작하는 단계에서부터 내면에 구비되어 있는 양능(良能)과 양지
(良知)51)라는 능력에 기초하여 자신의 삶을 형성해 나간다. 이 양능·양

---

49) 반영적 세계관이란 구연자, 즉 민중의 언술을 어떤 형이상학적 관념을 담고 있는
    그릇이므로 내용에서 그들의 세계관을 보여주는 것을 말하는 것이다. 반면 반성
    적 세계관이란 구연자의 언술을 세계관을 형성하는 하나의 과정으로 보아, 설화
    의 내용·형식·이러한 형식을 만든 화자의 의식·설화의 청자나 독자의 상호작용
    등을 말하는 것이다. 설화의 화자가 표출하는 내용은 그를 비롯한 민중들의 욕망
    을 대변하면서, 혹은 그 민족의 의식을 담아내어 진술하면서 반영적이면서 반성
    적인 면모를 드러내 보이고 있음을 보여주고 있다.(宋孝燮, 『설화의 기호학』,
    34~38쪽 참조.)

50) 일반적으로 오복(五福)이라 함은 수, 부, 귀, 호덕, 다남(壽, 富, 貴, 好德, 多男) 혹
    은 호덕 대신 고종명(考終命-여기에서 고는 '오래 살 老'와 같은 의미를 가진 글자
    로, 자기의 삶에 대하여 초탈하는 것을 말한다: 필자 주) 이르기도 한다.(李慶善,
    「五福에 대한 가치관」, 『韓國文學과 傳統文化』, 新丘文化史, 1988, 370쪽 참고.)

지를 통해 가장 최종적으로 형성되는 욕망은 '오래 살면서 정상적인 죽음을 맞는 것'이다. 이 부분에서도 공간과 인간의 상호조응성이 두드러져 있음을 상기할 필요가 있다.

설화의 세계에서는 자연적 재액이 운명론적 관점으로 인지된다. 이 현상은 인간이 자신을 둘러싼 자연환경에서 받은 위협 조건들로부터 스스로를 방어할 만한 능력이나 방법을 가지지 못했던 단계의 의식을 반영하고 있는데[52], 이중 하나가 호환에 관한 것이다. 전통적으로 호랑이는 신 혹은 신적(神的) 존재로 알려져 있어 산군(山君)·산령(山靈)·산왕(山王)·산지킴·산영감·산주인 등으로 호칭되면서 산신(山神)으로 인식되어 왔다.[53] 호랑이는 이러한 호칭에 걸맞게 영웅이나 선한 인물에게 도움을 준다든가, 효·절(節) 등 이데올로기의 수호자, 악한 인물의 징치자(懲治者) 등과 같은 존재로 알려져 내려왔다.[54]

---

51) 양능과 양지는 『孟子』 盡心章句 上에 나오는 개념으로 심신의 능력을 설명하는데 매우 적절하고도 유용한 개념이다. 맹자는 이에 대해 '사람이 배우지 않아도 하는 것을 양능이라 하고 생각하지 않아도 아는 것을 양지라 한다.(孟子曰 人之所不學而能者其良能也 所不慮知者其良知也)'고 했다. 여기에서 양능은 몸의 능력이고, 양지는 마음의 능력을 의미한다.(朱熹, 한상갑 역, 「大學·孟子」 盡心章句 上 15, 앞의 책, 414쪽 참조.)

52) 강진옥, 「虎食과 그 해결방안을 통해 본 운명론 극복의 양상-설화유형번호 212-4 '虎食당할 사람 구한 이인'을 중심으로」, 陽圃李相澤敎授還曆紀念論叢刊行委員會, 『韓國 古典小說과 敍事文學』(下), 집문당, 1998, 381쪽.

53) 최원오, 「한국 구비문학의 성격과 민족문화의 정체성」, 『국학연구』 제16집, 한국국학진흥원, 2010, 589쪽.

54) 논의에 앞서 생각해 볼 것은 잘 살고 있는 인간의 삶에 끼어들어 그의 삶을 방해하려는 존재에 대해서이다. 인간의 기본적 본능에 해당하는 욕망을 자극하는 존재가 어떤 것이냐에 따라 운명극복이라는 용어를 사용할 수 있기 때문이다. 여기에서 알아보는 두 설화는 주체의 단명극복 욕망을 자극하는 존재가 '호랑이'라는 공통점이 있다. 우리 민족에게 '호랑이'라는 존재가 등장하는 것은 건국설화인 <단군신화>에서부터이다. 이 설화에서 호랑이는 곰에게 패배하여 자신의 원망(願望)하던 것을 얻지 못했다. 그렇다고 호랑이라는 존재가 민족의 의식세계(意識世界)에서 버려진 것은 아니다. 『후한서(後漢書)』와 『삼국지(三國志)』의 예(濊)

이러한 신적 존재에게 공격을 받는다는 것은 징치의 역할을 띤다고
볼 수 있다. 여기에 등장하는 주인공들이 어떠한 이유로 산신인 호랑이
의 공격을 받게 되는지는 알려져 있지 않지만, 호랑이가 징치자의 역할
을 하는 존재임에는 분명하다. 따라서 호환을 벗어나기 위해 어떤 행위
를 한다는 것은 자신에게 주어진 운명을 극복한다는 의미를 가지고 있
다. 인간은 자신이 창조한 질서가 위협을 당하는 상황에 처하게 되면,
갖은 노력을 다해 자신을 지켜내야 할 책무가 있다. 생명의 위협을 받아
자신의 환경이 사라질 위험이 발생하면 삶의 지평도 좁혀져서 그 존재가
사라지고 말기 때문에 자신을 위협하는 존재와 싸워 자신의 질서를 회복
해야 할 것이다.

이 부분에서 알아볼 설화들은 자신이 타고난 운명을 바꾸고 새로운
삶을 사는 인생역전(人生逆轉)이 강하게 두드러진다는 특징을 가지고 있
다. 운명이란 인간을 포함한 우주의 모든 것이 지배를 받는 것이라 상정
할 때, 이를 지배하는 필연적이고 초인간적인 힘이나 그 힘에 의하여 신
상(身上)에 닥치는 길흉화복(吉凶禍福)을 말한다. 이를 토대로 생각하는
사고를 '운명론(運命論)'이라고 하는데, 흔히 '숙명론(宿命論)'이라고도
한다. 운명론이 가진 특징은 인간이 아무리 벗어나고자 하나 부질없는
것이며, 하늘이 정해준 운명이야말로 그를 위한 최상의 배정(配定)[55]이
라는 점이다. 이를테면 자신이 미리 정해진 날에 죽도록 운명이 결정되

조에는 각각 '또 사당을 지어 호랑이를 신으로 받든다(又祀虎以爲神)'와 '호랑이
를 신으로 섬겨 제사 지낸다(祭虎以爲神)'는 기록(彭久松·金在善 編著, 『原文 東
夷傳』, 서문문화사, 2000, 55쪽과 68쪽 참조.)이 있어 호랑이에 대한 민족의식이
어떠한지 알 수 있다. 현재까지 전승되고 있는 산신제나 성황제에서도 호랑이를
신으로 섬기고 있어 호랑이에 대한 인식을 알 수 있다. 신으로 섬겨지고 있는
호랑이가 주는 환난을 피하고자 하는 욕망이라면 가히 운명극복이라 할 수 있을
것이다.

55) 朴明淑, 「韓·中 運命說話 比較研究」, 서울大學校 大學院 博士學位論文, 2007,
152쪽.

어 있어, 미리 어떠한 주의나 노력을 기울여도 이 재앙에서 벗어날 수 없다고 믿으면서 사는 것이 그를 위해 최상이라는 것과 같은 것이다. 하지만 본고에서 알아보는 설화의 인물들은 자신이 처한 운명을 개척하기 위한 공간 만들기를 통해, 이를 극복의 도구로 삼고 있다는 운명개척자적(運命開拓者的) 특징이 있다.

인간에게는 누구나 오래 살고 싶은 욕망이 있고, 정상적으로 죽고 싶은 욕망이 있다. 죽음을 두려워하고 삶의 지속하고 싶은 욕망은 모든 생명체가 가진 기본적 본능에 해당한다. 살아 숨 쉬는 생명체에게는 모두 자신을 지키고자하는 본능이 있다. 이는 개체(個體)로서의 인간에게 주어진 근본 욕망이다. 여기서는 생각지도 않은 운명의 공격을 피하기 위해 공간과 인간이 어떻게 상호조응 관계가 되어 단명(短命)으로 주어진 운명을 극복하는지에 대해 알아보겠다.

먼저 자신이 호환(虎患) 당할 것과 그 일을 모면할 곳을 미리 알아 단명을 극복할 욕망을 품고, 이를 위한 공간 만들기에 성공하는 스님에 대한 이야기에 대해 알아보겠다.[56] 이 설화의 서사구조는 다음과 같다.

　ㄱ. 정승을 지내다 퇴임한 퇴재상이 시골 본댁에 와 있었다.
　ㄴ. 어느 날 어떤 스님이 묵어가자고 찾아왔는데 그날 밤에 호환이 있을 상이라 귀찮은 일에 휘말리기 싫어서 거절했다.
　ㄷ. 그래도 그 스님은 끈질기게 청을 하여 마당에서 재우기로 하였다.
　ㄹ. 퇴재상 집 마당에 거적을 깐 스님은 끊임없이 천수경을 외우는 데 한밤중에 하늘에서 독이 내려와 그를 씌운다.
　ㅁ. 한밤중 실하니까 호랑이가 내려와 독 주변을 돌다 날이 새니까 사라졌다.
　ㅂ. 퇴재상이 스님을 들어오게 하여 자신이 왜 받아주지 않으려고 했는가를

---

56) <중이 호환 모면한 이야기>의 경우 표면적으로는 가문의 영속성과는 큰 연관이 없어 보인다. 하지만 세속의 한 개인에게 가문의 구성원으로서의 입장이 있다면, 스님의 경우에는 그가 속한 절의 종파를 세속의 가문에 비할 수 있기 때문에 그 종파에 속한 구성원으로서의 통체-부분자적 위치라고 볼 수 있다. 이러한 이유로 이 설화를 가문의 영속성 차원에서 볼 수 있는 것이다.

설명하자, 스님도 천인성을 타고난 퇴재상이 있는 곳이라야 도액(度厄)
을 하기 때문에 이곳으로 왔다고 한다.(용영구 구연, <중이 호환 모면
한 이야기>, 『구비대계』 2-2, 강원도 춘천시·춘성군 편 북산면 설화
21, 1981, 737~739쪽 참고.)

이 설화에서는 스님의 집과 정승이 퇴재상으로 물러나와 사는 시골
본댁이 공간 배경으로 제시되어 있는데, 이곳이 장수(長壽)와 고종명(考
終命)을 원하는 주체와 관련을 맺는 공간이다. 이 스님은 자기가 살고
있는 거주공간에서 자신이 호환에 죽게 될 것임을 안다. 호환에 죽는다
는 것은 고종명, 즉 정상적인 죽음을 맞이하지 못한다는 것을 의미한다.
생각지도 않은 호환은 스님의 거주공간을 집의 가장 큰 속성인 친밀한
안주의 공간이던 곳에서 죽음의 공간으로 바꾸어 버렸다.[57] 이제 그의
집은 거주공간의 기본적 기능인 '피호성(避護性)'[58]을 잃은 집으로 변하
여서, 이미 집으로서의 기능을 잃은 공간이 된 것이다. 이러한 집은 생
명 없는 불모의 공간이 되므로 그곳에 거주하는 사람의 정체성도 모호
해 진다.[59]

인간은 지속적 삶의 근거를 발견할 수 있는 공간에 강한 소속감을 느
낀다. 이러한 소속감은 공간에 대한 정체성으로 나타나는데, 인간이 소
속감을 느끼는 공간이 그 사람에게 정체성을 부여해 주기 때문이다. 그
러므로 이 같은 기능을 가지고 있지 않은 공간은 닫힌 공간이고, 유폐(幽
閉)된 공간이다. 이러한 공간에서는 애착 반응이 나타나지 않아 공간과
인간이 상호조응 관계를 맺을 수 없다. 이미 스님은 자신이 속한 공간이

---

57) 호환은 당하는 사람에 대한 징치적 성격을 가지는 것이지만, 이로 인해 그가 속한
    공간의 속성이 변화한다. 호환으로 인해 집의 속성이 바뀌는 것은 후술할 <호환
    면한 정승 아들>의 경우에도 마찬가지이다.
58) Bollnow, Otto F., 筆, 李奎浩 譯, 앞의 책, 33쪽 참고.
59) 집이 거기에 살고 있는 사람의 정체성을 반영한다는 사실은 박경안에서도 확연하
    게 드러난다.(박경안, 「일상적 삶에 투영된 경제의식」, 『동방학지』 제124권, 연세
    대학교 국학대학원, 2004, 32~40쪽 참고.)

왜 이러한 상황에 처하게 되었는지 알고 있기 때문에 이 공간을 극복하려고 한다. 생명의 위협을 주는 집을 떠나 이를 극복하여 자기 해방으로 나아가는 과정은 유폐된 세계 안에 갇힌 존재로 살지 않겠다는 주체의 의지 반영이다. 닫히고 유폐된 공간을 극복하는 방법은 직접 맞서 싸우는 저항과 이를 피하는 탈출인데, 이중 스님이 선택하는 방법은 탈출이다. 스님은 집을 벗어나 오복을 누릴 수 있는 공간을 알아내어 찾아갔는데, 그곳은 정승을 지내다 은퇴하여 살고 있는 시골 본댁이다. 스님이 찾아와 묵게 해 달라고 찾아오기 전에 이 집은 그와는 아무런 의미도 없는 무장소성(無場所性)의 집이었다. 그러나 퇴재상이 그의 간청에 못 이겨 유숙(留宿)을 허락한 순간부터 이 집은 유의미(有意味)한 공간으로 변모한다.

『구비대계』에 수록된 설화를 보면 주인공이 호랑이에게 물려가는 이야기들이 많이 실려 있다. 그 설화들의 특징은 거의 호환을 당해 인생을 마감하거나, 처음부터 완벽하게 원조자의 도움을 받는 내용이 대부분이다. 이는 호랑이의 정기(精氣)에 놀라 소극적 대응(消極的 對應)을 하기 때문이다. 하지만 이 설화의 주인공 스님은 다른 인물들과 달리 자신에게 주어진 운명에 적극적으로 대응하여 자신의 생명을 구하는 개척자적 인물이다. 그의 그러한 점은 이미 가까운 미래에 닥칠 상황을 파악하고, 자신의 숙박을 거절하는 퇴재상을 끈질기게 설득하여 응낙을 받는 데서 알 수 있다. 생명 단절(生命 斷絶)의 상황에 끈기 있고 슬기롭게 대처하여 원하는 바의 목적을 달성하는 것이다. 퇴재상 역시 그 스님의 절실한 집념에 밀리기도 했겠지만, 그의 노력에 감동하여 그를 자기 집으로 받아들였을 것이다. 스님의 노력은 퇴재상 집에 숙박하는 데에 그치지 않고 그 집에 들어와서도 끊임없이 천수경(千手經)을 외워 자신을 방어하니, 하늘도 감동하여 독을 씌워 호랑이가 접근하지 못하도록 도와주었다. 아무리 자신의 생명을 보전(保全)할 공간을 얻었다하더라도 자신의

생명을 지켜내지 못한다면, 자신이 얻은 공간이 무의미해져 공간에 투사
한 욕망이 빛을 볼 수 없기 때문이다.

이 과정을 통해 보면 스님의 단명극복에 도움을 준 원조자는 그 자신
뿐 만이 아니다. 그의 미래를 알았고, 비록 처음에는 재워주지 않으려
했지만 결국 스님을 집으로 들여 방어할 공간을 만들어 준 퇴재상도 스
님의 단명극복을 도와준 원조자이다. 퇴재상은 처음에 그 스님의 관상이
그날 밤에 호환을 당할 상이라 그의 집에 유숙을 거부했다. 퇴재상이 스
님의 가까운 미래를 알 수 있었다는 것은 그 역시 예사롭지 않은 인물이
라는 것을 말해 준다. 그 스님이 자신을 못 재워주겠다는 그 집으로 찾
아온 데에는 이유가 있다.

> 제 팔자에 호랭이 물어갈 줄을 오늘 제녁에, 아는데 천인성(天仁星)을 타고
> 난 이 앞에서 그 도액을 해야 그 도액을 면하기 때문에 불원천리허구 대감댁
> 에 찾아 왔었습니다.(739쪽)

위의 예문을 보면 그 스님은 자신을 살릴 사람이 누구인지 알고 있었
다는 것이다. 자신이 호환 당할 것도 알고, 그 호환을 면하게 해 줄 사람
도 알고 있었다니 그 역시 예사롭지 않은 사람이다. 그를 살려 줄 사람
은 정기(精氣)가 세어 호랑이도 당해내지 못하는 천인성을 타고 난 인물
이다. 자신의 목숨을 살릴 곳으로 찾아온 것은 성소(聖所)를 찾아온 것이
고, 이것은 성현(聖顯)hierophany[60]과 결부된다. 성현은 성스러운 것의
갑작스러운 출현으로 인해 특정 영역이 주위에서 분리되어 질적(質的)으
로 다른 곳으로 만드는 현상이다.[61] 스님에게는 이 집이 바로 성소가 되

---

60) 여기에서 聖顯은 '성스러운 것의 顯現'을 뜻하는 'hierophany'를 나타내는 것으로
　　그리스어의 'hieros(신성한)'과 'phainomai(나타나다)'의 합성어이다.(Eliade, Mircea,
　　Das Heilige und das Profane, Roeohlt Taschenbuch Verlag GmbH, 1957.(이은봉 옮
　　김, 『성과 속』, 한길사, 2003, 49쪽 참고.)

61) 위의 책, 59쪽.

고, 그 집에 유숙하는 것이 성현이 된다. 자신의 단명을 극복하여줄 이 집에 스님은 애착을 보이지 않을 수 없다. 퇴재상의 본댁에 스님의 단명 극복이라는 강한 욕망이 형성된 것이다.

또한 '불원천리(不遠千里)'라고 하는 것을 보아 아주 먼 곳에서 왔다는 것을 짐작할 수 있다. 그는 분명 '제의적(祭儀的) 걷기'[62]를 통해 자신의 성소인 퇴재상 집으로 찾아왔을 것이다. 제의적 걷기란 앞 절에서 설명 하였듯이, 특정 시간에 특정 공간을 걸음으로써 시공간의 일치를 확보하 는 몸의 이동을 말한다. 몸은 구체적 현실의 근거이자 출발이다.[63] 인간 이 공간이나 다른 인간과 같은 존재와 관계 맺음을 통해 관련을 갖는 것 역시 그의 몸을 근간으로 이루어진다. 그가 발견하여 그의 몸이 멈춘 장소는 시간적 연속성이 순간 정지한 곳이며, 공간성이 극화(極化)[64]되 는 곳이다. 그가 호환을 당할 것을 알기 전까지 그와는 아무런 인연이 없는 곳이었던 공간이 스님이 그의 호환을 앎과 동시에 그 집은 그에게 단명, 즉 호환 극복의 공간으로 탈바꿈하였다. 스님의 단명극복에 대한 욕망은 한 인간의 삶의 질을 높였을 뿐 아니라, 현재를 넘어선 미래에 대한 전망을 지향하기 때문에 초월적인 성격을 형성하여 그의 삶을 생동 적인 방향으로 이끌었다.

호환이 그가 원한 일은 아니었듯이, 그 공간 역시 그가 원한 것도 선 택한 것도 아니었다. 이 설화에서 스님을 살리는 공간으로 선택된 집은 그가 호환이 있을 것을 아는 순간 그에게 발견된 것으로, 다시 말하면 그에게 계시(啓示)된 곳이다.[65] 그가 자신의 단명극복을 위해 겪은 모든

---

62) 李窓益, 「민속적 시공간과 근대적 공간」, 『민속학연구』 제7호, 국립민속박물관, 2008, 162쪽.
63) 최봉영, 『주체와 욕망』, 앞의 책, 19쪽.
64) 오세정, 「제의적 공간과 신화적 인식」, 한국소설학회 편, 『공간의 시학』, 예림기 획, 2002, 73쪽.
65) Eliade, Mircea, 이은봉 옮김, 『종교형태론』, 앞의 책, 473쪽 참조.

경험66)은 공간과 인간이 서로 조응적 존재라는 의미를 창출해 내었다. 스님의 공간 만들기의 성공은 자신의 단명을 극복하는 일에 적극적으로 대응한 데에 대한 보상이라 할 수 있다. 이를 통해 공간과 인간의 관련 속에서 욕망은 조절하여 잘 활용하면 삶을 지탱해주는 에너지이고, 원동력임을 깨달을 수 있다.

다음에 알아볼 설화 텍스트 역시 호환으로부터 보호받아 단명을 장수 (長壽)로 바꾸는 욕망을 실현시키는 내용이다. 이 부분에서 알아볼 내용은 집에서 나와 외부로 뻗어나가고 다시 집으로 돌아오는 이른바, '되돌아오기 위한 집 나섬'을 통하여 공간과 인간의 상호조응성을 보여주는 예이다. 이를 위해 주인공의 단명을 극복하기 위한 여러 공간이 제시된다.

일반적으로 인간은 집에서부터 외부로 뻗어나가고, 다시 출발했던 곳으로 되돌아온다. 이를테면 '되돌아오기'67) 위해 집을 나서는 것이다. 여기에서 알아볼 설화에서도 자신의 집 공간을 떠나 다른 공간들을 거쳐, 다시 자신이 출발한 공간으로 돌아와 단명을 극복하고 장수하여 가문의 영속성을 이어간다. 이 설화의 서사구조는 다음과 같다.

---

66) 이 경험은 스님이 퇴재상에게 끈질기게 부탁하여 퇴재상이 스님을 자신의 집에 머물게 하는것도 포함된다. 퇴재상의 위치에서 볼 때도 자신의 집 공간이 사람을 살리는 공간에 해당된다는 점 역시 공간과 인간의 조응 관계를 보여주는 예가 된다.

67) 집을 되돌아오는 공간으로 본 다른 연구자는 成賢子와 金重河, 정유화이다. 성현자는 이에 대해 집의 부정적 의미로 인한 일탈로서의 집을 나섬, 존재확인으로 인한 회귀로서의 집으로 돌아옴이라고 했다.(成賢子, 「오정희 소설의 공간성과 죽음」, 『人文學志』 第4輯, 忠北大學校人文科學 研究所, 1989 참조.) 김중하는 소설에서 일어나는 사건은 '집을 나서다'와 '집으로 돌아오다'라는 행위가 반복되는 중복적 구조라고 하였다.(金重河, 「李箱의 小說과 空間性」, 『한국현대소설사연구』, 民音社, 1984 참조.) 정유화는 '집이란 장소는 세상 밖의 모든 길로 뻗어나가게 하는 출발점인 동시에 모든 길을 집으로 돌아오게 하는 종착지'라고 하였다.(정유화, 앞의 논문 참고.)

ㄱ. 아들 없는 정승이 불공을 드려 아들을 낳는다.
ㄴ. 어느 날 대사가 동냥을 와서 그 아이를 보더니 잘 생겼는데 열세 살이
   되면 호환에 가서 단명할 팔자라고 한다.
ㄷ. 도액(度厄)을 물으니, 이정승·고정승·김정승 딸을 데리고 살면 면한다
   고 한다.
ㄹ. 아버지가 아들의 목숨을 살리러 집에서 내쫓는다.
ㅁ. 어느 곳을 가니 그 아이를 아들 삼고 싶어 하는 노부부가 있어 그 집
   아들이 되는데, 마침 그 집 딸이 위의 삼정승의 딸들이 공부하는 집(고
   정승 집) 몸종으로 가 있다.
ㅂ. 아이의 사정을 알게 된 노부부는 그 아이를 살리기 위해 딸을 통해 그
   집으로 들여보낸다.
ㅅ. 정승 아들은 그 집의 일곱 살 난 아들에게 발견되어 도움을 받는다.
ㅇ. 이·김정승 딸이 집으로 다니러 간 사이 고정승 딸에게 가서 사정 얘기
   를 하니 두 정승 딸이 돌아오면 도와주겠다고 하며 두 정승 딸이 돌아
   오자 함께 그에게 시집가기로 한다.
ㅈ. 그가 호환 당할 날이 되어 밤이 깊어지자 호랑이가 나타났는데, 정승
   딸들의 도움으로 살아난다.
ㅊ. 그 집에 있다가 삼정승이 모두 그를 사위 삼았다.
ㅋ. 벼슬을 받아 세 아내를 데리고 자기 집으로 가서 부모를 모시고 잘 살
   았다.(민봉호 구연, <호환 면한 정승 아들>, 『구비대계』 2-2, 강원도
   춘천시·춘성군 남면 설화 1, 1981, 497~507쪽 참고.)

위의 설화에서 정승 아들은 호환으로 인해 단명할 위기에 처하게 되
어 혹시나 이를 극복할 수 있을까 하는 희망을 가진 아버지에 의해 집에
서 축출 당한다. 이 집은 친밀한 경험과 감각에 의해 이미지화(化) 된 집
은 현재의 나를 만든 공간이었다. 이러한 공간을 잃는다는 것은 우주에서
추방당해 우주의 미아(迷兒)로 대기권을 떠도는 것과 같다. 이 설화 속의
인물 역시 본의 아니게 친밀한 경험을 나누던 집에서 쫓겨나게 된다.

　"당신 아까 우리 아일 보구서 생기긴 잘 생겼다 그래면서 갔는데 거 곡절을
가리켜 달라"구.
그래니깐,

"아, 그런게 아니라 이 아이가 열 시살만 되면 호환(虎患)에 갈 팔자라."
"그래니 그 무신 도액이 없느냐?"구.
"예 도액이 있긴 있지만 과연 심들다."
그거야. 게,
"어떻게 심드느냐?"구.
그러니깐,
"이정승의 딸과 고정승의 딸과 김정승의 딸과 삼정승의 딸을 데리구 살어야만 면한다."
그러야. 그러니 하늘에 별따기지 그걸 우떻게 바래겠오 말야. 게 인제 그래구 갔다말야.
"아 알었다"구
그래구 인제 이태(二年)만 있으면은 열 시 살 호환에 갈 팔자 돌아오는 해야. 한 이태만 있임.
"너는 내 자식이 아니니까 집이 있지 말구 팔도강산 귀경이나 댕기다 도액이 되겠음이구 말겠음 말어라."
저게 돈을 그냥 한짐 잔뜩 지켜서 내쫓았어유.(498~499쪽.)

이 설화의 주인공은 정승집에서 만득(晚得)으로 본 아들로 잘 생긴 아이이다. 남들이 부러워하는 신분과 인물을 가진 이 아이는 '열세 살이 되면 호환에 갈 팔자'라는 것이 이 아이를 뿌리 뽑힘을 당하는 존재로 내몰렸다. 그 집에 더 이상 있을 수 없게 된 현실 때문에 집을 떠남으로서 자신의 공간이 사라지게 되는 위험에 처한 것이다.

자신이 뿌리내리고 살던 공간에서 뿌리 뽑힌다는 것은 그 집과 자신이 분리되었다는 것을 의미한다. 뿌리 뽑힌다는 것은 사람들과 장소로부터의 소외, 돌아갈 집의 상실, 세계에 대한 비현실감과 소속감의 상실을 포괄한다. 에드워드 렐프는 이를 '실존적 외부성(實存的 外部性)'[68]이라 하였다. 집은 가족 구성원이 친밀한 경험을 나누는 생활의 중심이 되는 곳이어야 하지만, 지금까지 정승 아들이 속해 있던 이 공간은 실존의 의미 있는 중심이 될 수 없게 되었기 때문이다. 이 집 역시 정승 아들에게

---

68) Relph, Edward, 김덕현·김현주·심승희 옮김, 앞의 책, 119쪽.

는 위에서 알아본 경우처럼 가족과 친밀한 경험을 나누던 공간에서 내쫓김을 당해, 그의 집은 이제 건축물에 불과한 집이 되었다. 『구비대계』에 수록되어 있는 설화 중에 <사람은 사주팔자 속으로 산다>[69]와 같은 이른바 '다남운(多男運)' 계열의 설화에서도 주인공 자신의 공간에 뿌리내리지 못하고 공간 상실의 위험에 처한다. 이 경우는 부부 의논 하에 자의(自意)로 결정하는 것이지만, 이 설화의 주인공은 앞의 설화의 주인공 상황과 달리 아들의 요절(夭折)을 안타깝게 여기는 부모에 의해 강제로 내쫓김을 당한다. 집에 계속 머물러 있게 된다면 호환을 당할 터이고, 부모의 입장에서 이를 경험한다는 것은 더 할 수 없는 고통이 될 것이기 때문이다.

정승 아들은 '이제 너는 내 자식이 아니니까 집에 있지 말고 다니다 도액이 되면 되구 말면 말라'는 아버지의 냉혹한 추방에 집을 나섰다. 아직 관례(冠禮)도 올리지 못한 어린 나이[70]에 집에서 쫓겨났으니 자신

---

69) <사람은 사주팔자 속으로 산다>라는 설화의 줄거리는 다음과 같다. 아들만 구형제를 둔 가난한 부부가 점쟁이로부터 아들 18형제에 거부(巨富)가 될 거라는 말을 듣는다. 그러나 그때까지 낳은 아들들로 인해 살기가 어려운데 아무리 거부가 되어도 더 자식을 낳을 수 없다고 생각하여 부부가 갈라서기로 하고 남편이 집을 떠난다. 집을 나가 길을 가다가 사람을 모집하는 배에 올라타 어떤 섬에 가게 되었다. 그곳은 아홉 명의 아내와 어떤 노인이 살고 있는 섬이다. 여기에서 자식을 못 낳는 노인의 부탁으로 아홉 아내에게 각각 임신을 시킨다. 그러나 이 노인은 수태된 것을 확인한 후, 이 사람을 죽일 작정이었다. 이를 눈치 챈 아내들은 각각 재물을 모아 이 남자에게 주고 자신들의 친정집으로 대피하게 한다. 여인들의 친정집서 호의호식하며 잘 살게 되었지만 떠났던 집이 그리워 집으로 돌아왔더니 그의 집이 부자가 되어있었다. 그 노인이 이 남자를 죽이는 대신 그의 가족을 부자로 만들어 주려 했던 것이다. 노인의 아내들은 각각 아들을 낳았고, 노인이 죽자 그의 재물을 가지고 아내들과 자식이 찾아와 거부가 되었다는 이야기이다.(오영석 구연, 『구비대계』4-2, 충청남도 대덕군 신탄진읍 설화 19, 1980, 97~108쪽 참조)

70) 사람이 한평생 거쳐야 할 관문인 사례(四禮)의 하나인 성년례(成年禮)를 말한다. 이때 남자는 상투를 짜고, 여자는 쪽을 찐다. 보통 결혼 전에 하는 예식으로서 15~20세 때 행하는 것이 원칙이나 부모가 기년(朞年) 이상의 상복(喪服)이 없어

이 뿌리박고 살아야 할 터전을 잃었다는 점에서 '뿌리 뽑힘'을 당한 것이고, 이는 공간 상실을 의미한다. 집에서의 축출은 그가 가족들과 함께 하던 공간으로부터의 소외, 그리고 세계에 대한 비현실감과 소속감의 상실을 가져오는 무서운 일이다. 이제 자신이 낳고 자란 집은 더 이상 그에게는 의미의 중심일 수 없는 무장소성의 공간일 뿐이다. 머지않아 호환에 죽을 운명이라고 그의 집에서 내쫓김을 당한 아이는 호환의 위기에서 벗어날 수 있는 공간, 즉 다시 자신이 의미의 중심일 수 있는 공간을 만들어야 할 것이다.

인간은 항상 자신이 살고 있는 작은 주변을 세계의 중심으로 보고, 자기만의 생활을 우주의 기준으로 삼고 싶어 한다. 이것은 많은 이들이 바라는 희망사항이다. 하지만 새로운 세계를 얻어 자신의 욕망을 달성하려면 이러한 편협한 사고나 판단을 포기하지 않으면 안 된다. 정승 아들 역시 자신의 집에서 이를 기준으로 살고 싶었겠지만, 이를 포기하고 새로운 세계를 향해 나아갔다. 정승 아들이 집을 떠나 자기 해방으로 나아가는 과정 역시 스님의 경우처럼 유폐된 세계 안에 더 이상 갇힌 존재로 살지 않겠다는 의지의 반영이다.

어떠한 이유로 집을 나왔던 집은 그 자체만으로도 그에게 특별한 중심이었겠지만, 집 밖의 다른 장소도 새로운 경험을 가능케 하는 공간임에는 틀림이 없다. 그가 새로운 세계로 나아가는 것은 인간의 시야를 통해 펼쳐진 공간의 앞으로 나아가는 행위를 통해 이루어지는데, 이 행위를 통해 공간적 이해로부터 진보와 퇴보를 동시에 얻게 되는 새로운 의미가 창출된다. 낯선 세계의 획득은 정승 아들이 공간과의 유기적인 조응을 통해 얻은 구체적 공간이라는 점에서 의의가 있다. 자신의 생명을

야 행할 수 있다. 또 관례를 받는 사람이 『효경』, 『논어』에 능통하고 예의를 대강 알게 된 후에 행하는 것이 보통이다. 옛날 사람들은 이 관례를 혼례(婚禮)보다 더 중요하게 생각하였으며, 미혼이더라도 관례를 마치면 완전한 성인(成人)으로서의 대우를 받았다.(두산백과사전 참조.)

위협하는 집 공간이 떠나야 할 책임감이 막중한 공간이었다면, 자신의
단명을 극복할 수 있는 새로운 공간은 낯선 곳에서 만날 예상치 못한
우연들로 인해 즐거움이 창출될 수 있는 공간의 획득이다. 여기서 만날
즐거움이란 경험 역시 '채워진 인간의 현존(現存)'[71]에 속하는 것이다.

집에서 가지고 나온 돈이 다 떨어졌을 무렵, 자신을 아들 삼고 싶어
하는 노인을 만나 시영(수양) 어머니로 삼았다. 마침 이 집의 딸, 즉 수양
누나가 자신의 성소(聖所)가 될 삼정승 딸이 있는 집의 몸종으로 들어가
있는 집이었다. 그러한 공간을 발견하였다는 것은, 자신의 단명(短命)을
피하기 위한 운명의 공간으로 갈 수 있는 전초(前哨)가 되는 곳을 발견했
다고 볼 수 있다. 성소라는 개념은 어떤 장소를 변용하고 특수화하여 주
위의 세속적인 공간으로부터 그 곳을 분리함으로써 그 곳을 성별(聖別)
하는 원초의 히에로파니hierophany를 반복하는 개념을 포함한다. 이 히
에로파니 효과는 구별되지 않은 세속적 공간의 정해지지 않은 한 부분을
성별하는 것이 아니라 그 장래까지 보증해 주어 공간의 힘과 성성(聖性)
의 끝없는 원천이 된다. 그리하여 이곳은 인간이 들어가기만 해도 그에
게 힘을 부여해 주고 성성과의 교제를 갖게 하는 것이다.[72] 정승 아들은
아직 그의 운명을 피할 수 있는 공간으로 진입하지는 못 했지만, 이 곳
역시 새로운 경험과 자극에 노출되어 있어 영향 받기 쉬운 곳[73]으로 들
어갔다. 새로운 경험과 자극은 그를 호환에서 벗어나게 해줄 수 있는 중
요한 조건으로서, 생활세계에서 그와 같은 곳에 장소감을 얻는다는 것[74]
은 그에게는 필수적인 경험이다. 정승 아들은 그 공간을 공간 만족의 상
황으로 변환시킬 수 있는 초석(礎石)으로 만들 욕망을 품었다.

그러나 이 공간은 정승 아들이 자신의 단명을 극복할 공간 만족 상태

---

71) Bollnow, Otto Friedrich, *Anthropologische Pädagogik*, 한상진역, 앞의 책, 161쪽.
72) Eliade, Mircea, 이은봉 옮김, 『종교형태론』, 472쪽 참고.
73) Tuan, Yi-Fu, 구동희·심승희 옮김, 앞의 책, 220쪽 참고.
74) 이석환·황기원, 앞의 논문, 177쪽.

의 공간에 마음을 품었다 해도, 그에게 성소가 될 수 있는 고정승 집은 수양어머니와 누나의 도움이 없으면 접근할 수 없는 아직 미완(未完)의 공간이다. 하지만 그를 호환에서 벗어나게 해 줄 중요한 공간이기 때문에, 당연히 이 집에 들어갈 욕망을 품지 않을 수 없다. 정승 아들은 드디어 그들의 도움으로 호환을 피해 장수(長壽)할 터전이 될 수 있는 곳인 고정승 집에 들어갈 수 있었다. 이곳은 그의 욕망을 달성시킬 수 있는 성소가 될 곳으로, 수양어머니 집에 비해 훨씬 강도 높은 시간적 연소성(時間的 燃燒性)이 순간 정지하는 곳이며, 공간성이 극화(極化)되는 곳이다. 여기에서 호환을 이겨내고 공간 상실에서 벗어나 자기 정체성을 지속시킬 수 있는 공간을 만들어야 한다. 이러한 상황을 에드워드 렐프는 '실존적 내부성(實存的 內部性)'에 해당된다고 했다. 실존적 내부성이란 이곳이 바로 자신이 속한 자신의 공간이라는 것을 깨달을 때 생기는 의식(意識)이다.75)

　새로운 공간에 욕망을 품었다는 것은 대상화(對象化)할 가치가 새로 생성되었음을 의미한다. 정승 아들은 자신의 생명을 보전하여 단명을 극복하게 해 줄 새로운 공간인 고정승 집에 본격적인 욕망을 투사했다. 이 공간은 수양어머니의 집 공간과는 차원이 다른 가치를 지닌 공간이다. 이러한 공간이 선택되었다는 것은 사회적으로 새로운 선택의 기준이 성립되었음을 의미하는 것이기도 하다. 여기에서 선택의 기준이 재정립되었다는 것은 이에 대한 책임도 강화되었다는 것을 뜻한다. 정승 아들은 자신의 단명을 극복할 수 있는 그 곳을 얻기 위해 필사적 노력을 다해 그 곳을 얻어냈고, 세 정승 딸의 도움으로 자신의 결핍사항을 해결했다.

　여기에서 주목할 것은 정승 아들이 자신의 욕망을 성취하기 위해 이를 달성할 수 있는 공간만 중요했던 것이 아니라는 점이다. 물론 설화의 내용에서도 보았듯이 그가 머물렀던 공간들은 그 공간과 관련이 있는 사

---

75) Relph, Edward, 김덕현·김현주·심승희 옮김, 앞의 책, 127쪽.

람들이 아니었다면 절대로 얻을 수 없었던 유토피아적 공간이었다. 그러나 정승아들은 단명을 극복하여 가문의 영속성에 기여할 수 있는 존재로 새로 나기 위해서는 그 공간에 사는 사람들의 도움이 절대적으로 필요하다는 사실을 알고 있었기 때문에 그들과의 인간관계 형성에 주력을 다했다. 이는 자신을 보고 '저런 자식이 있었으면' 하는 노인에게 수양아들이 되어 준 것에서, 고정승 집에 들어가서도 고정승 아들에게 자신이 처한 고난을 설명하고 도움을 요청하는 것에서 드러난다. 그리고 궁극적으로 삼정승 딸의 도움이 없으면 그의 고난을 극복할 수 없었다는 점은 인간관계 형성이 자신의 욕망을 성취할 수 있는 공간 획득의 관건임을 보여주는 중요한 단서가 된다. 그들의 도움이 없었더라면 그의 욕망인 호환을 벗어날 수 없었을 것이고, 그렇게 된다면 가문의 영속성에도 기여할 수 없었기 때문이다.

정승 아들이 장소감을 느낀 이 두 공간은 그가 자신을 위한 공간으로 만들기 전에는 의미 없는 무장소성의 공간이었다. 하지만 그가 그 곳에 욕망을 품고 내딛어 자신의 공간으로 만든 순간 그 곳의 가치는 극에 달한다. 이와 같은 장소감이 주는 가치는 '공간은 인간과의 유대를 벗어나서는 그 의미를 갖지 못한다'는 사실을 재확인해 주고 있다. 이제 정승 아들은 장소의 성현이 이루어진 곳에서 호환을 물리쳐 자신의 욕망인 단명극복에 성공했고, 부가적으로 세 아내를 얻었으며, 암행어사라는 벼슬까지 하게 되었다. 이처럼 공간성의 극화(極化)를 가져오게 된 이 공간은 호환을 물리치면서 운명을 이겨낸 공간으로 의미를 갖게 된 것이다.

정승 아들이 나아간 세계는 인간이 구체적으로 접하는 공간과 동일하지 않은 특별한 중심이 있다. 그가 욕망을 투사한 공간과 공간 사이로의 이동은 이 중심으로 갈 수 있게 연결시켜주는 역할을 한다. 그래서 그의 욕망은 여기서 끝나지 않고 새로운 욕망을 표출하게 된다. 자신에게 호환으로 인해 단명의 공간이 될 수밖에 없었던 자신의 원초적 공간인 집으로 되돌아가야 하는 중차대한 임무가 남았던 것이다.

　건데 자기네 집이 그래도 대감에 집이라구 해서 촌에두 잘 짓긴 잘 졌지만 그런 정승의 집에다 대면 똥두깐이나 뭐 비슷하단 말야. '이 안되겠다.'게 문함을 허니깐은 여태 그 노인네들이 그 터에 산다 거기 이거야. 한 백 리 밖에 인제 와 가주구선 인제 연락을 해 보니깐, 게 하루 십 리 와서두 쉬구 오리 와서두 며칠씩 묵구 그러면서 거기 사람을 불러 올려가주구서 아 암행어사가 새루 출두해서 오는데, 암행어사가 영을 내렸는데 어느 사람이라 명령을 못 거역하니까는 그 고을에 백성을 불러가 주구선에 '어따 어느 밭에다가 무신 식우루 아주 몇 칸 몇 집을 아주 잘 지라'구 아마 앞으로 한 달 정도 줬던 모양이지. 그러니까 지끔으루 말햄 목수 하루 품값에 만 원이면 하루 이만 원 띠기루 했는데, 그 가근 목수 다 모여들었을테구, 인부 뭐 하여간 별안간 집을 짓은 거야. 아주 기가 맥히게. 이 그랜데 그 집 다 짓구 그 노인넬 글루 이살시키라구 그랬거든. 그리군 인제 거길, 집일 들어갈라구.(506~507쪽.)

　그런데 위의 예문을 보면 그가 되돌아간 집은 그 집이 아닌 것 같이 보인다. 그의 집은 비록 대감 집이어서 촌에서는 좋은 집에 들어가지만 처가인 정승집에 비하면 '똥두깐'에 비할 수 있을 정도로 허술하다. 단명의 위기에서 벗어나고, 삼정승의 딸을 아내로 맞고, 암행어사까지 하게 되어 위상이 절정에 달한 그의 처지에서 볼 때, 옛집은 부족하게 느껴졌다. 그래서 옛집과 비교가 안 될 만큼 좋은 집을 지어 부모를 모셨다.
　그런데 여기에서 생각해 볼 문제가 있다. 그가 돌아간 집은 분명 다른 집인데도 불구하고 그는 '집으로 되돌아간다'고 했다. 그는 예문에서 보듯 자신이 태어나고 그 집을 떠나올 때까지 살았던 '그 집'으로 돌아가지 않았다. 그럼에도 불구하고 '그는 집으로 돌아갔다'. 이 부분에서 기억해야 할 것은 그가 자신을 내쫓은 부모를 찾아갔고, 좋은 새 집에다 부모님을 모셨으며, 그 집에서 함께 행복하게 잘 살다가 죽었다는 점이다. 그렇다면 그의 집은 집이라는 건축물이 아닌 '부모라는 가족'이었던 셈이다. 부모가 그에게는 집, 다시 말해 존재론적인 집인 것이다. 이를

통해 볼 때 정승 아들이 공간에 투사한 가장 큰 욕망은 단명이라는 운명
을 극복하고 부모와 함께 행복한 삶을 살며 가문의 영속성을 이어나가는
것이었다고 볼 수 있다. 이것은 부모는 '제일(第一)의 장소'[76]라는 이푸
투안의 말을 상기시킨다. 사람에게 집이라는 공간은 단순히 몸 붙이고
사는 건축물이 아닌 가족 간의 유대가 실현되는 삶의 터전인 '나의 집
home'이라는 가치의 집임을 확인시킨 것이다. 정승 아들의 단명극복은
사건에 대한 이해와 그에 대한 대응으로 나타나는 욕구를 관념의 세계에
기초하여 이를 추상적 욕망으로 전환한 후, 다시 구체적으로 이를 달성
한 경우라 하겠다.

이 설화에서도 공간과 인간이 완벽하게 서로 조응을 맺을 수 있었음
을 알 수 있는데, 그 요인에 대해 생각해 볼 필요가 있다. 정승 아들은
성년(成年)이 되기도 전인 열세 살이라는 나이에 호환에 죽어 단명할 운
명을 가지고 태어났다. 엎친 데 덮친 격으로 그것을 이유로 부모에게 쫓
겨나기까지 했다. 부모의 입장에선 그러한 사실이 가여워서 마지막으로
세상의 문물을 접하게 하고 싶은 마음이 있었을 것으로 보인다. 그러다
가 운이 좋으면 도액의 방법이 생길 수도 있을 거라고 생각하여, 구연자
의 표현에 의하면 '대성통곡(大聲痛哭)'을 하며 내보냈을 것이다.

그러나 아이의 입장에서 보면 열세 살에 죽게 되는 것이 아니라, 집을
나선 순간 바로 죽게 되는 일일 수도 있다. 그럼에도 불구하고 그는 아
무런 항거 없이 묵묵히 집을 나갔다.[77] 그것은 자신에 대한 통과의례적
(通過儀禮的)인 아버지의 생각을 수용했다는 것이 된다. 수용(受容)은 피
해의 정신적 충격에서 벗어나기 위해 가장 먼저 시작하는 과정이며, 자
신을 위해 혼자서 하는 치유(治癒) 방법이다. 이것은 상처 준 사람이 치

---

76) Tuan, Yi-Fu, 구동희·심승희 옮김, 앞의 책, 278쪽.
77) 이 점에 대해서는 설화 상의 모든 출가자(出家者)가 그러하다. 부모의 명이 엄해
　　서일 수도 있지만, 자신이 처한 운명을 수용한다는 점이 더 크다.

유 과정에 참여하지 않았을 때 상처를 치유하는 강력한 방법으로, 이는 과거 문제의 해결 뿐 아니라 미래에 대한 비전까지도 제시한다.[78] 그렇다면 수용은 자아를 회복시키는 최상의 지혜인 것이다.

정승 아들은 자신이 처한 상황을 이해하고, 아버지의 생각을 수용하였기에 심각한 결핍 상황을 뛰어넘을 수 있었다. 그 보상으로 세 아내와 벼슬, 장수(長壽)라는 커다란 선물을 받았다. 나아가 자신을 내쫓은 아버지를 용서하여, 분리의 공간이었던 공간을 통합의 공간으로 바꾸어 이를 장수자(長壽者)의 공간으로 현현(顯現)하게 하였다. 아버지의 의도를 받아들여 당당한 어른의 모습으로 변화한 모습을 아버지에게 보여주는 것이다. 그가 아버지를 용서하였다는 것은 그가 자신이 축출된 집으로 되돌아간 것에서부터 알 수 있다.[79] 집에 대한 애착 정서를 최대로 높이게

---

78) Spring, Janis Abrahms, *How Can Forgive You?*, HaperColillns Publishers, Inc., 2004. (양은모 옮김, 『용서의 기술』, 메가트렌드, 2009, 169~170쪽 참고.)

79) 이 설화처럼 호환에 의해 공간 상실을 가져오는 것은 아니지만 자신이 머물던 공간에서 내몰림을 당한 소년이 자신의 운명을 개척하고 출세하여 되돌아오는 <원수를 은혜로 갚은 조카>(임사봉 구연, 『구비대계』 5-2, 전라북도 전주시 완주군 서서학동 설화 1, 1980, 215~218쪽 참고.)라는 설화가 있다. 이 설화에서 그를 공간 상실에 처하게 하는 사람은 숙모이다. 직접 내쫓은 것은 아니지만 그가 집을 떠날 수밖에 없게 만들어 내쫓김과 진배없는 상황을 만들었다. 이 소년은 숙모 집에서 나와 갖은 고생 끝에 출세하여 되돌아와서 숙모를 모셔 간다. 이 행위가 표면적으로 봐서는 소년이 자신을 구박한 숙모를 용서했다고 볼 수 있다. 그러나 그 용서는 '거짓용서'에 불과하다고 볼 수 있다. 왜냐하면 용서란 수용의 단계를 거쳐야 하고, 쌍방이 참여하는 치유이자 소통과정이기 때문이다. 이 설화에는 소년이 숙모가 자신을 구박한 것에 대한 수용이 없고, 숙모 또한 그를 기다리기 조차 하지 않았다. 소년이 숙모를 용서하고 싶어도 할 수 없는 상황인 것이다. 그렇기 때문에 여기에서 보이는 용서와 비슷한 상황은 용서 아닌 거짓용서인 것이다. 거짓용서란 상대에게 아무 보상도 요구하지 않으며 강제적이고 무조건적이며 일방적으로 화해를 시도하는 것이다. 이러한 거짓용서는 역기능적(逆機能的)이다. 어느 것도 정당하게 해결된 것도 없고, 가해자 측에서 용서를 얻기 위해 아무 일도 한 것 없이, 모든 일이 끝났다는 환상을 갖게 하기 때문이다.(위의 책, 33쪽 참고.) 이러한 이유로 이 설화는 <원수를 은혜로 갚은 조카>과 달리 진정한 용서의 모티프가 나타나는 구조를 가졌다고 하겠다.

한 정승 아들의 용서는 가해자가 보상하기 위해 노력하는 것을 피해자가 존중할 때 둘이 함께 하는 치유여행(治癒旅行)이다[80]. 이 설화의 주인공은 아버지를 용서하기까지 수많은 고통을 겪었다. 이것은 용서가 수고해서 얻어야 하는 과정임을 보여주는 것으로, 일종의 통과의례에 해당한다. 조셉 캠벨은 일반적으로 통과의례라는 전통적 의식에 다음과 같이 말한다.

> 전통적 의식에서는 부모의 이미지에 대한 정서적 관련성을 철저하게 바로 잡아 주면서 그가 살아갈 삶의 기술과 의무와 특권을 소개하려는 의도를 수렴하고 있다. 이 비법의 전수자(아버지나 아버지를 대신할 수 있는 사람: 필자 주)는 유아기의 부적당한 카텍시스cathexes(리비도가 특수한 사람, 물건 또는 관념을 향해 집중 발현되는 현상을 말함: 필자 주)로부터 놓여난 입문자에게만 의식(儀式)의 상징을 베풀게 되어 있다. 이런 입문자라야 자기 강화라는 무의식적 동기나 개인적인 선호나 혹은 증오 때문에 정당하고 비개인적인 힘을 오용할 가능성이 없을 것이기 때문이다. 이상적으로 말하자면 입문의 영광을 입는 자는 자기 인간성을 모두 박탈당하고 비개인적인 우주적 힘을 대표하는 사람이 된다. 그에게 선악에 대한 유아기적 환상을 버리고, 희망과 공포에서 놓여나 평화롭게 존재의 계시를 이해하고 우주법칙을 엄숙하게 경험하는 세계로 들어갈 수 있도록 입문자를 인도하는 역할을 맡는 존재는 아버지이다.[81]

아버지는 위의 설명과 같은 차원에서 어린 아들을 내보낸 것이다. 그가 이러한 아버지의 생각을 수용하고, 아버지를 용서하는 행위가 없었다

---

80) 위의 책, 169쪽. 여기에서 가해인 아버지가 보상하기 위해 노력하는 것은 11살에 집을 나간 아들이 스무 살이 되어 집으로 돌아오는 동안 이사 가지 않고 그 집에 살면서, '나두 아들을 하나 낳긴 났는데 객지에 나가서 죽었는지 호환에 물어갔는지 살았는지.' 하며 그 행차를 보고서 '눈물만 뚝구면서 하련해서 있다'는 부분에서 알 수 있다. 또한 설화의 행간을 보면 이 노인은 내보낸 아들을 그리워하며 매일 문 앞에 나와 기다리고 있었다는 것이라는 것을 알 수 있다.

81) Campbell, Joseph, *The Hero With A Thousand Faces*, Princeton University Press, (New Jersey), 1949.(이윤기 옮김,『천의 얼굴을 가진 영웅』, 민음사, 2004, 178쪽 참조)

면 그에게 주어진 성소와 보상은 생각지도 못했을 것이다. 그의 이런 열
린 마음이 그의 집을 닫힌 공간에서 열린 공간이 되게 하고, 통합의 공
간으로 거듭 나게 하여 그가 주인공인 유의미한 공간으로 다시 태어나게
한 것이다. 귀하게 태어나, 원래 자기 몫이 아니었던 일련(一連)의 시련
을 겪으면서 얻은 존재론적 전환은 그가 거친 각각의 집에 보인 욕망과
이를 얻기 위한 노력을 통해 입증된다. <호환 면한 정승 아들>이라는
설화는 이런 점에서 공간과 인간의 깊은 상호조응성을 재확인시켜주는
설화이다.

가문의 영속성 차원에서 볼 때 남성 중심의 가부장제를 사회적 체제
를 삼는 시대에는 대를 잇는 문제가 심각할 만큼 중요한 과제로 부각되
므로, 단명극복은 이데올로기와 같은 영향력을 지닌다. 이는 조선조에서
가문의 영속성이 그 어떤 윤리도 초월하는 절대적 신앙의 자리를 차
지[82]있음을 보여주는 단초가 된다. 가문의 영속성을 위해 공간에 투사
한 욕망은 삶의 의미 있는 구축이 되어, 그 자체가 삶이자 원천이며, 동
력이 되는 것이다.

공간과 인간이 서로 조응적임을 증명하는 설화에 등장하는 주체들은
자신에게 주어진 운명을 극복하기 위한 피나는 고통과 엄청난 노력을 기
꺼이 감수했다. 무엇보다도 귀중한 생명을 보전하기 위해 스님과 정승아
들이 행하는 노력은 눈물겹기까지 하다. 단명을 극복하여 생명 보전을
위한 상징계의 진입을 위해서는 무의식적 욕망을 대상화하여 승화시켜
야 한다.[83] 스님이 불원천리 먼 길을 떠나와 자신의 목숨을 살릴 수 있
는 공간을 찾아 자신과 관련을 맺는 일이나, 나이 어린 정승 아들이 이
와 같은 곳을 찾아 헤매는 것은 모두 같은 차원에서 비롯된 일이다. 스

---

82) 강성숙, 앞의 논문, 31쪽.
83) 徐延宙, 「김승옥 소설의 작가의식 연구」, 國民大學校 大學院 博士學位論文,
    2004, 85쪽 참조.

님이나 정승 아들은 자신의 생명을 보전하여 가문의 영속성을 지켜줄 공간에 대한 환상이 그들의 단명극복이라는 욕망을 지탱하는데 큰 힘이 되어 주었다.[84] 그들의 이러한 경험은 자기조절(自己調節)이라는 방법을 통한 성사이다. 자기조절이란 불투명한 자신의 미래를 성공적으로 체득할 수 있는 노력과 의지[85]를 말한다. 이 설화 속 인물들처럼 갑작스런 압력에 안간힘을 다해 스스로를 지키는데 힘써야 새 삶이 찾아오는 것이다.

생명은 하나의 궁극적이고 자기의존적인 현실이다.[86] 더구나 신적(神的) 존재로부터 갑자기 당하게 되는 환난을 극복하는 운명이야말로 무엇보다도 자기조절 방법이 강력하게 요구되는 상황이다. 자신이 처한 절체절명의 순간을 극복하여 주체를 찾기 위해 스님과 정승 아들은 수많은 고통을 겪었다. 인간이 실존을 발견하는 것은 의미 있는 인간적 삶을 형성하기 위한 절대적인 고독의 대가로서만 얻어진다.[87] 이런 점에서 볼 때 단명극복 욕망은 인간에게 가장 근본적이면서도 강한 욕망이고, 날것 그대로의 욕망이다. 이 욕망이야말로 인간의 삶을 지탱해 주는 에너지로서 가장 긍정적인 버팀목이라고 할 수 있다.

3) 자기실현

유교적 삶을 지향하는 사회에서 자기실현(自己實現) 역시 가문의 영속성과 관련이 있다. 자기실현은 설화의 세계에서 뿐 아니라 일상적인 삶

---

84) Lacan, Jacques, 맹정현·이수련 옮김, 앞의 책, 279쪽.
85) 박영신, 「한국인의 성취의식과 귀인양식에 대한 토착심리적 분석」, 『한국심리학회지: 사회문제』 제6권 제3호, 한국심리학회, 2000, 73쪽.
86) Cassirer, Ernst, *An Essay on Man*, Yail Univ. Press, 1944.(최명관 옮김, 『인간이란 무엇인가』, 창, 2008, 53쪽.)
87) Bonllow, Otto Friedrich, *Neue Geborgenheit*, a. a. O., S. 118ff의 것을 Bonllow, Otto Friedrich, 한상진 역, 『인간학적 교육학』, 138쪽에서 재인용함.

의 측면에서 볼 때에도 고통과 상실을 경험한 주체에게 그 기회가 주어
진다. 자신에게 주어진 고통과 상실을 극복하였을 때 그 보상으로 돌아
오는 것이 자기실현이기 때문이다. 이 경우 이들이 원하는 것은 부귀영
화가 아니다. 그들이 원망(願望)하는 것은 생각지도 않게 경험하게 되는
고난을 극복하는 것이다. 이러한 의식을 가진 행위자들이 이를 극복하면
부귀영화는 부록처럼 따라온다. 이 또한 자신의 한계를 뛰어 넘은 존재
에게 주어지는 보상인 것이다.

　자기실현의 경우, 표면적으로는 이것이 가문의 영속성과 관련이 없어
보일 수 있다. 그러나 유교적 삶에서 개인은 가문의 일원이고, 개인의
실현은 곧 가문의 실현을 의미한다. 각각의 개인은 독자적 개인이 아니
라 혈족집단 안에서만 그의 위상을 발휘할[88] 수 있다. 가문의 일원으로
태어난 개체인 행위자가 고난을 극복하여 자기실현을 이룬다는 것은 가
문을 영광스럽게 하는 일이다. 가문이라는 거시적 통체 속의 미시적 부
분체인 '자기'의 실현은 바로 '입신양명(立身揚名)'이다. 이것은 현재를
살아가고 있는 '자기'가 몸을 닦고, 덕을 세워, 사람의 도리를 행해 널리
인간을 이롭게 함으로써 역사에 이름을 날리는 것을 말한다.[89] 이렇게
함으로써 부모와 가문이 영광스러워지기[90] 때문에 가문의 영속성과 깊
은 관계가 있는 것이다. 이 부분의 설화는 자신이 주인인 혹은 자신이
질서인 집 공간을 만드는 경우와 자신이 주인임을 인정받는 경우가 나타
난다.

　먼저 자신이 주인인 집을 세워 공간과 관계를 맺어 상호조응하는 경

---

88) 김석배, 「神補風水傳說과 이야기집단의 의식구조」, 『문학과 언어』 제5집 제1호,
　　言語硏究所, 1984, 23쪽.
89) 입신양명이란 '입신행도 양명어후세 이현부모(立身行道 揚名於後世 以顯父母)'의
　　줄임말이다. 『孝經大義』第一章 復坐吾坐於汝 條의 것을 崔鳳永, 『韓國人의 社會
　　的 性格 I -一般論理의 構成-』, 50쪽에서 재인용함.
90) 위의 책, 50쪽.

우의 예이다. 이 설화의 주인공은 어려서 부모를 잃고 살던 집에서도 쫓겨나 뿌리 뽑힘의 상황이 되었지만, 집의 중요성을 인식하고 자신이 주인인 집을 세우려는 욕망을 실현시켜 가문의 영속성에 기여하고 있다. 이 설화의 서사구조는 다음과 같다.

> ㄱ. 은(殷)씨 성을 가진 아전이 있었는데 효자지만 청렴하게 살아 가난하다.
> ㄴ. 만득(晩得)으로 아들을 얻어 이름을 '성대'라고 짓는다.
> ㄷ. 부모가 돌아가서 시묘하던 은씨 아전이 죽어 아내가 집을 팔아 출상(出喪)했다.
> ㄹ. 어머니도 병이 나서 죽어 성대는 다섯 살이 되었을 때 고아가 된다.
> ㅁ. 얻어먹고 다니던 성대를 불쌍하게 여긴 임서방 집에서 거두어 준다.
> ㅂ. 이 집에서 성대는 착하고 영리하게 일을 잘 해 주인이 귀여워한다.
> ㅅ. 임서방 딸이 고학자 집으로 출가하자, 아들도 그 집으로 공부하러 간다.
> ㅇ. 고학자 집에서 곡자(麥曲子: 누룩)를 요청하여 성대에게 가져다주게 한다.
> ㅈ. 사돈집에서 글 읽는 학생들을 본 성대는 자신도 공부하고 싶어 집으로 와서 고학자 집에서 공부를 하겠다고 양해를 구한다.
> ㅊ. 주인은 허락하며 그동안 일한 품삯을 챙겨주었다.
> ㅋ. 고학자 집으로 온 성대는 낮에는 일하고 밤에는 공부하며, 고학자 집의 살림을 펴게 한다.
> ㅌ. 성대의 성실함에 감동한 고학자는 그가 준 돈을 늘려 동네 처자를 중신해서 장가를 들여 주었다.
> ㅍ. 장가가서도 열심히 살아 재산도 늘리고, 죽은 고학자 대신 동네 훈장이 되었다.
> ㅎ. 진사가 된 후에 부모의 묘를 명당으로 잡아 치산(治山)을 했다.(이호승 구연, <진사(進士)까지 된 천애 고아>, 『구비대계』 4-6, 충청남도 공주군 사곡면 설화 12, 1984, 360~384쪽.)

다음 예문은 이 설화의 주인공 은성대가 자신이 살던 공간에서 뿌리 뽑힘을 당해 공간 상실의 상황에 처하게 된 이유이다.

이러구러 세월이 가가지구 다섯 살 먹어 즈 아버지 죽구 즈 어머니 죽었는
디 이러구러 돌아댕이며 은어 먹은 제가 이년간 은어 먹어가지구서 일곱 살
이됐단 말여.(364쪽)

이 설화의 주인공 은성대는 마을 아전인 청렴하고 효성스런 부모를
다섯 살 때 잇달아 여의었다. 어머니가 죽었을 때 마지막으로 일하던 주
인집에서 감장(監葬)은 해 주었지만 성대를 키울 수 없어 '너는 헐 수 읎
이 댕이며 은어 먹는 수백이 읎다'고 내 보낸 바람에 '뿌리 뽑힌'의 신세
가 되어버렸다.

주인공 은성대의 아버지는 고을 아전 출신으로 중인 계층이었다. 조
선시대의 아전은 국가의 지방통치를 위해 파견된 수령을 보좌하여 군현
(郡縣)의 각종 업무를 담당하는 실무행정 담당자이다. 이들은 늘 민중과
접촉해야 했으며, 관과 민을 유기적으로 연결시켜 주는 연결고리 역할을
했다. 뿐만 아니라 이들은 한 지방에 세거(世居)하면서 계속적으로 그 직
책을 수행하였기 때문에, 그 지역의 행정 업무를 실질적으로 장악하고
있었다. 이들은 수령을 보좌하는 데 그치지 않고 지방통치를 사실상 이
끌어나가는 역할을 했다.[91] 이들 중에는 지방 수령과 백성과 가장 가까
운 데 있는 관리라는 점을 이용하여 온갖 부정부패의 상징이자, 민중을
핍박하여 자신의 욕심을 채우는 사람들도 많았다. 성대 아버지는 백성들
을 착취하여 논도 사서 가형(家形)이 윤택한 아전들과 달리, 봉록과 조부
때부터 내려오는 논 열 댓 마지기가 전부인 가난한 사람이었다. 그는 가
난 속에서도 부모 봉양에 힘쓰고, 부모가 죽은 뒤에는 시묘살이를 성실
히 하다 병들어 죽었다.

집안 상황이 이렇게 되자 그의 어머니는 집을 팔아 남편을 장사지내
고 어린 아들을 데리고 떠돌아다니며 남의 집 바느질과 빨래로 연명하다

---

91) 권기중, 「향리에 대한 기억과 편견, 그리고 역사교육」, 『史林』 제32호, 首善史學
會, 2009, 118쪽.

가 역시 병이나 죽었다. 어머니가 죽자 마지막으로 일하던 집에서 감장은 해 주었지만, 아이는 그 집에서 내쫓았으니 그야말로 세상 밖으로 내던져진 것이다. 어린 성대의 뿌리 뽑힌 삶은 아버지의 죽음으로 고향을 떠나면서 시작되었지만, 그동안은 어머니라도 남아 있어 바람막이가 되어주었었다. 어머니가 죽은 후에는 의지할 곳이 없어져 완전히 갈 곳 없는 신세가 되어버린 것이다. 성대를 쫓아낸 주인집은 비록 친밀하고 원초적 내밀함을 가진 나의 집은 아니었어도 몸 붙일 건축물이라도 되어준 공간이었다. 가스똥 바슐라르는 외부의 공격을 방어할 수 있는 집이 진정한 주거의 가치를 지니고 있는 참된 피난처[92]라고 하지만 그곳은 더 이상 그 역할조차 하지 못한다. 인간이 하나의 독특한 조직적인 우주 질서의 개념에 도달하는 것은 오로지 공간을 매개로 해서인데, 이런 측면에서 볼 때 성대가 살던 공간과 그와 사이의 유기적 관련성이 없어진 것이다. 이러한 곳은 인간과 조응하지 못한 무장소성의 공간이 된다.

일반적으로 집은 삶의 중심이고 공동체의 상징이다. 집을 삶의 안락함과 평안함, 안락을 누릴 수 있는 곳이면서 함께 사는 애정이 담긴 공간이며, 사람을 보호해 주는 어머니와 같은 공간이라고 한다. 그래서 집은 항상 사람이 가질 수 있는 특별한 중심처가 된다.[93] 따라서 거주가 의미하는 것은 인간이 임의적 위치의 이방인으로서 낯선 공간에 던져지는 것이 아니다.[94] 분명한 위치의 공간에서 굳건한 밑바탕이 될 초석을 발견하여, 그 초석 위에 그의 삶을 세울 수 있는 기초가 되게 하는 것이다. 그렇지만 모든 집이 이와 같은 성격을 가진 것은 아니다. 다섯 살

---

92) Bachelard, Gaston, *La poétique de l'espace*, Presses Universitaires de France, 1957. (郭光秀 옮김, 앞의 책, 113쪽.)

93) Lutwack, Leonard, *The Role of Place in Literature*, Syracuse University Press(Syracuse), 1984, p.43.

94) 이를 볼노프는 '현존재의 피투성(被投性)'이라고 하는데, 이 말은 존재자, 즉 인간이 그의 현실 속으로 던져져 있는 것을 의미 한다. 자세한 것은 Bollnow, O. F., 崔東熙 譯, 『實存哲學이란 무엇인가』, 1974, 81~83쪽 참조하기 바람.

고아인 성대를 버린 집이 그러하다. 이 설화의 주인공 은성대는 아직 부모 품안에서 어리광부리며 살 나이에 그야말로 세상 속으로 던져졌다. 어린아이에게 부모는 제일의 장소이며, 돌보아주는 어른은 양육의 근원이고, 안정적인 안식처[95]라고 했는데, 성대에게는 그러한 역할을 할 대상이 없다. 집은 행복한 비호성(庇護性)을 가진 공간임에도 불구하고 '집 없음homelessness'의 현상이 나타나기도 하는데[96], 주인집을 나온 성대의 상황이 그러하다.

인생의 중심 공간인 집의 부재(不在) 상황은 어린 성대의 소외감을 가중시킬 것이다. 이재선은 '오늘날 도시 생활은 확실히 주거의 비정주성(非定住性)·공간 상실·공간 소외·부권 상실로 압축할 수 있는데, 이것은 인간의 삶이 지닌 공간적인 주거성의 문제와 긴밀한 연관성을 갖고 있다'고 한다. 이와 관련하여 '사람의 고독, 공간적 소외와 사회적 소외도 모두 집이나 방의 상태와 불가분의 관계가 있어 집의 건축적인 배경과 연계되어 있다'[97]고 역설한다. 이렇게 자신이 몸담고 있던 공간이 더 이상 자신과는 어떤 의미도 주고받기 어려워 공간과 인간이 서로 조응되지 못하면 그곳을 떠날 수밖에 없다. 우리나라의 민족 정서는 넘어져서 짓밟혀도 잡초처럼 질기고 오뚝이처럼 다시 일어나는 성향을 가지고 있다. 이러한 성향이 설화 속에 스며들어 우리의 세계관이 되고, 그 세계관이 욕망이 되어 지치지 않는 역동성으로 인해 성취를 얻으니 흥미롭다. 등 떠밀려 세상 밖으로 던져진 성대도 다시 세상 속으로 들어가 자신이 의미의 중심이 될 그런 공간을 찾아 뿌리내려야 할 것이다. 이 설화의 주체인 성대도 이러한 성취를 위해 뿌리 뽑힘의 상태임에도 불구하고 자기 인생의 반전(反轉)이 될 공간으로 끊임없이 나아갔다.

---

95) Tuan, Yi-Fu, 구동희·심승희 옮김, 『공간과 장소』, 222쪽.
96) 이재선, 「가족사 소설과 집의 공간시학」, 『한국문학의 원근법』, 민음사, 1996, 131~132쪽.
97) 위의 책, 155~156쪽 참조.

어머니가 죽은 후 이 년 간 얻어먹고 다니던 성대는 자신의 삶에 일대 전환이 될 수 있는 공간에 발을 디디게 되었다. 지금까지 앞에서 여러 차례 논했던 '멈춤의 장소'를 발견한 것이다. 그 집은 상일꾼으로 농사 짓고 바쁘게 들로 나가 일하고 두엄짐도 내는 임서방의 집이었다. 서리 가 하얗게 왔는데도 여름에 입던 베나달겉이 떨어진 옷을 입고 맨발까지 벗은 성대가 구걸하러 오자, 이를 안쓰럽게 여긴 임서방 부부의 배려로 자신이 몸담고 살아갈 의미를 두어도 좋은 공간에 안주하게 된 것이다.

> 무한히 착허기나 해라. 너를 글 가르쳐서 사람, 되는 길을 가르쳐 줄 사람이 읎이 어채피 애비가 죽으닝게 무한히 착하기나 해서 어른으말 잘 듯구 무병 허구 착허라.(363~364쪽.)

아버지가 죽으면서 당부한 말을 생각하면서 성대는 조석(朝夕)만 얻어 먹으면 열심히 주인을 따라다니며 성실하게 일해서 안팎에서 그를 기특 하게 여기고 오히려 고맙게 여겼다. 이 집에서 성대는 자신의 존재의 근 원인 부모와 같은 위치의 사람들을 만나고, 독자(獨子)라 한 번도 가져 본 적 없는 형제의 정을 맛보면서 도약의 첫 발을 내딛었다. 성대의 여 기까지의 이동은 자신의 인생이 없던 피동적 위치에서 보다 주체적 위치 로 나아가는 과정으로서 외로운 어둠의 세계에서 당당한 빛의 세계로 나 아가는[98] 전단계(前段階)라는 데 의의가 있다. 이 집은 '집 없음'의 상황 에서 아직 완전한 내 집은 아니지만 그가 안주하고 살 공간이라는 점에 서 '집 있음'의 단계로 그 위상이 상승하는 전이(轉移)의 공간이며, 나의 공간 확보를 위한 도약의 공간이 될 것이다. 이 집은 집 없음의 인정(認 定)으로 시작된 성대의 공간의식을 상징적으로 드러내주어 그의 내면적 위상을 한 단계 높여주는 중요한 위치를 차지하는 공간으로 그 위상을

---

98) 황도경, 앞의 논문, 396쪽.

달리하게 되었다. 이를 계기로 성대의 마음속에 내가 주인인 집을 가져야 한다는 욕망이 싹트기 시작한 것이다.

그런데 은성대가 원했던 집은 단순히 지리적 개념이나 물질적 개념이 아닌 정신적 의미에서의 '나의 집(home)이라는 가치'로서의 집임을 염두에 두어야 한다. 진정한 경험에서의 집은 그것이 어떤 지역의, 어떤 형태의 것이든지 개인의 정체성의 중심이 된다. 그를 거두어 준 임서방의 집도 성대에게는 어느 정도 '나의 집' 일 수 있었지만 진정한 의미에서의 집이 되지는 못한다. 자신이 머무는 공간에 애착을 갖고 그 공간과 깊은 유대를 가진다는 것은 인간이 가진 중요한 욕구이다.[99] 그 욕구는 진정한 나의 집을 가지려는 욕망을 강하게 작동시킬 것이다. 이것은 어려서부터 자신의 공간이 없었던 성대에게는 그 누구보다도 강렬한 반응일 수도 있다.

그러다 임서방네와 사돈인 고학자(高學者)가 '모월 모일에 자식을 여위는 날 인데, 곡자(麥曲子)가 부족이니, 곡자 두 동만 좀 사돈이 변통해 보내줬으면 감사하겠다.'고 편지하였다. 성대가 그것을 가져다 준 것이 그가 품은 욕망을 성숙시킬 전환의 계기가 되어 자신이 주인인 공간 만들기에 한 걸음 나아가게 되었다. 마침 그 집은 임서방 딸이 시집가 살고 있었을 뿐 아니라, 임서방 아들도 공부하고 있는 곳이다.

그런데 고학자가 성대를 사돈집에서 온 사람이라고 대접을 융숭하게 해 주었지만, 아버지의 유언이 생각나서 성대는 편히 쉬지도 못하고 있다.

> 세상에 글을 저 글을 읽으야 옳은 사람노릇 허능 것을, 저걸 못 읽으니 말여, 이거 일생을 내가 칠십을 살던지 팔십을 살던지, 일생을 사람노릇을 못하구 살다가 죽으야 옳으냐, 지끔이래두 공부럴해서, 사람노릇을 좀 허다가 죽

---

99) Relph, Edward, 김덕현·김현주·심승희 옮김, 앞의 책, 94쪽.

어야 옳으냐(367~368쪽).

위의 예문을 보면 임서방네는 성대 나이 일곱 살 때부터 스물이 되도록 한 집에 데리고 살면서, 자신의 아들은 글을 가르치면서 성대에게는 비호할 공간만 제공했다는 것을 알 수 있다. 아무리 가족처럼 여겨준다고 해도 진정으로 내 자식으로 여기지 못 했던 것 같다. 갈 곳 없는 성대에게는 지금까지 그 집에서 받은 것만 하더라도 감지덕지한 것이었지만, 이제 새로운 세계에서 자신의 미래를 밝혀 줄 것으로 보이는 글공부는 그의 눈을 확 뜨게 하는 계기가 되었다. 이 계기는 성대가 자신의 욕망에 좀 더 가까이 갈 수 있는 기회를 제공하여 이후로는 고학자 집으로 가서 살았다. 지금까지 아버지의 유언을 한시도 잊지 않고 열심히 살아온 성대는 고학자 집에서도 성실히 일해 그 집의 살림을 펴게 해 주고, 한편으로는 열심히 공부하여 '사람노릇 할 수 있는' 인간으로 자신을 가꾸어 갔다.

그런 점에서 성대나 성대 아버지가 생각하는 '사람다운 인간'으로 다시 태어나게 해 준 고학자 집은 자신이 주인인 집을 세우기 위해 한 걸음 더 나아간 공간이라 할 수 있다. 앞에서도 거론하였듯이 인간은 집이라는 특정 공간 안에서 안주를 원하고, 그 공간은 그의 욕망을 성취할수 있다. 집이란 공간은 인간에게 그의 삶에 변화를 주는 '삶의 근원적 구조'[100)가 된다. 인간이 '산다는 것'은 집이라는 공간을 염두에 두지 않는다면 불가능하기 때문인데, 그 공간이 그의 삶을 세울 수 있는 기초가 되기 때문이다.

사람은 글을 배워야 한다는 아버지 유언의 상기(想起)는 성대의 욕망을 재확인하는 열쇠가 되었다. 성대는 이 욕망을 달성하기 위해 자신이 몸담게 된 집마다 애착과 친밀감을 갖고 내 집으로 만들어가기 위한 노

---

100) 이재선, 『한국 문학의 원근법』, 앞의 책, 131쪽.

력을 계속했다. 지금까지 임서방네 집이 그를 '가족처럼' 대해 주고, 고학자의 집이 그가 '사람노릇' 할 수 있게 한 것은 모두 그의 노력 덕분이었다. 하지만 임서방네와 고학자 집이 그의 욕망의 길을 열어준 공간이라 해서 완전한 나의 집을 영유하게 된 것은 아니다. '완전한 나의 집'이란 사람이 포근한 안식을 가질 수 있는 자기 세계를 갖는다는 것, 다시 말해 바깥세상의 고된 일을 마치고 휴식과 평화를 누리러 그 곳으로 돌아갈 수 있는 곳을 의미한다. 또한 그의 가장 고유하고 내부적인 존재를 다시 되돌아볼 수 있는 자신만의 세계[101]를 말한다. 이것은 자신이 주인인 집에서나 가능한 일이므로, 이러한 곳을 마련해야 완벽한 욕망을 이루는 것이다.

성실하게 일해 자신의 고단한 살림을 펴게 해 주고, 누구보다 열심히 공부하여 문여필(文與筆: 학문도 많이 익히고, 글씨도 잘 쓴다는 말: 필자 주)까지 구비하게 된 것에 감동한 고학자가 전첨지의 과년한 딸에게 중매해서 드디어 완전한 나의 집을 가질 수 있게 되었다. 다시 말해 가정을 이룰 수 있었던 것이다. 이 완전한 나의 집에서 성대는 죽은 고학자의 뒤를 이어 훈장이 되고, 백일장에 장원하여 진사가 되었다. 중인(中人)인 가난한 고아 은성대의 자기실현은 꿈을 버리지 않고 성실하게 한 생을 산 본인의 노력 덕분이지만, 그 중심에 자신이 주인인 집 공간을 만들기 위한 욕망이 있었기 때문에 가능했다. 이상에서 보듯 집은, 개인으로서, 한 공동체의 구성원으로서 정체성의 토대가 되는 거주공간으로 무엇으로도 대체될 수 없는 '의미의 중심'[102]이 되는 공간이다. 한 편의 영화를 보는 것 같은 은성대의 인생유전(人生流轉)에서 자신이 주인인 집을 세우기 위한 노력은 눈물겹다. 자신이 주인인 집을 세우려는 은성대의 욕망은 그의 삶을 지탱해주는 에너지가 되어 활발하게 움직였으며,

---

101) Bollnow, Otto F., 李奎浩 譯, 앞의 책, 47쪽 참고.
102) Relph, Edward, 김덕현·김현주·심승희 옮김, 앞의 책, 97쪽.

이것이 인간으로서의 삶의 질을 높여주는 건강한 원동력이 되었다. 그러므로 집은 마르셀이 간단하게 요약한 것처럼 '개인은 자신의 공간과 별개가 아니다. 그가 바로 공간이다.'[103]라는 말을 증명하는 중요한 터전이다.

공간의 가치는 특별한 인간관계의 친밀감 내지 조응감에 의해 비롯된다. 이 말은 인간과의 유대를 벗어나서는 공간에서 아무 것도 얻을 수 없음을 의미한다.[104] 인간과의 유대란 주체가 살아가는 환경의 일부로, 그가 설계한 환경은 타인과의 유대를 통해 그의 욕망달성을 위해 도움을 줄 것이다. 실제로 그가 머문 공간들은 그의 정신의 특징을 반영하면서 그의 욕망에 가깝게 나아갈 수 있는 토대를 제공해 주었다. 공간은 그곳에 산다는 이유만으로도 의미를 얻을 수 있지만, 그가 몸담고 있는 환경역시 중요하다는 것을 말해 주는 것이다. 인간의 삶은 의미로 된 공간체계를 요구하기 때문이다.[105] 그것은 공간을 나와 사물이 아닌 나와 너의 관계로 받아들였기 때문에 가능하다. 이러한 관계는 공간의 의미·상징·특질에 대한 순수한 반응이 그곳과의 일체화를 시도하는 것[106]이므로, 성립 가능성이 매우 커서 공간 만들기에 성공할 수 있다.

앞에서 사람은 집에서부터 외부로 뻗어나가고, 또 집으로 '되돌아오기' 위해 집을 나선다고 했다. 그러나 집으로 되돌아오지 않고 자신이질서인 집을 세워 새로운 공간을 창조한 경우도 있다. 이 부분에서 알아볼 설화가 바로 과거의 집에 연연해하지 않고 새로운 집을 세워 내 공간만들기를 시도하여 성공한 경우이다. 이 부분의 텍스트는 제주도 무속본풀이 중 하나인 <삼공본풀이>를 사용하였다. 그 이유는 『구비대계』

---

103) Matoré, G., *Existential space*, *Landscape* 15-3, pp.5-6에서 인용한 것을 위의 책, 104쪽에서 재인용 함.

104) Tuan, Yi-Fu, 구동회·심승희 옮김, 앞의 책, 225쪽.

105) Noberg-Schulz, C., 金光鉉 譯, 앞의 책, 7쪽.

106) Relph, Edward, 김덕현·김현주·심승희 옮김, 앞의 책, 172쪽.

에 게재된 같은 내용의 설화보다 이 텍스트가 훨씬 더 짜임새 있고 생동
감 있는 자료이기 때문이다. <삼공본풀이>의 서사구조는 다음과 같다.

> ㄱ. 아버지의 질서를 거부한 셋째 딸이 자신의 집에서 내쫓김을 당한다.
> ㄴ. 산과 재를 넘어 자신의 능력을 인정받을 집을 만난다.
> ㄷ. 여기에서 남편감을 만나고, 능력을 인정받는다.
> ㄹ. 자신의 집을 세운다.
> ㅁ. 거지잔치를 해서 부모님을 찾아오게 하여 자기 집에서 모신다.(현용준·
>   현승환 역주, <삼공본풀이>, 『제주도 무가』, 고려대학교 민족문화연구
>   소, 1996, 94~107쪽 참고.)

이 설화에서 처음에 나타나는 집은 가믄장아기가 태어나 성년이 되도
록 살던 집으로 가족과 헤어지게 되는 공간이다. 이 공간은 가믄장아기
부모의 사랑의 결실로 세 딸을 낳고 부자가 되었던 표면적으로는 풍요의
공간이었다. 그러면서 한편으로는 가부장적 질서를 영위하고자 했던 아
버지가 스스로 파괴한 문제 제기의 공간이기도 한 곳이다. 여기에서 아
버지는 '누구의 덕으로 사는가' 하는 질문을 세 딸들에게 던진다. 이 아
버지는 자신의 덕으로 딸들이 태어나고 부유하게 산다고 오해하는 인물
로 가부장적 질서를 대변하고 있다. 이 질문에 언니들은 아버지가 원하
는 대답을 해 주어 환심을 산다. 정답을 마련해 둔 아버지의 질문은 딸
들을 통해 '아버지 중심의 질서'를 재확인한다는 의미를 지니고 있다.
두 딸들의 대답에 만족한 아버지는 막내 가믄장아기에게도 똑같은 질문
을 했다.

> "족은뚤아기 이레 오라. 가믄장아기, 너는 누게 덕에 먹고 입고 행우발신하
> 느냐?"
> 가믄장아기 말을 ᄒᆞ뒈
> "하늘님도 덕이웨다. 지애님도(地下-)도 덕이웨다. 아바님도 덕이웨다. 어머
> 님도 덕이 웨다마는 나 베또롱 알에 선그믓 덕으로 먹고 입고 행우발신(行爲

發身)홉네다."

"이런 불효막심(不孝莫甚)혼 예즈식(女子息.)이 어디 있겠느냐. 어서 뻘리 나고 가라.(96쪽)

누구의 덕으로 사느냐는 아버지의 말에 대한 가믄장아기의 이러한 대답은 결국 자신의 덕으로 먹고 산다는 것이다. 아버지 중심의 질서를 재확인하고자 했던 아버지는 언니들처럼 자신의 질서에 포함되려 하지 않는 막내딸의 대답에 화를 내어 쫓아내고 만다. 여기에서 아버지 질서에 포함되지 않는다는 말은 바꾸어 말하면, 순종적이고 수동적인 관습적 여성상을 거부하고 부모의 은덕으로 살기보다 자신의 덕으로 살겠다는 독립적인 자기의식(自己意識)을 드러낸 것[107]이다. 자신의 운명을 스스로 개척하여 독립적으로 살아가겠다는 의지를 보이는 것이다. 이처럼 가믄장아기의 최초의 집은 그녀를 거부하는 공간으로 나타났는데, 그러한 점에서 아버지의 집이라는 공간은 문제 제기적 측면에 놓여있다. 이 부분에서도 어떤 형태로 떠났든 주인공에게는 자신의 터전에서 내쫓김을 당하는 상황이 될 것이다. 공간을 바꾸어 자신이 질서인 새로운 공간 만들기를 시도하려면 우주를 다시 세우는 것과 맞먹는 에너지가 소비되는 의식적인 행위인 만큼 그 원인들도 역동적임을 알 수 있다.

이 설화에서 주인공 가믄장아기에 있어 아버지 집에서의 축출은 자신이 뿌리박고 살아야 할 터전을 잃었다는 점에서 공간의 상실을 가져온다. 아버지 중심 질서를 재확인하고 유지하려던 아버지는 저항하는 딸을 내쫓아 집의 위상을 가족을 해체하는 파괴의 공간으로 만들어 무의미한 곳이 되게 하였다.

하지만 위에서 알아본 은성대처럼 가믄장아기도 자신이 뿌리 뽑힘의 상태임에도 불구하고, 자신의 인생의 반전(反轉)이 될 공간으로 끊임없

---

107) 李有卿, 「여성영웅 형상의 신화적 원형과 서사문학적 의미」, 淑明女子大學校 大學院 博士學位論文, 2006, 46쪽.

이 나아갔다. 그녀는 엄청난 갈등과 고통을 감수하며, 생명의 근원이고 모태(母胎)인 집을 박차고 나가 아버지의 자장(磁場)을 넘어가는 길을 택한다. 가믄장아기가 아버지 집에서 쫓겨나 이 자(재) 넘고 저 자 넘고 심산마산 굴미굴산을 지나 도착한 곳은, 넓은 들판에 대축나무 지동(수수깡 기둥: 필자 주)에 거적문을 달고 돌쩌귀 하나로 만든 비초리 초막(매우 작은 초막: 필자 주)이다. 설화 속 인물의 이동은 모든 것이 제의적 걷기에 해당하지만, 가믄장아기의 일련의 행위에서 이 공간 이동도 바로 이 경우에 해당할 것이다. 그가 발견한 멈춤의 장소 역시 시간적 연속성이 순간 정지한 곳이며, 공간성이 극화(極化)되는 곳이다. 이 때 초막을 발견한다는 것은 이 초막이 바로 자신의 욕망을 투사할 공간의 터가 되므로 멈춤의 장소를 발견한다는 것으로 볼 수 있다. 가믄장아기는 여기에서 초막집의 세 마퉁이들 중에서 남편감을 찾고, 남편의 일터에서 보물을 발견하여, 자신이 지금까지 품어온 욕망인 자신이 질서인 공간 만들기에 성공했다. 이러한 상황을 '의식적 장소감(儀式的 場所感)'이 발동되는 순간이라 한다. 의식적 장소감이란 동물적 생존 수준을 넘어서는 그 어떤 것으로 기쁨·놀람·경이로움·공포 등을 전달해 주어 인생을 더욱 풍부하게 하는 느낌108)에 해당한다. 뿌리 뽑힘을 당해 사지(死地)로 내몰려 생존의 위기마저 느낄 수 있었던 과정을 이겨내어 초막에서 남편감을 만났다. 그리고 다시 부자가 된 것은 가믄장아기가 성숙한 모습으로 재탄생했음을 의미한다. 초막은 그러한 점에서 의미가 있다.

비록 당시로서는 성년(成年)의 나이라고 하지만 15세 밖에 되지 않은 여자아이가 아버지 집에서 내쫓김을 당해 홀로 버려져 재와 산을 넘었다는 것은, 남성중심인 당대 사회적 상황에서는 '죽음'과 다름없는 시련으로 가장 극단적 수준이라고 볼 수 있다. 이때 가믄장아기가 넘어야 했던 재와 산은 그녀가 겪어야 했던 시련이면서, 한 편으로는 그녀의 존재를

---

108) Relph, Edward, 김덕현·김현주·심승희 옮김, 앞의 책, 151쪽 참고.

성숙하게 변모시켜 욕망을 영글게 할 우주적 공간이다. 새로운 공간으로
이동하여 그곳과 연관을 맺는 것은 일종의 비약이다. 이것은 가믄장아기
를 자유로운 공간으로 나아가게 하여, 그녀의 삶 속에 새로운 모험의 상
징적 결과물이 된 것이다.[109]

설화의 서사 구성 원리는 우선적으로 주체의 공간 이동에서 찾을 수
있다. <삼공본풀이>에서도 주인공인 가믄장아기의 서사는 공간에 의해
단계적으로 진행된다는 특징이 있다. 일생동안 계속되는 인간의 공간에
대한 욕망은 점진적이고 섬세한 형태로 발전한다.[110] 가믄장아기가 자
신이 질서인 세계를 만들기 위한 욕망을 보이는 공간도 여기서 끝나지
않는다. 드디어 그녀는 자신을 발견한 보물을 토대로 자신이 질서가 되
는 새로운 집을 짓는다. 이곳이 그녀가 말한 자신이 질서인 공간이다.

아버지 집에서부터 남편이 살던 초막을 거쳐 현재의 공간인 그녀의
집에 이르기까지의 과정 역시 일종의 제의(祭儀)라고 할 수 있다. 영웅이
진정한 영웅으로 거듭 나려면 아버지와의 화해라는 통과의례를 거쳐야
한다[111]고 조셉 캠벨은 말한다. 이 말은 그와 아버지 사이에 갈등이 있
음을 전제하는 말이기도 하다. 이 설화의 갈등 구조로 나타나는 서사는
아버지의 질서를 거부하고 집을 떠나는 것이다. 아버지의 질서를 거부하
고 집을 떠난 가믄장아기는 이후 자신을 성숙하게 변모시켜, 자신이 질
서인 공간을 만들 노정을 통해 남편감을 만나 혼인하고 또 다시 부를
이루게 되었다. 하지만 자신을 낳아 준 부모의 생사를 알 수 없는 정신
적 빈곤의 상황에 처해 있게 된다. 부를 이루어 부족할 것이 없고 부모
의 부재에서 오는 가족에 대한 결핍을 혼인하여 부분적으로 메운 공간이

---

109) Bollnow, Otto Friedrich, *Anthropologische Pädagogik*, 한상진역, 앞의 책, 162쪽.
110) 위의 책, 136쪽.
111) 캠벨은 그의 저서 『천 개의 얼굴을 가진 영웅』에서 여러 설화를 예로 들어 이에
    대한 설명했다. 자세한 것은 Campbell, Joseph, 이윤기 옮김, 앞의 책, 166~195
    쪽을 참조하기 바람.

지만, 가믄장아기로서는 아직 부분적인 빈곤의 공간인 셈으로 그녀의 욕
망이 완성되지 못한 공간인 셈인 것이다. 대립 선상에 놓여있던 부모와
화해하여 화합의 장을 이루는 공간이 되어야 자신의 욕망을 완전히 달성
하게 되기 때문이다.

> 우린 영(이렇게) 잘 살아도 날 나아준 설운 어머님 설운 아바님 틀림엇이
> 게와시(乞人)되연 이올레(골목길) 저 올레 돌암실거여(돌고 있을거야). 아바님
> 어머님이나 촞아봐사 홀로고나(하겠구나). 게와시 잔치나 허여 보저.(이상 ( )
> 안은 필자 주, 104쪽)

지금까지 아버지가 주인인 질서 아래에서 살 때에도 줄곧 능력을 보
여 왔듯이 여기서도 또 한 번 그러한 기질을 발휘한다. 그것은 부모의
상태가 어떠한지 알고 있다는 것이다. 그녀를 쫓아내었던 부모는 지금
눈먼 거지가 되어 거리를 떠돌고 있음을 가믄장아기는 알고 있다. 부모
를 찾기 위해 백 일 동안의 거지잔치를 여는데, 거지가 되어 떠도는 부
모가 올 것도 미리 알고 있다. 백 일째 되는 날 정말 눈멀고 거지가 된
부모가 찾아왔는데, 눈먼 거지가 된 부모가 가슴 아팠지만 가믄장아기는
바로 반갑게 맞이하지 않는다.

> 절로 오는 게와시랑 우으로 앚건 알로 멕여가당 떨어불곡, 가온디 앚건 양
> 끗으로 멕이당 떨어불라.(저기로 오는 거지는 밥을 먹기 위해 위로 앉으면 밑
> 에서부터 밥을 주다가 떨어버리고, 밑에 앉으면 위로부터 밥을 주다가 떨어버
> 리고, 가운데 앉으면 양끝으로 밥을 주다가 떨어버리라: 필자 주)(104쪽)

아무리 자신의 삶을 역동적으로 개척하는 행동력을 가졌지만, 그녀도
사람인지라 자신이 쫓겨나올 때의 서운함이 행간에 고스란히 배어 있다.
그래서 수벨감(우두머리 머슴) 수장님(우두머리 머슴) 느진덕정하님(계
집종)에게 다른 거지들이 다 가버린 후에 그 거지들을 안방으로 청해 들

이라 하여 지난 일에 대해 한풀이를 한다. 청감주(淸甘酒) 든감주를 그릇
이 철철 넘치게 부어들고 "이 술 흔 잔 들읍서. 천년주(千年酒)우다. 만년
주(萬年酒)우다. 설운 어머님 아바님아, 나 가믄장아기우다. 나 술 흔 잔
들읍서." 하며 술잔을 권하는 것이다.

설화의 서사 전개는 보편적으로 처음의 사건에서 시작하여, 마지막
사건의 마무리가 처음의 상황으로 되돌아와서 그 문제를 극복한다는 것
으로 끝마친다. <삼공본풀이>의 경우에도 이 과정을 벗어나지 않아 최
초의 상황인 아버지와의 불화로 인한 가족과의 분리를 거쳐 마지막 상황
인 아버지와의 화해를 통한 가족의 통합에 이르고 있다. 가믄장아기라는
말에 눈이 번쩍 뜨여 부모는 눈을 뜨게 되었고, 이로 인해 앞에서 나온
집과 아직 미완의 공간인 현재의 집이 이제 대립되었던 부모님과 화해를
이룬 화합의 공간으로의 전환을 가져왔다. 이는 그녀의 집이 진정하면서
도 의식적인 공간이 되었다는 것을 알리는 것으로, 자신이 질서인 공간
을 꿈꿔왔던 그녀의 욕망이 완벽하게 달성되었다. 이로써 가믄장아기는
자신이 질서인 공간 만들기에 성공한 것이다.

여기에서 잠시 생각해 보고 가야할 부분이 있다. 아버지는 당대의 통
념으로 여성이 집 밖으로 나가는 것은 죽음과 같은 상황이라는 것을 알
고 있었을 것이다. 그런데도 불구하고 아버지는 자신의 질서를 인정하지
않는다고 딸을 내쫓았다. 앞에서도 언급한 것처럼 조선조의 사회관은 남
성은 지배·강건·존귀로서 규정하고 이해하는데 반해 여성은 복종·유
순·비천으로 규정하고 이해한다.[112] 이러한 사상적 바탕 위에서 조선후
기 사회는 부계 혈통 중심의 조직화와 남녀차별의 관습을 통해 남성지배
적 체제를 구축하였고, 따라서 인간관계는 수직적인 성격을 띠게 되었
다. 게다가 혈통에 관한 사고는 소속감이라는 존엄한 영역에 속하는 기

---

112) 朴容玉, 「유교적 여성관의 재조명」, 『한국여성학』 제1집, 한국여성학회, 1985,
7쪽.

제임에도 불구하고, 내 피를 나눈 자식, 그것도 딸자식을 세상 밖으로 내쫓는다는 것은 횡포이며, 그러한 행위를 하는 아버지는 악한 아버지라 할 수 있다. 그렇다면 딸자식을 죽음의 세계로 내모는 악한 아버지와 화해하고 화합할 필요가 있을까 하는 의문도 든다.

아버지란 존재는 자신의 기원이지만 자신은 아닌 존재이다. 이 세상 누구보다도 가까운 거대 주체(巨大 主體)이며, 타인이지만 타자(他者)가 아닌 그런 존재이다.[113] 그러한 아버지의 질서를 거부했다는 것은 거대 주체인 아버지를 거부한다기보다 극복한다는 점이 맞을 것이다. 이처럼 아버지 극복의 의도가 단 한 번이라도 있었던 사람이라면 그의 최종 단계인 '아버지 살해'[114]의 형식을 포함한 '거세(去勢)'의 방법을 생각했을 것이다.

하지만 사람의 관계는 항구적(恒久的)이라기보다는 유동적(流動的)으로 변화할 가능성이 크다.[115] 그것은 부모 자식 사이라고 해도 예외가 없다고 본다. 만일 부모와 자식 사이의 관계가 항구적이었다면 가믄장아기는 아버지의 질서를 거부하지 않고 언니들처럼 그 그늘 아래에서 살려고 했을 것이다. 그녀는 유동적인 관계를 선택하여 아버지 질서를 거부하고, 자신의 질서를 선언하고 축출을 통한 독자적인 길을 가고 있다. 이러한 점이 아버지의 극복을 보여주는 것이다. 그러므로 가믄장아기는 표면적으로는 축출의 형태를 띠기는 했지만, 사실상 '자발적 분리'를 유도한 형상으로 집을 나온 것이라 할 수 있다. 자신이 사는 것은 '하늘님 덕, 지애님 덕, 아바님 어마님 덕보다는 내 베또롱 알에 선 그뭇 덕으로 먹고 입고 헹우발신 한다'고 하며, 아버지로부터 분리되고 독립된 개체

---

113) 조희정, 「'악한 아버지'도 사랑해야 하는가?-≪맹자≫와 <스타워즈>를 중심으로」, 『한국문학치료학회 제22회 학술대회 발표문』, 한국문학치료학회, 2005, 3쪽.
114) 조희정은 아버지에 대한 거부 내지는 극복을 '아버지의 살해'라는 형식으로 본다. 자세한 것은 위의 논문을 참고하기 바람.
115) 위의 논문, 3쪽.

로써 자기 존재를 당당히 선언한다.[116] 그렇다면 이것은 아버지로부터의 축출이라기보다는 '아버지에게 억압된 정신적 공간에서의 해방'[117]을 위한 탈출을 의미한다고 볼 수 있을 것이다.

그러나 가믄장아기는 여성의 주체성을 인정하지 않는 기존 사회의 질서와 관습을 대변하는 아버지 집을 나와 자신의 능력을 키우고 증명하여, 기존 질서와 관습을 자신의 공간으로 흡수하여 새로운 시대를 연 주인공이다. 또한 부모가 자식을 쫓아낸 것을 후회하고 쫓아낸 자식이 앞에 있음을 알아 눈을 떴다는 것은 자식의 주체성을 인정한 것으로 보아도 결코 틀리지 않을 것이다. 그런 점에서 부모의 눈을 뜨게 하고 가족이 화합하게 하는 공간인 가믄장아기의 집은 두 세대가 화합하는 공간이며, 스스로에 대한 믿음을 바탕으로 자신의 운명을 적극적으로 개척하여 바라던 바를 성취시킨 공간이라고 하겠다.

가믄장아기의 가졌던 욕망은 '자신이 주인인 공간 만들기'를 통해 또다른 세계 질서를 부여하는 중요한 성과물이다. 가믄장아기는 인간의 경험 속에 자리 잡은 집이 자신이 존재하는데 필수적이라는 사실을 잘 알고 있었다. 자신이 주인이고 질서인 집을 갖는다는 것은 인간의 기본적

---

116) 이 점은 김영희의 언급처럼 '아버지의 딸이기를 거부'하는 것으로 볼 수 있다. 그는 '부모로부터의 분리'를 상징하는 出家는 아버지의 기대를 저버리는 반항과 배신으로 시작되어, 자신이 사는 것은 '배꼽 밑의 선 덕분'이라는 자신의 섹슈얼리티에 대한 긍정과 자존을 드러낸다고 한다. 그리고 집을 짓는 것이 아버지의 세계를 벗어나 자기만의 세계를 구축하는 과정으로, 아버지가 자신에게 역전적 관계로 '귀환'하게 만든다고 보고 있다.(김영희, 「'아버지의 딸'이기를 거부한 막내딸의 入社記」, 『溫知論叢』 第18輯, 2008, 414~420쪽 참조.) 하지만 자신이 질서인 집을 지어 아버지의 세계를 벗어나 자신의 세계를 구축하여 아버지가 자신에게 역전적 관계로 귀환하게 하는 것은 사실이지만, 아버지 딸이기를 거부하는 것은 아니라고 본다. 천륜이란 쉽게 끊을 수 있는 성질이 아니고, 나중에 부모를 찾아 화합하기 때문이다.

117) 조은희, 「"내 복에 산다"와 "복진 며느리"의 여성의식 변모 양상」, 『우리말글』 제24집, 우리 말글학회, 2002, 130쪽.

특성을 보여주는 것이다. 욕망이라는 기제를 통해 공간과 인간이 깊은
유기적인 상호조응성을 보여주고 있다.

　위의 설화들이 자신이 주인이고 질서인 공간 만들기를 욕망으로 표출
한 공간이라면, 이번에 알아볼 설화는 자신이 주인임을 인정받기 위한
욕망을 공간에 투사한 경우이다. 이 설화의 서사구조는 다음과 같다.

> ㄱ. 강씨라는 부자가 동네를 좌우하며 살았고, 동네 샘가에는 신을 삼아 파
> 는 신장사가 살았다.
> ㄴ. 어느 날 강씨 집 며느리가 물을 길러 왔다가 비가 와서 비를 피하는 데
> 신장수가 집으로 들어오라고 하더니 겁탈을 해버렸다.
> ㄷ. 신장수는 황씨란 사람으로 강씨 집 며느리를 겁탈 후 뒤탈이 무서워서
> 도망갔다.
> ㄹ. 겁탈 당한 부인은 아기를 낳았는데, 강씨의 셋째 아들로 자랐다.
> ㅁ. 신장수가 살던 집터는 부자로 살 명당인데, 많은 사람들이 그 집터를
> 이겨낼 수 없어 죽는다.
> ㅂ. 강씨 집에서는 그 자리가 명당이라 사서 두 아들을 제금을 냈더니(살림
> 을 따로내다), 밤에 잠을 자는데 말이 와서 눌러 무서워 도망쳤다.
> ㅅ. 마침 풍수가 찾아와서 알아보니 황씨가 와야 살지 다른 사람은 못 산다
> 고 하여 팔아버리려고 했더니 막내아들이 자기가 가겠노라고 자원한다.
> ㅇ. 그 집터에서 자고 나온 아들이 구석마다 파면 금·은덩어리가 나오는 꿈
> 을 꾸었다고 한다.
> ㅈ. 강씨가 이상한 생각이 들어 아내에게 물으니, 예전에 겁탈 당한 사실을
> 밝힌다.
> ㅊ. 셋째아들이 그 집터를 파니까 금·은덩어리가 나와 친부를 찾아서 살림
> 을 나누어 주고 잘 살았다.(오금열 구연, <황씨 성이 살아야 되는 집
> 터>, 『구비대계』 6-6, 전라남도 신안군 압해면 설화 44, 1980, 384~
> 387쪽.)

　이 설화는 마을의 세력가 강씨 집안의 며느리가 샘에 물을 길러갔다
가 그 곳에 사는 신장수에게 겁탈을 당하게 되는 데에서 문제가 제기된
다. 인간에게 성욕(性慾)은 일차적 욕구 중 하나로, 이 욕구는 억제하기

어려운 본능적인 것이다. 인간은 사회적 동물인 까닭에 성욕의 해결에는 어느 정도 제한이 불가피하며, 이 제한을 벗어난 욕구해결은 사회가 용인하는 정상적 방법이다. 하지만 어느 것이 정상적이고 비정상적인가는 시대와 문화에 따라 다르며, 개인적인 차이도 있다[118]는 특징이 있다. 정상적인 방법으로 성적 욕구를 해결한다면 별 문제가 없겠지만 그렇지 못한 경우, 다시 말해 비정상적인 방법일 경우라면 문제가 될 것이다. 이러한 것을 성적 일탈(性的 逸脫)이라고 하는데, 그 중 하나가 강간(强姦)이다. 이것은 상대방의 동의를 얻지 않고 강간을 행하는 사람의 일방적 행위로 비롯되므로 타인에게 피해를 끼친다는 문제점을 안고 있다. 성 윤리가 상대적으로 자유로워진 현대에도 강간은 육체와 정신 모두를 침해하는 치명적 폭력이다. 그 상처의 개인적 측면과 그 내밀하고 비밀스러운 부분, 개인의 육체를 침해함으로써 가장 비육체적인 영역, 즉 정신적 영역을 침해[119]하는 범죄이기 때문이다. 일반적으로 강간은 피해자 개인의 삶과 정체성을 위태롭게 함으로써 그 폐해가 매우 치명적인데 물리적, 도덕적 면에서 특히 피해자에게 치욕적인 사건이기 때문이다.

앞에서 인간의 생명을 파괴하는 것은 가장 극단적이고 절대적인 폭력행위라고 진술했는데, 정절을 최우선의 이데올로기로 살아가는 조선후기 여성들에게 있어 강간이란 이와 동일시할 수 있는 범죄에 해당한다. 따라서 강씨 며느리는 그녀의 인생에 있어 가장 큰 폐해를 입은 것이며, 이 사건은 돌이킬 수 없는 트라우마로 남게 될 것이다.

그런데 신장수는 마을의 세력가 며느리를 겁탈하고는 그 여파가 두려워 도망을 가 버렸다. 원인이야 어떠하든 여성에게 정절을 최고의 미덕으로 강조하는 조선조의 이데올로기적 측면에서 볼 때, 강씨 며느리는

---

118) 이동명, 「强姦犯罪와 그 對應方案」, 『人文社會科學研究』 第8輯, 호남대학교 인문사회과학연구소, 2001, 345쪽 참조.

119) Georges Vigarello, *Histoire du voil*, Éditions du Seuil(Paris), 1998.(이상해 역, 『강간의 역사』, 당대, 2002, 9쪽.)

윤리적으로 결핍 상황을 초래하게 되었지만, 다행히 신장수가 도망가 버
려서 그 일은 아무도 모르게 덮어졌다. 강씨 며느리는 겁탈당한 후에 아
기를 잉태하는데, 이 아기는 강씨의 셋째 아들로 인식되어 키워진다.

문제는 성씨가 황씨인 신장수가 살던 집터가 부자로 살게 된다는 명
당임이 밝혀져, 그 터에 욕심이 생긴 강씨가 그 곳을 구입하여 일이 불
거지게 된 데에 주목할 필요가 있다. 그런데 이 집터는 워낙 터가 세서
이를 이긴 사람만이 그곳의 주인이 될 수 있는 터로, 지금까지 많은 사
람들이 그 집터를 못 이겨 죽어버렸던 문제의 땅이다. 터가 세다는 것은
그 집에 귀신이나 악령이 있다, 다시 말해 음기(陰氣)가 세다는 말이
다.120) 귀신이 뽑아내는 음기가 집 안팎으로 가득 차 있으니 그것으로
인해 사람이 피해를 보는 것은 당연하다. 이런 이유로 많은 사람들이 죽
어나갔던 것이다.

강씨는 기가 막힌 명당이라는 것 때문에 이 터에 더 부자가 되고 싶은
욕망을 투사하게 되었다. 그래서 큰아들을 그 집으로 살림을 내어주었는
데 이상한 일이 벌어졌다. 난 데 없이 군마가 달려들어 그를 짓눌러서
무서워 살 수가 없는 것이다. 큰아들이 실패하자 둘째아들을 보냈어도
마찬가지이다. 터가 센 집에서는 기가 강한 사람은 이겨내지만, 약한 사
람은 죽거나 병든다.121) 이 집에서 많은 사람들이 죽어나갔고, 강씨의
위의 두 아들이 못 견디고 도망쳐 온 것은, 바로 이들이 기가 약한 사람
들이었기 때문이다. 다시 말해 터의 기운을 이겨내지 못한 것이다.122)

---

120) 金相宰, 『명당은 순환한다』, 답게, 2001, 40쪽.
121) 위의 책, 같은 쪽. 자세한 내용은 위의 책, 37~43쪽을 참조하기 바람.
122) 욕심이란 마음에서 이루어지는 욕구와 욕망의 형성과 실현을 통합하여 부르는
     기제이다. 이것은 주체가 특정한 대상에 대한 관계 맺음을 지향·계획·실현하고
     있는 '동적 상태'를 의미한다. 욕심은 주체가 대상을 설정하는 방식에 따라 마음
     의 다양한 동적 상태들, 즉 호기심·경쟁심·반항심·질투심·시기심·존경심·경외
     심·자긍심·자만심·자립심·의타심·의존심 등을 유발한다. 이러한 상태들에 기초
     하여 인간은 소유욕·물질욕·명예욕·수명욕·출세욕·초월욕 등과 같은 욕심들을

이 터가 기막힌 명당이라 욕심은 나지만 더 이상 욕심을 부리면 아들들을 잃을 것 같아서 고민을 하던 중 어떤 지사(地士)가 찾아왔기에, 강씨는 그에게 집터를 보여주었다.

> "요동네 동네 한번 가 봅시다. 내가 이 터가 좋다 해서 집을 샀났는디 아들네를 저금을 낼라 허니 무서워서 못 산다 그러요."
> "뭔 이친가 알아 봐야 씨것소."
> 지리 풍수를 데리고 가서 인자 물어본께 물어본께,
> "아 이집이는 집이 황씨가 와야 살제 못 사요." 그러거든.
> "저 황씨 터요?"
> 그런, 자 자리도 다 터가 있는 모양이자? 자 어느 사람이 들어가면 잘 살고 못 살고 허든.
> "황씨 터라 나서 당신은 강씨라 당신 아들은 못 사요."(386쪽)

지사에게 이와 같은 설명을 들은 강씨는 자신이 황씨가 아닌 강씨이기 때문에 지금까지 그 집터에 품었던 욕심을 버리기로 했다. 그런데 이 터에서 발하는 강력한 기운은 여기에서 끝나지 않았다. 셋째 아들이 자신감을 보이며 그 터에 대한 욕망을 드러낸 것이다. 그는 음기가 센 집에서 잠을 자고도 무사히 집에 돌아왔을 뿐 아니라, 집의 구석구석에서 금덩어리·은덩어리가 나오는 현몽(現夢)까지 꾸었다. 집을 파 보니까 정말 꿈과 똑같았다. 그 집의 주인은 다름 사람 아닌 셋째 아들이었음을 인정받은 것으로, 그의 담력과 배짱이 집터의 기운을 눌러버린 것이다.

이처럼 터가 센 집에서는 셋째 아들과 같이 담력과 배짱이 강한 사람은 이겨내지만, 그의 형들이나 그 이전에 그 집에서 죽은 사람들처럼 약한 사람은 못 견디거나 죽는다.[123] 이것은 공간과 인간이 서로 조응적

구체적으로 드러내는 것이다. 이런 점에서 인간은 욕심의 주체가 되어 능동적으로 관여하게 되고, 이로써 강력한 힘을 발휘하는 것이다. (최봉영, 『주체와 욕망』, 57쪽 참조). <황씨 성이 살아야 하는 집터>에 나오는 실패한 주체들과 과욕을 부리는 주체들은 모두 여기에 해당하는 기제를 보인 것이다.

성질을 가진 존재라는 것을 의미하는 것이지만, 한 편으로 여기에서 대두되는 문제는 나를 이길 수 있는가 없는가의 문제, 다시 말해 자기 자신과의 문제도 되는 것이다. 이것은 이 터의 진가(眞價)를 알아본 사람들, 즉 그 터에 부자가 되고 싶은 욕망을 투사했다가 죽은 사람들, 혹은 강씨나 풍수에게 주어진 공간 수용의 1차적 책임 문제라고 할 수 있을 것이다. 하지만 궁극적으로는 그 터의 주인이 될 사람의 의지와 노력이 더 중요함을 말해주는 것이다.124) 이 욕망하는 주체인 셋째 아들은 자신이 욕망을 품은 공간과의 조응을 통해 자신이 지향하는 욕구를 느끼고, 구체적으로 그것을 충족시키려고 노력했기 때문에 터가 센 명당을 자신의 것으로 인정받을 수 있었던 것이다.

셋째 아들이 그 집터를 이기고 돌아오자 그 터의 주인이 누구인지 자연스럽게 알게 되었다. 이것은 달리 말해 그가 강씨가 아닌 황씨라는 것을 말해 주는 것이다. 이 설화의 명당 집터는 특정 성씨에게만 자격이 부여된 것으로 서사가 설정되어 있다. 여타의 풍수설화에서 보듯 이 명당도 부계 혈연 원리가 철저히 적용되는 장소125)이기에 황씨의 피를 받은 셋째 아들만 그 곳의 주인으로 인정된 것이다. 그가 신장수, 즉 자신의 생부(生父)가 살던 집터의 주인임이 밝혀지면서, 이 공간은 그와 관련 있는 공간으로 재탄생하게 되었다. 그 터의 주인은 바로 셋째 아들이라는 것이 확인된 셈이다.

그는 옛날 자신의 어머니가 겁탈당해 자신이 잉태되었던 그 터에서 자기가 주인임을 인정받은 후 생부를 찾아가 자신이 얻은 재물을 나누어

---

123) 이것은 앞서 알아본 <정승판서 집터>의 경우도 마찬가지이다. 귀신과의 싸움에서 아버지의 배짱과 담력, 그리고 셋째 아들의 기(氣)가 이 귀신을 제압하여 임자 있는 길지를 자신의 공간으로 차지할 수 있었다.

124) 申月均, 앞의 博士學位論文, 150쪽.

125) 정충권, 「구비 설화에 나타난 가족 재생산과 혈연 문제」, 『구비문학연구』 제31집, 한국구비문학회, 2010, 101쪽.

주었다. 그 터가 지닌 의미의 맥락들을 과거와 미래를 잇는 현재적 경험
으로 수용하였던 것이다. 아무나 살기 어려웠던 집터를 자신이 주인임을
인정받은 것은, 이 터가 가진 실존의 중심성이 인지되면서 높은 심상성
(心像性)imageablity을 갖게 되었음[126]을 의미하는 것이다. 이를 통해 집
(터) 공간은 그 곳의 실존의 중심이 되는 사람에게 좋은 결과를 가져오는
영향력을 행사할 수 있는 미소 생태계(微少 生態界)[127]의 상징이 되고 있
음을 알 수 있다. 이것은 공간과 인간이 서로 깊은 조응관계에 있음을
보여주는 것이다.

모리스 알박스는 공간의 특성에 대해 다음과 같이 언급한다.

> 안정되어 있기 때문에 공간적 이미지만이 시간이 지나도 변치 않으며, 현재
> 안에서 복원한다는 환상을 우리에게 심어 줄 수 있다. 노화(老化)되거나 자신
> 의 일부를 소실(消失)하는 일 없이 지속될 만큼 충분히 안정적인 것은 공간뿐
> 이다.[128]

위와 같은 언급을 굳이 떠올리지 않더라도 사람은 안정된 공간을 통
해 자신을 표현하고 싶어 한다. 자신의 욕망을 달성할 수 있는 곳이라
여겨지면 그 곳이 어디든 자신의 공간 만들기에 힘을 쏟으려 한다. 어떤
형태로든 새로운 공간 만들기는 많은 에너지를 소비하고, 세계를 다시
세우는 것과 마찬가지인 범우주적(凡宇宙的) 행위이다. 여기에서 집이라

---

126) 장석주, 『장소의 탄생』, 작가정신, 2006, 124쪽.
127) Tuan, Yi-Fu, *Topophilia*, p.18. 미소 생태계microecosystem란 모든 생물은 물리적
    환경과 상호관계를 가지며 에너지의 흐름이 뚜렷한 영양구조, 생물의 다양성,
    물질의 순환이 만들어내고 있는 상태의 생태계 중 공간적으로 아주 세밀한 범위
    에서 접근한 생태계를 말한다.(조윤승외 편저, 『환경용어사전』, 新光出版社,
    2005 참조.) 명당 또한 순환이 만들어 내는 생태의 일부분에 속한다.
128) 모리스 알박스Maurice Halbwachs의 말이다. Smith, Jonathan Z., *To Take Place :
    Toward Theory in Ritual*, The University of Chicago Press(Chicago), 1987(방원일
    옮김, 『자리 잡기』, 이학사, 2009, 19쪽.)에서 재인용하였다.

는 공간은 단순히 자연 공간의 일부 내지는 재현이 아닌 그 곳에 거주하
는 인물의 내적 세계를 반영하는 비전으로 작용함을 깨우치고 있음[129]을
확인할 수 있다.

　인간의 감정은 개별적 감각의 연속이 아닌 감정과 사유로 구성되지
만, 기억과 기대는 변화하는 경험의 흐름에 감각적 영향을 줄 수 있
다.[130] 또한 환경은 일상적인 것을 넘어서는 차원으로 인간의 삶을 끌어
올리며, 삶의 가치를 알도록 해 주는[131] 역할을 한다. 은성대의 과거는
조실부모(早失父母)하여 집 없음의 상황에서 시작하였지만, 이 기억을 토
대로 하여 수기치인(修己治人)을 통한 성장으로 예전의 그가 아닌 가문
의 영속성에 기여한 존재로 재탄생하게 해 주었다. 그가 속한 환경들,
즉 그가 살았던 집과 자신이 처한 상황들은 그가 성장하도록 하는 삶의
동력이 되어 조실부모하고 집 없는 중인 아이를 내가 주인인 집을 갖고,
마을의 훈장의 위치에 있게 하고, 과거에 합격하여 양반의 위치로 거듭
나게 하는 밑바탕이 되었던 것이다.

　이러한 점은 은성대 뿐 아니라 가믄장아기나 신씨 셋째아들에게도 적
용된다. 가믄장아기는 가부장제를 뿌리치고 나와 자신이 질서인 집을 세
우는 데에 주력을 다해 이를 이루었다. 신씨 셋째 아들은 어머니가 강간
당해 태어났기 때문에 두 형들과 혈통이 달라 자칫 다른 두 주인공처럼
뿌리 뽑힌 삶이 될 수 있었는데도 불구하고 자신의 세계를 인정받아 그
를 중심으로 하는 새로운 세계를 구축할 수 있었다. 이와 같은 사실들은
그들의 자기실현이 가능할 수 있었던 공간 만들기이며, 이에 대한 노력
이라 할 수 있다. 그 이유는 이것은 공간과 인간 그리고 환경이 관련된
상호조응적인 관계에 있기 때문이다.

---

129) 피에르 프랑카스텔·金華榮 譯, 「空間의 誕生-콰트로첸토의 神話와 幾何學」, 『海
　　外文藝』通卷 4號, 한국문화예술진흥원, 1980년 봄, 124쪽.
130) Tuan, Yi-Fu, 구동희·심승희 옮김, 26쪽.
131) 위의 책, 66쪽.

이상에서 보다시피 인간에게 집 공간은 현존재(現存在)로서 그가 갖는
스스로의 갱신(更新)[132]을 위한 구심점이 되므로 매우 중요하다. 인간의
삶의 모습을 구체적으로 드러나게 하는 공간적 소재임을 그 곳에 투사하
는 욕망을 통해 표출되고 있다. 이를 위해 은성대는 어려서 고아가 되어
이리저리 떠돌아다니면서도 끊임없이 자신이 주인인 집을 세우는 것을
욕망했고, 가믄장아기는 목숨을 건 여정을 통해 발견한 터에 자신이 질
서인 집을 건설하기를 욕망했다. 그리고 신씨 셋째 아들은 그곳에 욕심
을 품은 모든 사람들이 죽거나 도망친 곳을 당당히 이겨내어 자신이 주
인임을 인정받을 집을 세울 욕망을 품었다. 그들은 인간 주체 혹은 인간
의 본질인 욕망의 주체가 동물과 달리 상상계적(想像界的)[133]인 상태에
사로잡히는 것이 아니라, 상상계적인 관계에 자신을 집어넣는다는 것을
증명해 주었다.[134] 자끄 라캉이 말한 상상적 동일시(想像的 同一視)를 통
해 상징적(象徵的 同一視) 동일시를 이뤄낸 것이다.[135] 이들의 욕망은 자

---

132) 장일구, 「소설공간론, 그 전제와 지평」, 한국소설학회 편, 『공간의 시학』, 예림기
    획, 22쪽.

133) 주체가 자신의 이미지와 맺는 이자 관계(二者 關係)에 뿌리를 두고 있는 것으로
    주체에게 완전성과 통합이라는 환상을 주어 세계에 대해 생각할 때 모든 것을
    대상화 하려는 표상적 태도를 갖게 하는 단계를 상상계라고 한다. 라캉은 이 상
    상계가 실체가 아닌 평면적 이미지에 매혹되는 거울단계가 주체화를 가능하게
    하는 필연적 계기이자, 인간의 모든 지식과 대상관계를 허구적인 것에 기초하게
    하는 지속적 작용이라고 강조한다. 주체가 '나'라는 자기의식을 갖고, 대상들을
    자아를 중심으로 한 대상관계 속에 위치시킴으로써 자신의 세계를 건설할 수 있
    는 것은 상상계 덕분이다. 이것은 주체를 소외시키고 기만하지만 주체가 맺는
    관계에 불가피하게 내재할 수밖에 없는 위상적(位相的) 영역이다. 라캉은 이를
    중심으로 공격성과 소외, 언어의 왜곡 현상을 설명한다. 상상계 작용에서 중요
    한 것은 거울 이미지에 대한 주체의 나르시시즘(Narcissism)적 심리로, 이것이 주
    체화의 첫 번째 순간을 이룬다. 자세한 것은 김석, 앞의 책, 145~155쪽을 참조
    하기 바람.

134) 상상계적인 상태에 사로잡힌다는 것은 주체가 수동적으로 이를 받아들이는 것을
    의미하며, 상상계적인 상태에 자신을 집어넣는다는 것은 능동적으로 이에 대처
    한 것을 뜻한다.

신의 질서로 영위되는 세계 만들기로 귀결되고, 이어서 자신이 속한 가문의 영속성으로 이어져 빛을 발하고 있다.

이들의 욕망성취는 자신이 집을 건설한 공간의 부름에 '응답'136)하여 공간과 소통했다는 것과도 상통한다. 이 절에서 알아본 설화의 주인공들이 이러한 공간을 만들기 위한 고통과 노고는 자기실현의 기회를 충실히 이행한 것으로 볼 수 있다. 그들에게 주어진 기회를 자기 것으로 소화시켜 자신이 주인이고 질서인 공간을 만들고 인정받을 수 있었던 것이다.

오거스트 헥처는 인간의 욕망 표출과 관련한 공간과 인간의 상호조응에 대해 다음과 같이 진술하였다.

> 개인이 필요로 하는 것은…땅덩어리가 아니라 공간이다. 그 안에서 자신을 확장시키고 자기 자신이 될 수 있는 맥락이 필요한 것이다. 이런 의미에서 공간이란 돈으로 살 수 있은 것이 아니다. 보통 오랜 시간에 걸쳐, 평범한 사람들의 일상생활을 통해 형성되어야만 한다. 그들의 애정으로 공간에 스케일과 의미가 부여되어야 한다. 그런 후에 공간이 보존되어야 한다.137)

이상으로 집 공간과 인간이 상호조응적 관계에 있는 존재임을 인간이 공간에 투사하는 욕망을 통해 알아보았다. 위의 논의에서도 알 수 있듯이 인간의 욕망은 생의 추진력이어서 우리가 삶을 포기하지 않는 한 그것을 완전히 버릴 수 없다. 이를 통해 인간의 욕망은 그 사람의 생애 전

---

135) 상상적 동일시란 거울단계에서 주체가 자신의 이미지에 매혹되면서 그것에 도취되는 것으로 최초 동일시를 말한다. 오이디푸스콤플렉스 마지막 단계에 이루어지는 아버지에 대한 동일시인 이차 동일시로 상상적 동일시를 보완해 주어 현실을 구성하는 토대를 형성하는 단계이다. 자세한 것은 김석, 앞의 책, 155~158쪽을 참조하기 바람.

136) Heidegger, Martin, *Vorträge und Aufsätze, Verlag Günther Neske*, 2000.(이기상·신상희·박찬국 옮김, 「건축함 거주함 사유함」, 『강연과 논문』, 이학사, 2008, 205쪽.)

137) 이 글은 오거스트 헥처가 한 말이지만 L. Brett, *Paraments and Images*, Weidenfeld and Nicolson(Lodon), 1970, p.140에 인용된 것을 Relph, Edward, 김덕현·김현주·심승희 옮김, 앞의 책, 173쪽에서 재인용하였다.

체를 통해 통해 구체적으로 이루어지고, 그 구체적인 양상은 사람마다 다르다는 것을 알 수 있다. 언제나 인간이 속한 공간은 그의 욕망을 표출시킴으로써 강력한 이미지를 가시화한다. 지금까지 이미지는 정보를 해석하고, 행동에 방향을 지시하는 것으로 활용되어 왔다. 그 이유는 의미 있는 대상과 개념의 관계에 안정적인 질서를 부여하기 때문이다. 그러나 이미지는 이러한 역할 외에 객관적 실제를 선택적으로 추상화한 것일 뿐 아니라, 그것이 어떤 형상을 하고 있는지 혹은 무엇으로 느끼게 하는지에 대한 의도적 해석을 담기도 한다. 특히 본고에서 알아본 집 공간에 대한 이미지는 경험과 행위자들 특정 공간에 부여하는 의도와 관련된 모든 요소들로 구성되어 있다.[138] 수많은 공간 중에서도 사람과의 매개 관계가 특별히 강하여 공간의 인간화가 강력히 엿보이는 이 설화들의 경우 그 영향력이 매우 크다는 것을 알 수 있다.

Ⅱ. 무덤

인간은 명당에 조상을 묻으면 행복한 삶을 보장받을 수 있다는 믿음에서 무덤 공간에 애착을 강하게 느낀다. 집을 명당에 짓는 것도 행복한 삶에 대한 욕망추구라는 점에서 다를 바 없으나, 집보다 무덤이 그 효험의 폭이 넓다는 믿음 때문에 무덤이 더욱 강한 영향력을 가질 수밖에 없다. 개인보다는 가문이 우선인 시대에 살아 자신이 속한 가문의 영속성을 책임져야할 구성원으로 존재하는 입장이라면 효험이 더 넓은 곳에 관심을 갖지 않을 수 없을 것이다. 그 내용면에서도 명당을 사용하면 후세까지 행복한 삶을 보장받는다는 확신이 있기 때문에 욕망이 강하게 투

---

138) 위의 책, 129쪽.

사된다. 산 사람이 사는 집도 그러하겠지만 인간의 강한 욕망이 보다 더 반영되는 무덤은 자신과 공간이 '나-사물'의 대응관계가 아닌 '나-너'의 관계가 된다는 의식이 더욱 강하다. 무의식과 실존 안에서 주체와 공간 이 하나[139])가 된다고 믿기 때문이다. 산 사람이 사는 집이든 죽은 사람 이 사는 무덤이든, 명당은 삶의 복록과 관련되는 발복 관념이 가진 자나 결핍된 자 모두에게 수용되고 있는 의식으로서, 주어진 삶의 소거(所居) 와 변혁을 꾀하는 매개체[140])로 인식되는 것이다.

죽은 사람들의 안주를 위한 공간인 무덤에 풍수를 적용하여 명당을 찾는 것이 일반화 되고, 강한 영향력을 발휘한 것은 조선조부터이다.[141] 그 시기에 이러한 현상이 나타나게 된 이유는 유교의 영향으로, 유교가 효를 중요시하고 그 성향이 현실주의적 성격이 강하기 때문이다.

그렇다고 해도 명당이 모든 사람에게 공평하게 제공되는 것은 아니다. 명당을 차지하려면 몇 가지 갖추어야 할 조건이 있다. 첫째 명당을 차지할 자격이다. 『구비대계』에는 <악인(惡人)에게는 명당도 없다>[142])라는 설 화가 있다. 이 설화에서는 선(善)을 베푼 총각이 덕분에 금시발복(今時發 福)의 명당자리를 얻었는데, 복록은 고사하고 그 총각까지 죽었다. 일이 이렇게 되자 지관은 자신이 잘못 점지한 줄 알고 지관을 그만두려고 했다. 그런데 그 일은 총각의 탓이 아니라 그의 아버지가 살인을 세 번이나 했 기 때문이었고, 그 죄과로 복록은 고사하고 총각마저 죽어 절손(絶孫)까지 한 것임을 알게 되었다. 이는 명당을 차지하려면 덕을 쌓든지, 선을 베풀 든지 해야 함을 말해주는 것이다. 이러한 점은 명당을 차지할 조건에는

---

139) 장석주, 앞의 책, 34~35쪽.
140) 張長植, 앞의 박사학위논문, 180쪽.
141) 임재해, 「풍수지리설의 생태학적 이해와 한국인의 자연관」, 『한국민속학보』 제9 호, 한국민속학회, 1998, 37쪽.
142) 노학우 구연, <악인(惡人)에게는 명당도 없다>, 『구비대계』 3-2, 충청북도 청주 시 내덕동 설화 3, 1980, 40~45쪽 참고.

윤리적인 면이 뒷받침 되지 않으면 안 된다는 것을 의미한다. 이때의 명당
은 권선징악이라는 상징적 의미를 가진 땅[143]으로 대변되어 무덤과 관련
된 인간의 욕망 서사를 결정짓는 중요한 기능을 한다. 이상과 같은 철저한
응징은 행위의 인과론적 질서(因果論的 秩序)를 강조[144]한 민중들의 세계
관의 일부라고 할 수 있다. 이 설화는 인간은 공간적 존재이지만, 이 공
간은 단순히 지리적이고 물리적인 공간을 의미하지 않고, 그의 생활형태,
나아가 정서에까지 관여하는 구체적인 장소라는 것을 반영하고 있음을
보여준다. 이로써 인간은 공간과 더불어 생존과 존재성을 조성하는[145],
즉 상호조응성을 갖는 존재임이 재확인된다.

둘째 명당을 얻으려면 정성을 들여야 한다는 점이다. <지관 김귀
천>[146]이라는 제주도 설화에는 지관 자신의 아버지가 죽어 무덤 자리
를 정하면서, 형이 자신을 정성을 다해 청하게 하는 이야기가 있다. 이는
아무리 자식이고 형제라도 그가 가문의 영속성이 걸린 무덤을 선정하는
지관이라면 예의를 갖추어야 한다는 것을 의미한다. 이것은 지관의 형수
가 '아무리 동생이라도 큰 지관을 청하려면 그만한 대우를 하는 것이 당
연하다'고 그의 편을 들면서 확인된다. 지관을 예의를 다해 청해야 한다
는 점은 『청구야담』소재의 다른 설화에도 나타나고 있다. <정가성지사
청치동(定佳成地師聽痴童)>[147]에서는 평소 고인(故人)에게 도움을 받은
지사에게 아들들이 찾아가서 청을 했는데도 번번이 핑계를 대고 가지 않
는다. 이는 아들들이 지사에게 예의를 갖추지 않고 무작정 찾아가서 명
당을 찾아달라고 부탁했기 때문이다. 그리고 사내아이 종이 마지막을 찾

---

143) 곽진석, 앞의 논문, 167쪽.
144) 강진옥, 앞의 博士學位論文, 206쪽.
145) 김열규, 『한국의 문화코드 열다섯 가지』, 금호문화, 1997, 131~132쪽.
146) 현용준, <지관 김귀천>, 『제주도 전설』, 서문당, 1996, 225~233쪽 참고.
147) 최웅, <定佳成地師聽痴童>, 『주해 청구야담』Ⅲ, 국학자료원, 1996, 165~171쪽
    참고.

아갔을 때 지사가 주인이 안 오고 종을 보냈다고 화를 내었는데, 이 또
한 같은 맥락에서 볼 수 있다.

게다가 이 무덤 자리가 <지관 김귀천>에서처럼 남의 소유일 때도
있다. 김귀천은 남의 소유인 터를 사용함에 있어 사용할 사람이 자신의
아버지이고, 상주가 자신의 형임에도 불구하고 자신에게 천 냥 문서를
주게 하였다. 그리고 주판관(主判官)을 헌관(獻官)으로 하여 토지신(土地
神)에게 제사를 드리는 등 공식적 인물을 앞세워 정식 절차를 거치고서
야 장례를 치렀다. 앞서 알아본 <정승 판서 집터>에서처럼 그 땅에서
나온 유골을 다시 묻어 주지도 않고 던져버리는 무례한 행동과는 정반대
의 행위로, 결과 역시 정반대로 나타난다. 앞서 살펴 본 <정승 판서 집
터>에서는 임자 있는 터를 내 집으로 만들면서, 거기에서 나온 해골을
다른 곳에 묻어주지도 않고 그냥 버림으로써 세 아들을 잃는 결과를 빚
었음을 보았다. 이에 반해 <지관 김귀천>에서는 그 자리가 정식으로
매매되었고, 주판관을 헌관으로 삼아 제사까지 드리면서 무덤을 만들었
기 때문에 그 터의 주인인 신령들이 양보하여 그 무덤을 사용할 수 있었
던 것이다. 이는 명당을 사용할 때 정성을 들여야만 인간의 욕망을 이룰
수 있는 공간 만들기가 성공할 수 있음을 보여주는 예이다.

셋째 명당을 차지하려면 풍수에 대한 신뢰가 있어야 한다는 점이다.
이것은 상주의 소신과도 관련이 있다. <남의 말 듣다 잃고 만 금시발복
(今時發福) 자리>[148]라는 설화를 보면 도사가 정해준 금시발복 자리에
의심을 가져 들어온 복도 놓치고, 겨우 입에 풀칠만 하고 사는 사람이
나온다. 이때 도사가 정해준 자리는 물이 나오는 자리로, 물의 생생력(生
生力)을 이용하여 잡은 자리이다.[149] 일반적으로 무덤은 물이 나오지 않

---

148) 이춘하 구연, <남의 말 듣다 잃고 만 금시발복(今時發福) 자리>, 『구비대계』
　　 3-2, 충청북도 단양군 매포면 설화 1, 1980, 193~197쪽 참고.
149) 물은 모든 존재의 원천과 기원이며 가능성의 모태로 모든 씨앗의 용기(用器)로서
　　 모든 형태가 발생하는 원소의 물질을 상징하는 것이기도 하다. 물의 근본적 의

는 마른자리에 쓰는 것이 상례인지라, 주변에서 욕을 하자 그 옆 마른자리로 옮겼더니 복을 놓쳤다는 것이다.[150] 이것은 명당을 차지할 수 있는 조건 중 하나가 풍수를 우선 신뢰해야 하며, 자신 또한 자신이 선택한 일에 소신을 가져야 함을 일깨우고 있다.

여기에 나타난 설화들은 명당은 바로 인간 복록을 구현시켜 줄 수 있는 성(聖)의 현현체(顯現體)[151]라고 믿는 민중의 세계관을 보여주는 예이다. 그러나 설화에 나타난 양상을 살펴보면 명당은 아무렇게나 쓸 수 있는 것이 아니라, 이를 쓸 수 있는 조건이 갖추어져야만 쓸 수 있음을 보여준다. 명당을 차지하는 것은 하늘의 운행질서에 의한 것이므로, 명당을 차지하는 것은 쉽지 않다는 것을 역설적(逆說的)으로 보여주고 있는 것이다. 이 부분에서 인간들이 가문의 영속성을 위해 얻으려는 욕망 중 가장 많이 표출되는 욕망은 대체로 부귀영화를 누리는 것과 또 다른 자기를 확장시키는 문제에 초점이 맞추어지고 있다. 그런데 부귀영화를 위한 욕망을 표출하는 부분에서 타인의 무덤 공간을 탈취하는 이기적 선택 양상들이 나타나서 눈길을 끈다. 이를 도표화 하면 다음과 같다.

미는 풍요와 재생, 그리고 생생력이다. 물은 모든 잠재적 형질을 내포하고 있고 그 안에서 모든 생명의 씨가 자라기 때문에 만물의 모태가 되는 물질이다. 또한 물은 새로운 탄생을 부여하고 주술적 의례에 의해 치유하며, 장례 의례에 의해 사후의 재생을 보증해주는 성질을 가지고 있다. 물 안에 모든 잠재력이 통합되어 있기 때문에 생명의 상징이 되는 것이다. 물과의 모든 접촉은 재생을 포함하기 때문에 강력한 생생력(生生力)을 가지고 있다.(Mircea Eliade, 이은봉 옮김, 『종교형태론』, 264~269쪽 참조.)

150) 이와 반대로 <홀아비를 잘 살게 해준 풍수와 중>이란 설화에서는 때 거리조차 없이 가난한 홀아비에게 임시 발복 자리로 물가의 자리를 점지해 준다. 그 홀아비는 풍수를 믿고 그대로 아내의 무덤으로 사용하였기 때문에, 곧바로 부유한 과부를 만나 자식을 낳아 대를 이을 수 있었을 뿐 아니라 부유한 삶을 살 수 있었다. 자세한 것은 박견문 구연, <홀아비를 잘 살게해준 풍수와 중>, 『구비대계』 8-6, 경상남도 거창군 위천면, 설화 11, 1981, 408~418쪽 참고하기 바람.

151) 張長植, 앞의 博士學位論文, 178쪽.

욕망 양상	설화 텍스트	비고
부귀영화	삼형제 죽고 만대발복한 명당	신분상승
	두 풍수쟁이	
	박상의와 박세원	재물추구
자기확장	사자유손지혈	가문의 대 잇기
	마누라 죽여 아들 두게 한 명당	
	부인 서른 명에 아들 아흔 명	자손번성
이기적 선택	장인 장모에게 묘자리 빼앗긴 사위	몰래 훔치기
	명당자리 훔쳐서 잘 산 이야기	
	홍선군과 묘자리	폭력으로 빼앗기

표 6. 무덤 공간에 나타난 욕망

1) 부귀영화

집 공간에서도 그렇지만 무덤 공간을 소재로 한 구비설화에서 인간의 욕망이 가장 많이 나타나는 형태는 부귀영화(富貴榮華)에 관한 것이다. 설화는 인간이 살면서 겪었던 이야기를 구연하는 것이고, 그들의 소망이 담긴 이야기를 구술하는 것이다. 그러므로 민중들의 간절하고 소박한 소망이 적나라하게 투영된다. 이 소망 중에 부귀영화라는 것은 가장 솔직한 민중의 심리 반영이라 할 것이다. 명당에 조상의 무덤을 안치하여 자신과 후손들이 복록을 누리고 나아가 가문의 영속성을 누리려는 욕망은 가부장제 사회의 영원하고 확고한 지속을 원하는 의식(意識)의 반영[152]이기 때문이다. 인간이 특별한 능력이나 노력 없이도 조상을 좋은 기가 통하는 공간에 모시기만 해도 복록을 누릴 수 있다는 인식은 모든 사람들이 꿈같은 현실을 상상하게 하고, 그러한 상상들이 바로 실현될 수 있는 공간을 찾을 수밖에 없게 한다.

먼저 유족들의 희생을 담보로 부귀영화를 누리는 내용에 대해 알아보

---

152) 강성숙, 앞의 논문, 30쪽.

겠다. 이 설화에서는 가난한 형제가 자신들의 목숨을 담보로 하면서까지 부귀영화에 집착하고 있다. 따라서 여기에 나타나는 욕망의 표출은 무서움마저 느끼게 한다.

ㄱ. 3형제를 둔 아버지가 죽었으나 지관이 없어서 장사를 못 지내던 차에 마침 지나가던 지관이 당대영화, 만대영화 중 선택하라 한다.

ㄴ. 삼형제가 선택한 당대영화 자리에 잡아주며, 삼형제가 차례로 죽고 나서 3정승 6판서가 난다고 한다.

ㄷ. 삼우날이 되자 맏상주가 갑자기 죽고, 소상날이 되자 둘째 상주가 죽어 형수들이 셋째 상주를 살리려고 피신시킨다.

ㄹ. 돌아다니다 어느 고을 정승 댁 혼인잔치를 얻어먹고, 길을 가다 오두막집을 발견하여 유숙한다.

ㅁ. 주인인 할머니는 혼인하는 정승 댁 딸의 수양어머니라 잔치가 보고 싶어 셋째에게 집을 맡기고 갔는데, 정승 딸이 수양어머니와 작별하려 음식을 싸오다 길이 어긋난다.

ㅂ. 셋째가 할머니인 줄 알고 한 이불 속으로 들어갔다가 서로 인연이라며 연분을 맺지만 셋째가 죽는다.

ㅅ. 정승 딸이 백가마를 타고 셋째 집으로 찾아가 형수들과 함께 살면서 세 쌍둥이를 낳아 삼 동서가 나누어 키운다.

ㅇ. 아들들이 커서 3정승을 하고, 그들이 낳은 아들들이 6판서가 된다.(김영태 구연, <삼형제 죽고 만대 발복한 명당>, 『구비대계』 3-2, 충청북도 청주시 모충동 설화 31, 1980, 424~436쪽 참고.)

이 설화에 나타나는 무덤 공간은 삼 형제의 아버지 무덤인 당대영화지지(當代榮華之地)로 삼정승 육판서가 나올 곳이다. 하지만 이 공간은 세 목숨이 죽어야 하는 복(福)과 화(禍)가 교차하는 문제의 공간이기도 하다. 이들은 집안이 가난해서 부귀영화에 대한 절실함이 매우 크다. 당연히 무덤 공간에 표출하는 욕망의 강도는 강력할 수밖에 없어 희생을 치르고서라도 원하는 바를 얻고 싶을 것이다.

삼형제가 가난 타개의 해결책으로 선택한 것은 삼정승 육판서가 나올

당대영화지지에 아버지의 무덤을 조성하는 것이다. 그런데 이 터는 조건
이 있는 땅으로, 세 명의 상주들이 차례로 죽고 나야 기능이 발휘되는
무덤 자리였던 것이다. 상주들은 자신들이 죽지만 자손 대에 가서 삼정
승 육판서가 나오는 것을 앎에도 불구하고 이를 수용하였다. 이는 가문
을 일구고자 하는 간절한 마음과 아울러 자손들이 권세를 누리면 자신들
은 죽었다 해도 그 영광이 그들에게 돌아온다[153])는 믿음이 확고하기 때
문이다. 또한 당대가 '나'를 억제하고 공동체의 한 구성원으로서의 정체
성을 강조하여 가족, 가문(문중 집단) 등 친족 중심의 혈연관계를 모든
사회관계의 중심에 두는 유교적 가치에 기원을 두었기 때문이다. 가문이
나 씨족 단위의 결속을 강력하게 요구한 정치사회적 조건[154])이 설화 속
의 가치관으로 표상된 것이다.

이 설화는 지관의 예언처럼 삼형제가 죽은 후 그 터가 가진 기능이
드러나 삼정승 육판서가 나와서 가문의 영화가 빛난다. 하지만 이 설화
의 경우 수용자들이 자진하여 희생의 길을 선택하여 스스로에게 폭력을
가하는 점에 관심을 가져야 할 것이다.[155]) 이를 위해 이들이 왜 생목숨
을 자진 희생하면서까지 명당을 탐하는지 알아볼 필요가 있다. 설화에서
세 상주들은 당대영화와 만대영화를 누릴 수 있는 자리 중 하나를 선택
해야만 하는 갈림길에 있었다. 그들은 이 중 당대영화를 받을 수 있는

---

153) 李丙燾, 『高麗時代의 研究』, 亞細亞文化史, 1980, 23쪽.
154) 김동춘, 「유교(儒敎)와 한국의 가족주의-가족주의는 유교적 가치의 산물인가?」,
『경제와 사회』 제55호, 한국산업사회학회, 2002, 93쪽 참고.
155) 자진해서 희생의 길을 선택한다 해도 생명을 파괴하는 행위는 어디까지나 폭력
이다. 그들 뿐 아니라 본고에서 알아본 설화의 배경 시기라 할 수 있는 조선후기
사회에 살아가는 사람들은 그들이 추종하는 이데올로기에 휘둘려 스스로에게까
지 폭력을 자행(自行)하여 생명의 소중함을 잊고 있다. 특히 인간의 욕망과 관련
한 주제를 가진 설화에서는 욕망 성취를 위해 다양한 폭력을 자행(恣行)하고 있
어 당대인들의 경직된 사고를 엿볼 수 있다. 당대인들의 이러한 마조히즘적 사
고는 주변, 특히 여성들을 예속하여 피해의 파장을 넓혔을 뿐 아니라 자신들 역
시 이데올로기의 희생자로 전락시키는데 기여했다.

자리를 선택하였다.156) 여기에는 조건이 달려있는데, 상주 셋이 모두 죽
어야 한다는 것이다. 상주들은 이러한 사실을 알면서도 그 무덤에 아버
지를 모셨다. 상주들이 자신들이 죽을 것을 알면서도 지관이 당대발복이
가능하다는 곳에 무덤을 쓴 이유는 다음과 같다.

> "여기다. 당대발복 묘자린데 당신들 당해 분향은 되어. 분향은 되는데 여기
> 다 모이 쓰이고 삼오(삼우)날 되면 맏상주가 죽을거여. 맏상주가 죽을 테니까
> 맏상주가 죽걸랑은 요기갔다 묻어라."
> 마 말한데. 만대영화 자리다.
> "그리고 소상이 될 것 같으면 둘째 상주가 죽을 거여. 소상 때 되면. 그럼
> 요기다 써라. 그러면 대상이 되면 셋째 상주가 죽을 테니께 요기다 써라."
> 그래 셋이 다 죽는거여. 그러니께 벌써 인저 묘자리를 써 놨으니 도리가 없
> 는거어.
> "그러면 아마 삼정승 육판서는 날 것이다."
> 그러니 우리가 생각할적에는 삼정승 육판서는 고만두고 3년 내 아들 셋이
> 다 죽는다면 집안이 다 아주 망하는거지. 근데 원래 이 사람네가 효심이 있는
> 지라 부모가 백골이 편하고 자기가 좋다구 하니까 그래 거기다 모이를 써 놓
> 고 있는데, … (426~427쪽)

위의 예문을 보면 이 명당을 쓰는 이유를 압축해 두 가지로 볼 수
있다.

> 첫째 삼정승 육판서가 난다.
> 둘째 부모의 백골이 편하다.

여기에서 두 번째 이유는 당연히 자식들의 효심에서 비롯된 것이라

---

156) 이들이 선택한 무덤이 주는 복록은 당대보다는 만대에 속하는 것으로 볼 수 있
고, 제목에도 '만대'라고 명시되어 있다. 하지만 텍스트 상에는 세 상주의 의론
끝에 '당대영화'를 선택하고, 지관도 당대발복 자리라고 말하는 것으로 명기되
어 있어 이 논문에서는 텍스트 상에서 상주들이 대화 내용과 지관의 말을 중심
으로 논의 하겠다.

하겠지만 첫 번째 이유는 생각해 보아야 할 문제가 담겨 있다. 이 설화
의 인물들은 명예와 권세를 중요한 인생의 가치 중 하나로 인식하고, 그
것이 가능하다면 자신들을 희생하고라도 반드시 이루고 말겠다는 의지
를 보인다. 강한 가문의 영속성을 보여 주는 것이다. 비록 당대에 영화를
누리는 것이라고는 하지만 실제로 복록이 이루어지는 것은 자식 대에 이
르러서야 가능하다. 그럼에도 불구하고 이와 같이 선택한 것은 자기 생
명은 자신에게서 끝나는 것이 아니라 자손의 생명으로 살아 이어지는 일
종의 가족적 부활의식(家族的 復活意識)으로 생각한 것이다. 그리고 인간
의 행복과 불행은 결국 자신에게서 완성되는 것이 아니라 여러 대에 걸
쳐 완성되는 것이며 후손의 영광이 곧 자신의 영광이라는 거시적 안목
(巨視的 眼目)[157]으로 판단하였기 때문이다.

하지만 그 희생은 세 명의 상주로만 끝나는 것이 아니라는 점에서 또
다른 주목을 요한다. 설화 상에서 위의 두 상주는 배우자가 있었고, 막내
는 아직 미혼이었다. 처음에 두 상주가 죽었을 때에는 당연히 그들의 배
우자인 여성들의 희생, 즉 자식도 없는데 남편마저 잃어야 하는 희생이
뒤따랐다. 갑자기 남편을 잃은 여성들은 막내라도 살리고 싶어서 집을
떠나게 했다. 어떻게든 무덤이 주는 복록 기능을 성사시켜 보고 싶은 욕
망이 앞섰기 때문일 것이다. 아직 죽지 않은 막내가 살아남아야 가능하
기 때문이다.

발복에 대한 대가는 셋째도 지나가지 않았다. 그는 다행히 정승 딸과
인연을 맺어 뱃속에 세 쌍둥이를 수태시켜 발복이 성사될 기반은 남겼
다. 그러나 하룻밤 동침 후에 그가 죽음으로써 그와 인연 맺은 여성이
또 한 명의 희생자가 되었다는 문제가 남는다. 세 상주들이야 자신들이
선택한 운명이라지만, 세 여성들의 경우는 남편들 혹은 정인(情人)이 선
택한 운명에 휘말려 대책 없는 희생자가 되었다. 이 설화에서 삼형제는

---

157) 申月均, 앞의 박사학위논문, 231쪽.

자신들의 생명을 희생하여 부귀영화를 얻으려는 의도를 아내에게는 한 마디도 상의하지 않고 그들이 결정한 행위를 무조건 따르게 했다. 당대 사회가 추종하는 가문의 영속성에 대한 중요성을 아는 아내들은 속수무책으로 당할 수밖에 없었다.

가부장제의 특징 중 하나가 여성을 경제적으로 예속(隸屬)하는 것이다. 설화에 보면 삼형제가 자신의 생명을 담보로 당대발복을 원하는 이유가 가난을 벗어나기 위함이라고 되어있다.[158] 여성들이 경제적으로 예속되어 있고 재가(再嫁)마저 금지되어 있는 상황에서 가난한 집안의 이 아내들은 살아갈 방도가 없다. 셋째와 하룻밤 인연으로 세 쌍둥이를 낳게 된 정승 딸의 경우 역시 시집가는 날 삼형제가 세운 계획의 희생물(犧牲物)이 되어버리고 만다. 삼형제야 자신의 가문의 영속성에 기여하기 위해 기꺼이 희생을 감수하는 것이지만, 여성들의 경우는 그야말로 그 시대가 여성에 대한 배려가 전혀 없는 사회라는 것을 보여준다. 이 부류의 설화에 등장하는 여성들은 남성들의 자기중심적 행위를 묵묵히 받아들여 그 사회가 이상화하는 여인상을 보여주었다. 이들에게 여성성에 대한 권리는 전혀 없는 것이다.[159] 이는 유교가 지배하는 세상에서 한 가

---

158) 텍스트에는 '당대발복 터를 잡아줄까 만대발복 터를 잡아줄까' 하는 지관의 물음에 다음과 같이 형제들이 답하고 있다. '만대영화 자리라면 손주 대에 가서 잘 될찌 증손대 에 가서 잘 될찌 만대 언제 될찌 모른다 말여. 그러지 말구 우리 평생에 그저 밥이나 좀 싫건 먹구 죽었으면 원이 없겠오. 우리가 아버지가 돌아 가셔두 없어 가지구 지관두 하나 못 들여 가지구 이렇게 방황하다 참 선생을 만나 가지구 모이자리를 못 구해 가지구 하다가 이러는데 우선 나중에야 어떻게 되던 당대영화 자리를 잡아 달라구 합시다."(<삼형제 죽고 만대발복한 명당>, 426쪽.)

159) 세 유형의 설화 중 <사자유손지혈>은 여성성을 찾는 돌파구를 찾아 자신의 희생자적 위치에서 벗어난다. 이 설화의 원님 딸 역시 처음에는 대책 없이 당하는 피해자였지만, 나중에 그 사회가 이상화하는 여성의 범주를 벗어나 과감히 여성성을 찾기 위한 생존전략을 펼쳐 눈길을 끈다. 명당 쓴 폐백을 받으러 온 장천사를 붙잡아 '한 곳에는 적덕을 했지만, 한 곳에는 적악을 했다'며 한 쪽 눈을 찔러 그가 자신의 잘못을 회개하게 한다. 사죄의 뜻으로 장천사가 남편을 매일 만

문의 구성원들이 무엇을 원하는가보다 그 가문의 구성원이라는 한 단위
의 조화와 유지를 강조해 왔기 때문이다. 이러한 체제 속에서 여성은 관
리와 통제를 받는 존재로만 살아야 했기 때문에 자신의 목소리를 낼 수
없었으므로, 이러한 상황까지 자신의 운명으로 받아들여 살아가야 했
다.160) 위의 설화에서 보는 것처럼 가문의 영속성을 위해서는 그 어떠한
희생도 마다 않는다.

가문의 영속성을 위한 복록은 삼형제의 죽음과 이로 인해 이들과 배
우(配偶)가 되는 여성들이 대책 없이 홀로 되는 폭력을 대가로 치루고
얻어진 것이다. 앞에서도 언급한 것처럼, 폭력은 정치적·심리적 또는 기
타 여러 다른 요인들, 즉 외적 측면에서 비롯된 각종 표출 현상161)이다.
이들의 죽음과 홀로 됨은 반드시 가문의 영속성을 얻어야 한다는 강박관
념에 사로잡힌 정치적·심리적 요인이 작용하여 벌어진 자발적인 선택이
다. 인간을 죽이거나 죽게 하는 것은 폭력 중에서도 가장 극단적이고 절

날 수 있는 무덤 공간으로 다시 이장해 줘 자신에게 주어진 권리를 당당히 찾고
있어 고무적이다.

160) 『서경(書經)』「주서(周書)」목서(牧誓)에 보면 '암탉을 새벽에 울리지 마라. 암탉
이 새벽에 울면 집안이 망한다'라는 문구가 있다. 이 기록은 기원전 11세기경
중국의 주인공이 상족(商族)에서 주족(周族)으로 바꾸어 놓은 목야(牧野)의 전쟁
에서 무왕(武王)이 한 말을 적은 것이다. 이것은 상을 멸망케 한 원인 제공을 했
다고 하는 주왕(紂王)의 부인 달기(妲己)를 겨냥해서 한 말이다. 주왕의 학정(虐
政)을 간하는 신하의 말은 듣지 않고 달기의 말만 잘 들었기 때문에 나라가 망
했다는 의미를 은유적으로 담고 있다. 이 말은 처음 한 무왕은 이를 근거로 여성
의 발언권을 제한하겠다고 맹세한다. 암탉을 은유로 여성을 규제하는 방식은 오
늘날에도 낯설지 않다. 그런 점에서 3천 년 전의 상황이 반영된 『서경』의 담론
이 우리 의식의 기원이 되었다고 할 수 있다. 이 말은 여성을 정치적으로 배제하
겠다는 의미가 내포되어 있는데, 여성은 이 뿐 아니라 경제적 측면에서도 제약
을 받아 남성이 중심이 되는 사회에서 주변화 되었다. 자세한 것은 이숙인,「여
성의 경험으로 읽는 유교」,『지금, 여기의 유학』, 김성기·최영진 외 9인, 성균관
대학교 출판부, 2005, 69~96쪽을 참조하기 바람.

161) Dadoun, Roder, 최윤주 옮김, 앞의 책, 10쪽.

대적인 폭력행위이지만, 경제적으로 예속당한 가부장제 하의 여성들에게 이를 책임져 줄 가장의 부재 역시 이와 다를 바 없는 강도(強度)의 폭력에 해당한다. 여성들에 대한 이와 같은 처우는 그들이 권력에 희생된 존재임을 말해 준다. 권력과 폭력 사이에는 유대관계가 존재한다. 이 관계는 너무 서로 밀접한 관계를 맺고 있을 뿐 아니라 자신들의 사회구조와 불가분의 관계가 있다.162)

여기에서 눈길을 끄는 점은 그 집안의 마지막 희망이 걸린 셋째와 인연을 맺은 여성의 신분이 정승 지위에 있는 사람의 딸이라는 것이다. 살아있는 사람의 희생이 바탕이 된 이 설화의 복록이 보통 신분의 여성이 해결 고리가 된다면 특별한 관심을 받지 못할 것이다. 조선시대는 종모법(從母法)이라는 신분제도가 시행되던 시기였다. 종모법이란 어머니의 신분을 따라 신분이 결정되는 것을 말한다. 신분상승을 위해 상층 신분을 가진 여성과의 결합이 절대적으로 필요했던 상황이었으므로 평범한 신분이 아닌 정승의 딸이 셋째의 인연으로 설정된 것은 의미심장하다. 자손을 남길 인물이 고귀한 신분이라는 점은 무덤이 가진 복록을 한층 더 현(顯顯)하게 하는 기능을 가지기 때문이다. 정승 딸을 부록으로 끼워 넣은, 공간에 투사한 인간욕망의 속성이 무서울 만큼 강하게 드러나 있다.

위의 설화가 자신과 아내를 희생시켜 결국 가문의 영속성을 위한 욕망을 성공시킨 경우라면, 이번에 알아볼 내용은 명당에 이를 위한 욕망을 투여했음에도 불구하고 복록을 받지 못한 경우의 예이다. 하지만 이 무덤 공간에 투사한 욕망이 다른 곳에서 성취되어 흥미롭다. 이 설화의 서사구조는 다음과 같다.

ㄱ. 민우소라는 지리박사(풍수)가 자신이 삼년 안에 등극할 묘자리를 보러

---

162) 위의 책, 84쪽.

다닌다.
ㄴ. 삼각산에서 그러한 자리를 발견하여 자신의 부모를 이장했다.
ㄷ. 삼년이 지났지만 자신이 왕이 되지 못했다.
ㄹ. 그가 등극하면 많은 사람이 죽을 것을 안 친지인 진첨지라는 다른 풍수
　　가 일광살(日光煞)을 넣어 발복을 막았다.(한기문 구연, <두 풍수쟁
　　이>, 『구비대계』 3-1, 충청북도 중원군 노은면 설화 23, 1980, 449∼
　　451쪽.)

　가문의 영속성을 위해 지나친 부귀영화에 대한 욕구를 경계를 하는
내용 중 하나인 이 설화의 주인공인 지리박사 민우소는 무덤 자리를 잡
는 데는 최고의 실력을 가진 지관이지만 자기보존욕동(自己保存慾動)[163]
이 강한 사람이다. 자기보존욕동이란 개체의 생명 보존에 필수적인 신체
기능과 결부된 욕구의 총체를 가리키는 말이다. 이것은 현실의 대상에
의해서만 충족될[164] 수 있기 때문에 현실적인 측면에 자신의 욕망을 투
사시킨다.

　설화에서 민우소라는 지리박사는 자신이 현재의 임금을 들어내고 자
신이 임금이 되어 현재의 처지를 벗어나 신분상승할 수 있는 무덤 공간
을 찾아내기는 했다. 그래서 3년 안에 발복 기능이 있는 그 자리에 부모
님을 이장하고는 3년을 기다렸지만 자신의 처지는 변동이 없었다. 실망
해서 '자신이 자리를 잘못 보았나보다' 하며 집으로 되돌아가다가 진첨
지라는 친지를 만나 진실을 알게 된다.

　　중간에 오다가서 오가다 가서 자기 친지를 하나 만났는데 진첨지라고 하는

---

163) Laplanche, Jean, et Pontalis, J. B., *Vocabulaire De La Psychanalyse*, Press Univer-
　　sitaires de France(Paris), 1967(임진수 옮김, 『정신분석사전』, 열린책들, 2005,
　　331쪽. 프로이드는 이 용어를 설명하면서 '개체의 생명 보존에 필수적인 신체
　　기능과 결부된 욕구의 총체를 가리키는데, 그 중 배고픔이 그것의 원형을 이루
　　고 있다'고 한다.(같은 책, 331쪽 참조.)
164) 위의 책, 331∼333쪽 참고.

친지를. 이제 중도에서 만났단 말여. 만났는데 인제 그래 서로 얘기를,

"아 그래 어떻게 해서 어디를 갔다가 오는 길이냐?"

"나는 어디서 어떻게 가는 길이다."

이고 그래. 인제 동네 친구를 반가이 만나서,

"하 그 내가 삼각산 그 어느 산잔등에 내가 틀림없이 이거 보구선 내가 있었는데 3년만 있으면 내가 등극을 용상에 올라앉을 내가 자리에다 썼는데 그 당체 명기가 안 돌아온다."

"혜 그거 안 됩니다."

그 진첨지 하는 말이

"이 자기가 등극을 하자며는 이때나 지금이나 예전이나 지금이나 그렇거든. 그거 안 됩니다. 민씨가 용상에 올라 앉자면은 그 사람이 몇 백 명이 죽습니다. 내가 그 자리에다가 이광살을 집어넣었습니다."

그래서 그 분이 먼저 알았어. 그 모이를 다 일광을 파고서 인제 거기 집어넣을라고 그렇게 하고서 그 이젠 시간을 해가 붉으르미 동쪽에서 떠오르는데 그 일광살이야. 그 햇살을 받아서 게다 넣었다. 그거여. 자기가 넣었단 그거여. 못합니다고 그래고 말었지. 못합니다. 그러니까 그 진씨라는 분이, 그 민우소한 분이 등극할려고 하는 걸 먼저 알았다 그거여. 그래 등극을 못한 거여. 그래서 사람의 운이라는 것은 알 수 없다는 거여.(450~451쪽.)

위의 예문을 보면 민우소는 자신이 3년 안에 등극할 공간을 찾은 것이 확실하다. 그가 지리박사였기 때문에 이러한 공간을 알아볼 수 있었고, 그는 이곳에 가문의 영속성을 밝혀줄 부귀영화 욕망을 투사한 것도 분명하다. 하지만 글 내용으로 보아 진첨지가 이를 알고 '일광살'을 넣어 복록 발휘 기능을 없앤 것 역시 확실하다. 그의 말에 의하면 몇 백 명이나 되는 사람이 죽기 때문에 방해를 했다는 것이다. 이 말은 그 무덤의 기능이 발휘되려면 인명 파괴라는 폭력이 수반되어야 한다는 말로 상통한다.

폭력은 언제나 타인에 대한 폭력이다.[165] 이 말은 나 아닌 다른 누군가에게 폭력을 가한다는 의미도 있겠지만, 그보다 타인의 시선을 통해서

---

165) Dadoun, Roder, 최윤주 옮김, 앞의 책, 66쪽.

가장 선명하고 다양한 모습을 드러낸다는 말이기도 하다. 민우소의 미발생 폭력은 그의 친구 진첨지에 의해 저지되었다. 그렇다면 진첨지는 민우소와 달리 자신의 욕심이 아닌 이타적(利他的)인 욕망을 드러낸 것으로 볼 수 있다. 같은 무덤 공간에 다른 목적의 욕망, 즉 부귀영화 욕망과 함께 인명구제(人命救濟) 욕망이 투사된 것이다. 예나 지금이나 한 세상이 닫히고 또 다른 세상이 힘을 얻으려면 많은 살생(殺生)이 그 대가로 나타날 수밖에 없는데, 진첨지는 이를 알아 많은 생명을 살리는 이타적 휴머니즘 정신을 실천했던 것이다.

　여기에서 민우소는 분명 역성혁명(易姓革命)을 일으키려 했다. 그러나 그의 이러한 뜻은 진첨지의 수많은 생명을 살리려는 인류적 차원의 행위로 해결되었다.166) 역성혁명이 일어나면 당연히 체제는 전복되고 사회가 혼란스러우며, 이로 인해 많은 생명이 희생될 것은 자명한 일이다. 민우소는 역성혁명을 통해 기존 체제의 전복을 계획하고 실천하려 했다. 그러나 이를 해결한 진첨지는 민우소와의 대화에서도 알 수 있는 것처럼, 사람이 몇 백 명 죽기 때문에 이를 막기 위해 일괄살을 넣어 앞으로

---

166) 林甲娘, 앞의 논문, 161쪽. 하지만 그의 견해는 다음과 같은 점에서 잘못되었다고 본다. 진첨지는 물론 역성혁명을 바라지 않았다. 하지만 진첨지가 역성을 혁명을 바라지 않았던 것은 사실이지만 그에게는 그것보다 더 큰 이유가 있었다. 민우소는 역성혁명을 일으켜 이를 통해 자신의 이익을 추구했지만, 진첨지는 민우소가 품은 행위로 인해 많은 무고한 인명이 희생될 것을 우려했기 때문이다. 후술할 <흥선군과 묘자리>에서도 왕이 되어 부귀영화를 누리려고 하는 욕망이 나타난다. 하지만 흥선군은 현재의 왕을 몰아내지 않고 부귀영화를 누리려고 했기 때문에 무리한 방법을 사용했지만 발복이 허용됐고, 민우소는 현재의 왕을 몰아내고 자신이 왕이 되어 부귀영화를 누리려고 하여 실패했다. 두 설화의 배경이 똑같이 조선시대임은 분명하고, 민우소가 하려던 행위는 역성혁명이지만, 흥선군은 순차적으로 왕이 되기를 바랐다는 점이 행간에 나타난다. 민중의 의식은 왕위 전복이나 역성혁명을 바라지 않았다. 이러한 이유로 왕위전복이나 역성혁명의 유무 측면으로 문제를 이해하고자 한다면 잘못 이해하는 것이라 할 수 있다. 설화 상에서 보면 민중들은 혁명으로 인해 많은 생명이 희생되는 것을 원치 않는다는 소망이 진첨지의 대화를 통해 역력히 드러나기 때문이다.

일어날 수 있는 민우소의 만행을 미연(未然)에 방지했다. 따라서 민우소의 욕망에 대한 진첨지의 행위를 순수하게 역성혁명에 대한 반대로 이해한다면, 이는 미시적 해결(微視的 解決)이 될 것이다. 수많은 인명을 살리려는 의도로서의 진첨지의 방해는 민우소의 욕망보다 한 단계 나아간 상태에서의 해결이 된다면 분명 나라가 백성보다 크게 인식되는 것은 사실이다. 하지만 인간의 마음속에 국가를 생각하는 것은 크지만 작은 애국이 되고, 백성을 생각하는 것은 작지만 큰 애국이 된다. 따라서 진첨지의 행위는 사람을 아끼고 사랑하는 인본적 정신으로 해결한 일이라는 점에서 거시적 해결(巨視的 解決) 차원으로 이해되어야 한다.

다시 한 번 언급하지만 인간에게 생명이 있는 한 욕망은 버릴 수 없는 것이며, 버릴 필요도 없는 것이다. 욕망이 인간에게 주어진 삶의 요건이라면 적절한 조절을 통해 나타나는 욕망은 삶의 건강한 동력이 되어 에너지 역할을 하지만, 그렇지 못 할 경우 이에 따른 책임이 부과된다. 그러나 민우소처럼 무고한 타인의 희생을 뻔히 알면서도 자신의 결핍을 채우기 위해 욕망을 내세운다면 이것은 자신이 살고 있는 사회를 지배하는 도덕 사이의 연관성을 부정하는[167]일이 될 것이다. 자신과 자신이 속한 가문의 영속성을 위해 폭력을 담보로 하는 이기적 욕망을 표출한다면 다른 구성원과의 마찰이 생김은 자명한 일이다. 민우소는 이 마찰을 우선적으로 진첨지와 겪었고, 진첨지는 더 큰 마찰을 피하기 위해 민우소의 욕망이 달성되지 않게 했다. 진첨지 역시 부귀영화의 꿈이 없었을 리 만무하다. 그러나 그는 본인의 욕망을 앞세우기보다 그 욕망으로 인해 억울하게 피해 받을 타인을 먼저 생각했다. 이를 보면 민우소와 같이 자기보존욕동이 강해 과욕을 드러내는 인물도 있는가하면, 진첨지와 같이 주체적으로 자신을 조절할 수 있는 의지와 능력도 함께 지닌 존재도 있다는 것을 알 수 있다.

---

167) 박성환, 앞의 논문, 19쪽.

이상에서 보듯 자기가 필요한 만큼만 얻으려는 동물과 달리 인간은
이기적 욕망을 표출하는 측면이 있으면서, 동시에 절제하여 타인을 배려
하고 지원함으로써 자신만의 것으로 쓰지 않는 욕구조절능력도 함께 가
지고 있다. 이러한 욕구조절능력은 인간이 지닌 도덕성과 직결되는
것168)으로, 이 도덕적 행위야 말로 인간이 인간되게 하는 좌표임을 민중
의 언어로 되새기고 있다. 이와 같은 민중들의 세계관이 그대로 전해진
이 설화는 민중의 복록 발휘를 위해 애써주어야 할 지관이, 무고한 백성
의 희생을 담보로 자신의 사리사욕만을 위해 자신의 재능을 사용하려함
을 꼬집으면서 민우소의 패배를 공식화한다. 이 설화에서 나타난 두 가
지 욕망 중 인륜적 차원에서 보인 욕망이 승리를 거두었다.

욕망 자체는 선도 악도 아니며 인간이면 누구나 가질 수 있는 심리기
제라고 앞에서 언급했다. 그렇다면 그것은 인간 본성으로 이해해야 한
다. 다시 말해 욕망이 자연생명체로서 갖는 특성이나 본질로 이해된다면
이는 경험적 사실로서의 자연현상과 심리현상의 영역에 들어와 있는
것169)이라 볼 수 있다. 이 설화에는 자기보존욕동으로 인한 욕망의 모습
과 욕구조절능력으로 조절하여 인본주의적 사고를 드러낸 욕망의 모습
이 나타나있다. 인간의 생명조차도 공간과의 상호조응을 통해 가늠해 볼
수 있는 것이다.

이번에 알아볼 내용은 박상의170)라는 풍수가 우연히 발견한 무덤 자

---

168) 이상성, 「인간에게 어떻게 도덕이 가능한가」, 김성기·최영진 외 9인, 앞의 책,
234쪽.
169) 洪承兌, 「孟·荀 慾望論 硏究」, 中央大學校 大學院 碩士學位論文, 2004, 18쪽 참조.
170) 박상의(朴尙義)는 호가 백우당(栢友堂)으로 조선조의 풍수지리가이다. 부친은 박
사순(朴士珣)으로 조선조 중기 중종-명종 때의 문신인 박수량의 형이다. 박상의
의 집안은 대대로 청백리(淸白吏)로 녹선(祿選)될 만큼 검약한 집안이었다고 한
다. 선조와 광해군 때에 국풍(國風)으로 활약한 인물이며, 천문에도 밝아 임진왜
란을 예언한 것으로 전한다. 그는 봉훈랑행 관상감교수가 되었다가 사재감 주부
에 올랐으며, 광해군 때 절충장군이 되었으나 벼슬을 버리고 유유자적 자연속으

리를 자신에게 도움을 준 집 주인에게 주어 이장시켰다가 낭패를 보고 다시 이장시키는 설화이다.

ㄱ. 박상의가 경상도에서 황우도강(黃牛渡江)이란 명당자리를 발견했다.

ㄴ. 어떤 큰 기와집에 들어가 하룻밤 머물기를 청했는데, 그 집 주인은 박세 원으로 종씨(宗氏)였다.

ㄷ. 박세원은 박상의의 신분을 알자 욕심이 생겨 무덤자리를 얻어줄 것을 요청해서, 박상의는 아까 본 자리를 소개해 준다.

ㄹ. 박상의는 이장은 꼭 밀이(密移)로 하라고 일러주고, 3년 뒤에 온다며 폐 백을 받아갔다.

ㅁ. 그런데 박세원은 그 무덤을 쓰고, 살림이 망가졌을 뿐 아니라 문둥이까 지 되어 출막(出幕)을 당하게 되었다.

ㅂ. 출막당한 박세원은 박상의에게 복수를 하려고 칼을 갈아가지고 그가 오 기를 기다렸다.

ㅅ. 3년 뒤에 박상의가 돌아와서 박세원의 상황을 듣고 놀라 무덤을 확인해 보니, 코에 썼어야 하는데 뿔모에 써서 잘못된 것임을 알았다.

ㅇ. 박세원을 찾아가 사죄하고, 다시 이장을 시켜주어 문둥병을 낫게 하고 다시 부자가 되게 하였다.(유환용 구연, <박상의와 박세원>, 『구비대 계』 5-2, 전라북도 완주군 삼례읍 설화 5, 1980, 712~716쪽 참고.)

다른 설화에 의하면 박상의는 민중들에게 백년 묵은 여우의 구슬을 삼키고 지리를 획득했다고 알려져 있는 인물이다.[171] 이러한 박상의가 부귀영화를 누릴 수 있는 자리라고 본 무덤 공간은 '황우도강(黃牛渡江)' 이라는 명당이다. 이는 좋은 무덤 공간이라고 인식되는 자리로써, 이런

로 종적을 감추었다고 전한다. 그의 아우인 눌헌(訥軒) 박상지(朴尚智)도 군자감 봉사와 예빈시 제검을 지냈으며, 성리철학 사서와 심경, 근사록 등의 글을 연구 하여 사우들의 칭송을 받았던 인물이다.(두산백과사전 및 서석산 카페cafe. naver.com/ddosan 참고) 박상의는 설화 속에서는 여우의 정기가 든 구슬을 삼켰 는데, 이때 하늘을 못 보고 땅을 봐서 지리에 통달했다고 할 만큼 민중들의 의식 속에 뿌리박혀 있는 명풍(名風) 중 하나이다.

171) 안재운 구연, <박상의가 지관된 유래>, 『구비대계』 6-8, 전라남도 장성군 북하 면 설화 7, 1980, 135~137쪽 참조.

자리를 발견하기는 풍수들로서도 쉽지 않아 누구에게 알려줄까 궁리하
다 날이 저물었다. 하룻밤을 묵으려고 찾아간 집은 주인이 박세원이란
사람으로 마침 같은 종씨(宗氏)였다. 과객의 신분을 알게 된 박세원은 무
덤 한 자리 좋은 데 얻고 싶은 욕심으로 '좋은 자리 본데 있느냐'고 물었
다. 박상의는 그가 같은 가문의 구성원이라는 점과 박세원의 대접에 대
한 보답 차원에서 얼마 전 발견한 황우도강 명당을 소개해 주었다. 이
터를 같이 가서 본 박세원은 평소에 몰랐던 그 터의 기능에 혹하여 '나
여기다 우선 해야겠다'며, 그 곳에 부귀영화를 누릴 욕망을 투사할 꿈을
품었다.

　황우도강 자리에 애착을 갖는 박세원에게 박상의는 금기를 하나 제시
한다. 이 금기란 '반드시 밀이(密移)를 해서 무덤을 쓰라'는 것이었다.
'밀이'란 '몰래 매장하는 것'을 말하는데, 그 이유는 설화 상에는 나와
있지 않아 짐작할 수 없다. 박세원은 이 금기사항을 지켜 이장을 했고,
풍수 박상의에 대한 확고한 믿음도 있어 폐백까지 주어 보냈다.

　그런데 이장 후 복록이 나타날 줄 알았던 박세원 집안은 구연자의 표
현대로라면 '깨자반 부서지듯 부서져 버려 박살이 나 버렸다'. 박세원의
불행은 살림만 없어진 것이 아니라, 그 자신이 문둥이가 됨으로써 절정
에 달한다. 이로 인해 동네에서 더 이상 살지 못하고 출막(出幕), 즉 동네
밖으로 축출을 당하는 수모까지 겪었다. 예로부터 문둥병은 전염성이 강
해 이 병에 걸린 사람들은 '천형(天刑)을 받았다' 여겨진 병이다. 이 병은
예로부터 주변사람들로부터 함께 살기를 거부당해 인적이 없는 곳으로
내쫓김을 당하게 하는 무서운 질환이다. 잘 살던 박세원이 하루아침에
이 같은 신세로 전락해 버린 것이다. 무덤을 쓰고 살림만 없어져도 큰일
인데, 수용자가 천형의 병인 문둥이가 되었다는 것은 분명 그 무덤을 잘
못 쓴 것이다. 잘못 쓴 무덤은 동네에서 축출까지 당하는 뿌리 뽑힘의
상황을 유발시켰다. 이렇듯 박세원이 무덤 공간에 투여했던 부귀영화 욕

망은 최악의 결과를 가져왔다.

인간이 애착을 두어 선택한 무덤 공간은 그의 인생의 중심이 되지는 않지만, 그의 삶에 활력소를 만들어 주는 요인이 되기는 한다. 하지만 박세원의 경우, 인생의 활력소를 만들어주는 것이 아닌 고통을 안겨주는 역할을 하고 있다는 점에서 문제가 제기된다. 하지만 이러한 고통 역시 그가 바랐던 무덤 공간에 대한 깊은 개입의 일부이다. 충분히 가졌으면서도 더 많은 것을 원하던 박세원의 몰락은 민중이 그에게 부과한 응징이고, 그는 이 고통을 수용할 수밖에 없을 것이다.[172]

박세원의 경우, 설화의 행간을 통해 보면 그는 대단한 부귀영화를 누리는 것 같지는 않지만 어느 정도 재물을 축적하고 사는 인물로 보인다. 그런데도 불구하고 자신이 결핍되었다고 생각하여 그 결핍을 채워줄 거라 믿는 대상에게 욕망을 느꼈다. 그 결과 부귀영화는커녕 살림이 깨자반 부서지듯 부서져 박살나고, 자신도 문둥이가 되어 출막당하는 신세로 전락했다. 이를 통해 알 수 있듯 그가 품었던 욕망은 내일을 기약할 수 있는 버팀목이나 활력소가 아닌, 앞에서 알아본 <정승 판서 집터>의 아버지의 욕망이나 <두 풍수쟁이>의 민우소의 욕망처럼 환상이나 미혹에 불과한 욕심이다. 그 역시 앞에서 알아본 다른 인물들처럼 환상에

---

172) Relph, Edward, 김덕현·김현주·심승희 옮김, 앞의 책, 102쪽. 여기에서 고통의 의미는 타 공간의 점유가 쉽지 않음을 내포하고 있다. 박상의는 박세원에게 무덤 공간을 넘겨주면서 '반드시 밀이(密移)를 해서 이장해야 한다'는 조건을 달았다. 이장에 밀이의 방법이 필요하다는 것은 그 공간을 소유하고 싶어 하는 사람들이 많다는 것을 의미한다. 많은 사람들이 눈독을 들이는 무덤 공간이라면 아무리 정식으로 부여받은 공간이라 할지라도 문제가 생길 가능성이 있을 것이다. 이를 방지하기 위해 반드시 밀이를 하라고 부탁했던 것이다. 이것은 제2장에서 알아본 <경주 최씨와 개무덤>의 맏며느리가 업이 정해주었다고 믿은 터에 담을 치라고 한 것과 같은 맥락으로 볼 수 있다. 박세원은 지관이 시키는 대로 했지만, 명당을 얻으려는 그의 의식은 과욕에 해당한다. 민중은 박세원의 이러한 의식에 대해 지관의 실수라는 사건을 통해 그의 인생의 바닥으로 전락케 하여 안 겪어도 될 고통을 받게 함으로서 민중의식의 향방을 보여주었다.

서 오는 쾌감을 현실화하여 더 이상 나빠질 수 없을 만큼 나락의 경지로 떨어졌다. 위의 <두 풍수쟁이>에 나오는 민우소처럼 자기조절능력의 결여로 그러한 지경이 된 것이다.

그러나 박세원은 이를 자신의 욕심의 결과라 생각하지 않고, 박상의가 준 것으로 생각하여 원한을 품는다. 자신은 그에게 적선을 했는데 자신을 몰락시켰다고 생각하여, 죽여 버릴 심산으로 칼을 품고 살며 그가 오기만 기다렸다. 3년이 지난 뒤 박상의는 자신이 발견한 명당의 효험을 보려고 그 동네를 다시 찾아왔다가 박세원이 처한 상황을 듣고 깜짝 놀랐다. 그는 분명 명당을 발견해서 자신에게 도움을 준 사람에게 사은의 뜻으로 그 무덤 자리를 주었고, 감사의 폐백도 받아갔기 때문에 이런 일이 생겼으리라고는 꿈에도 생각지 못했던 것이다.

> 황소란 놈이 강을 건너라며는 대갈박만 남기고는 몸뚱이는 다들어 갑니다. 그러면은 쇠고리(꼬리)란 놈이 뿔로 가 붙습니다. 어디가 붙을데가 없으니께 코로 숨쉬어쌌고, 귀때기은 내려가 쌌고, 꽁뎅이는 뿔로가 붙는거여. 아 그 뿔 모에다 써줬단 말이여. 그러니까 이놈이 문둥병이 걸렸단 말이여.(715쪽)

자신의 실수를 확인한 박상의는 박세원을 찾아가 진심어린 말로 사죄를 했다.

> 가서 저 위에 쓰가주구(써가지고) 저만치 서서 박세원 왈
> "내가 그전에 당신 묘 써주고 간 사람이오."
> "허 잘 왔구만. 어서 오라고."
> 흐물대는 기여 오면 찔러버릴려구.
> "아니오 내가 박생원 소문 다 들렀소. 내 박생원 못 살게 할라구 묘 써준 사람은 아니오. 그런디 나도 지금 일어 날라구 하는 판이오. 그러니 일이 이렇게 되었소. 하우도와(黃牛渡江)는 분명하오. 분명한디, 내 사흘 여기서 묵었소. 헌게 소란 놈이 강을 거너가면서 꽁뎅이 뿔으로가 붙어. 부렀소. 코에다 써 줘야 하는디. 내 잘못했소. 그렇게 좌우간 내말 듣고 묘를 옮기면은 문

등병도 낫고, 살림 붙고 한다고, 그렇게 내 고의적으로 당신 죽이려고 한 사
람은 아니오. 당신 집이 거부가 된 줄 알고 왔는디 이럴 수가 있소 말이오.
그렇게 내 말 한번 더 돌리시오."
　헌데 가만히 생각한데 자기 병이 낫고 허니 욕심이 또 생기 나.(715쪽)

　위와 같이 박상의의 진심어린 사죄와 박세원의 부귀영화를 누리려는
욕망은 그를 죽이려던 마음을 돌려놓기에 이른다. 박상의는 새로 이장
할 무덤을 바로잡아주었고, 박세원은 병도 낫고 다시 옛날의 영화를 되
찾았다.
　박세원이 경험한 일련의 사건들은 이미 잘 살고 있는 그가 무덤을 통
해 더 큰 부귀영화를 누리고 싶어 한 데서 기인한다고 볼 수 있다. 이
점은 위의 예문 마지막 줄에서도 드러나고 있다. 박상의가 잘못 봐준 명
당으로 인해 극한의 나락으로까지 떨어졌으면서도 또 명당에 욕심을 내
고 있다. 그는 두 번이나 명당에 집착을 보였다. 앞에서 자신이 원하는
대상이 충족되었다 해도 그것을 얻고 나면 또 다시 욕망이 남는 존재가
인간이라 했다. 그는 이 상태를 조절하지 못하고 과욕을 부려 인간이 떨
어질 수 있는 가장 밑바닥 상황까지 경험하게 되었는데도 불구하고 또다
시 부귀영화에 대한 욕망을 버리지 못한 것이다. 이 설화는 박세원의 경
우에서 보듯 노력하지 않고 더 큰 부귀영화를 끝없이 얻고 싶은 인간의
끝없는 욕망을 보여준다.
　박상의 역시 지향점은 다르지만 고통을 받았다는 점에서는 마찬가지
이다. 황우도강 명당에 투사된 박상의의 장소감은 그의 '경험 부족에서
오는 실수'로, 그 공간에 집착을 가진 다른 사람의 인생을 망가뜨리는
실패를 가져왔다. 그 역시 박세원의 욕망 표출 및 성취에 개입한 주요
인물로서, 그의 무덤 공간에서 나온 그릇된 에너지의 영향을 함께 받았
다고 해도 과언이 아니다. 이러한 사실은 공간과 인간의 관계가 즐거운
경험이 될 수만은 없었음을 말해주는 결과이다. 박세원이 고통 받았던,

다시 말해 박상의가 실수로 얻은 무덤 공간은 잘못된 장소감에서 나온
것이다. 이후 일어난 일련의 사건과 아울러 가진 자의 넘치는 욕심을 경
계하는 의도가 담긴 민중의식의 반영이라 할 수 있을 것이다.

민우소를 제외하고 본고에서 알아본 부귀영화를 얻기 위한 무덤 공간
과 인간의 상호조응 문제는 모두 원하는 바를 이루었다. 그러나 자신이
원했건 원하지 않았건 대가를 치렀다는 점에서 공간과 인간 역시 서로
소통이 필요한 존재라는 점을 깨달을 수 있다.

2) 자기확장

무덤을 통해 공간과 인간의 상호조응을 알아보는 측면에서 두 번째로
나타나는 인간의 욕망은 자기확장[173], 즉 또 다른 자기를 통해 가문의
영속성을 지키는 것이다. 이것은 가문의 대를 잇는 것과 자손을 번성케
하는 두 가지 양상으로 나타난다.

먼저 알아볼 부분은 가문의 대를 잇는 욕망을 무덤 공간에 투사해 공

---

173) 정충권은 이 용어 대신 '재생산'이라는 용어로 사용하였다.(정충권, 앞의 논문.)
재생산이란 용어에 대해 엥겔스는 '재생산'을 '사회적 생산과정의 지속적인 반
복과 중단되지 않는 갱신'이라는 정치경제적 측면을 토대로 하여 생존 수단과 종
족 번식으로 나눈다[Engels, Friedrich, *Der Ursprung der Familie, des Privateigentums
und des Staats*, 1892.(김경미 옮김, 『가족, 사적 소유, 국가의 기원』, 책세상,
2010, 15~16쪽)]고 한 취지에서 사용하였다. 본고에서 사용한 '자기확장' 역시
엥겔스의 재생산에 대한 견해 중 두 번째에 해당하는 용어이다. 하지만 본고의
이 부분에서는 엥겔스의 첫 번째 견해를 사용하고 있지 않아 혼란의 여지가 있
어 이 용어보다 좀 더 직접적으로 이해될 수 있는 '자기확장'이란 용어로 이를
대신함을 밝힌다. 본고에서 사용한 자기 확장이란 용어 사용은 신월균의 견해에
힘입은 바 크다. 그는 박사학위논문에서 "자기 생명은 자기에게서 끝나는 것이
아니라 자손의 생명으로 살아 이어지는 일종의 가족적 부활의식이어서, 인간의
행·불행은 자기 자신에게서 완성되는 것이 아니라 여러 대에 걸쳐 완성되는 것
이므로 후손의 영광이 곧 자신의 영광이라는 '거시적 안목'으로 판단된다"고 하
였다.(申月均, 앞의 논문, 231쪽을 참고하기 바람.)

간과 인간이 상호조응을 맺는 설화이다. 주지하다시피 조선조는 유교를 국시(國是)로 정해 종법제(宗法制)를 채택하고 따른 국가이다. 종법제란 부계(父系)·부권(父權)·부치(父治)를 핵심 개념으로 하는 제도이다. 이 원리를 따르면 '아버지의 아버지를 거슬러 올라가 백세(百世) 위까지 닿더라도 자신의 조상인 줄 알지만 어머니의 어머니를 거슬러 올라가면 삼세(三世) 이상은 알지 못 한다'는 논리가 적용된다. 다시 말해 아버지의 신분과 권리가 아들에게 전해지며, 집안의 아버지가 대표권을 갖는 것이 주된 내용이다. 이것은 '동성불혼(同姓不婚)'·'처첩 구분'·'적장자계승(嫡長子繼承)' 등이 주 내용으로 구성되었는데,[174] 이를 유지하려면 아들을 낳아 대를 잇는 것이 무척 중요하다. 이 법제를 적용하게 되면 이른바 '종법적 인간형(宗法的 人間型)'[175]을 생산하게 되는데, 그것이 바로 남성의 계보를 통해 자신의 정체성을 찾는 방법이다. 설화의 세계에서도 당대의 이러한 사고가 녹아있어 다양한 방법으로 아들을 얻는 각편이 많이 등장한다. 그중 무덤 공간에 욕망을 투사해 아들을 낳는 방법은 『구비대계』에는 죽은 자식이 대를 잇기 바라는 경우와 살아있는 아내를 죽이고 새 아내가 대를 잇기 바라는 경우의 형태로 나타난다.[176]

먼저 죽은 자식에게서 손자를 보고 싶어 하는 욕망을 담은 설화의 서사구조는 다음과 같다.

ㄱ. 9대 독자의 진사 집인데, 장가 안 간 열세 살 먹은 아들이 죽어 대가

---

174) 이숙인, 앞의 책, 76~77쪽 참조.

175) 위의 책, 77쪽.

176) 무덤 공간을 이용해 아들을 보는 유형은 <홀아비를 잘 살게 해준 풍수와 중>(박견문 구연, 앞의 설화 참조.)이라는 설화도 있다. 하지만 이 설화의 경우 홀아비가 대도 잇고 부자가 되지만, 공간과 인간이 관련을 맺으며 발생하는 욕망의 형태가 보이지 않는다. 다만 선행에 대한 답례로 받은 선물에 불과하기 때문에 본고의 텍스트로는 적합하지 않아 사용하지 않았다. 따라서 본고에서는 대를 이어 가문의 영속성을 누리고 싶어 하는 욕망이 담긴 텍스트만 사용하여 서술하였다.

끊겼다.

ㄴ. 절손(絶孫)한 것이 서러워 아들 무덤에서 우는 데 어떤 스님이 시간과 장소를 알려주며 아들을 이장하면 얼마 안 가서 손자를 볼 수 있다고 한다.

ㄷ. 스님이 알려준 곳을 가보니 평지에 도로변 이었다.

ㄹ. 그 스님은 장천사(張天師)라는 사람으로 폐백은 손자가 걸어 다닐 때 쯤 와서 받겠다고 한다.

ㅁ. 얼마 안 있다가 그 고을에 원님이 부임하는데 과년한 딸 하나를 데리고 왔다.

ㅂ. 이 딸이 대변이 급해서 평지에서 변을 보는데, 웬 청동자(靑童子)가 와서 겁탈을 하고 신물(信物)로 칼을 주고 간다.

ㅅ. 원님 딸은 배가 불러서 어머니가 물어보니 부임하던 날의 얘기를 했다.

ㅇ. 원님이 칼의 임자를 수소문하여 집으로 오게 해서 그 칼로 과일을 깎았는데, 진사가 이 칼을 보고 눈물을 흘린다.

ㅈ. 진사가 죽은 아들 묘에다 넣어 준 칼이라 하자, 원님은 딸이 임신한 것을 보여주고 죽은 진사 아들의 아기임을 확인한다.

ㅊ. 진사는 아들 없는 며느리를 데리고 와서 손자를 본다.

ㅋ. 두 해 쯤 되어 장천사가 찾아와 폐백을 청해 주었는데, 며느리가 그 중을 보고자 한다.

ㅌ. 며느리는 '사자유손지혈(死子遺孫之穴)'이 또 있는지 묻고, 한 집에 적덕을 한 대신 한 집에는 적악했다며 바늘로 장천사의 한 눈을 찌른다.

ㅍ. 잘못을 깨달은 장천사가 부부를 만나게 해 줄 자리로 이장하게 해줘 밤마다 남편이 찾아왔다.(최종묵 구연, <사자유손지혈(死子遺孫之穴)>, 『구비대계』 4-4, 충청남도 보령군 오천면 설화 53, 1980, 752~757쪽.)

여기에서의 무덤 공간은 세 군데이다. 첫 번째 무덤 공간은 9대 째 독자로 연명해 오다 대가 끊긴 진사 집안의 애처로움만 담긴 공간이다. 두 번째 평지로 된 아들의 무덤은 장천사가 정해줘 이장한 무덤으로, 죽은 아들이 원님 딸을 유인해 임신시킨 공간이다. 그리고 세 번째 무덤 공간은 원님 딸과 죽은 아들을 연결시켜 주기 위해 이장한 공간이다. 아들 없는 집에서 손을 이으려면 누군가의 희생이 필요한데, 그 희생자는 원한을 가질 수밖에 없다. 두 번째 무덤 공간이 희생자를 만들어 낸 공간이고, 이 공간으로 인해 생긴 희생자의 원한을 해소시킬 수 있었던 것은 세 번째 무덤 공간이다.[177] 그 중 대를 잇기 위한 욕망이 나타나는 공간은 두 번째 무덤 공간으로, 여기에는 비록 아들은 없어도 자손을 봐서 끊긴 대를 이어 가문의 영속성을 유지하고 싶은 진사의 간곡한 욕망이 드러나 있다. 세 번째 무덤 공간에 투사된 욕망은 귀신에게 겁탈 당해 임신하여 자신의 일생을 망친 원님 딸의 원한을 해소시켜 주는 공간이다. 이 공간과 첫 번째 무덤 공간은 대를 잇기 위한 욕망이 발생하는 곳이 아니므로 여기서는 논하지 않겠다.

일찍이 맹자(孟子)는 '孟子曰 不孝有三 無後爲大, 즉 불효는 세 가지인데, 후손이 없는 것이 가장 크다'[178]고 했다. 유교 국가인 조선조에서 채택한 종법제를 유지하려면 당연히 자손, 특히 아들이 있어야 할 것이다.

---

177) 이 유형의 설화는 총 28편이 『구비대계』에 채록되어 있다. 이 중 희생자가 원한을 갖고 이를 표출하는 각편은 본고에서 알아보는 텍스트를 비롯하여 총 3편 뿐이고 나머지는 가부장제에 입각하여 사자(死子)의 집안에 대를 이어 준 것에 초점을 맞춰져 구술되었다. 이중 본고와 같은 결말 구조를 가진 설화 각편들은 다음과 같다. 곽성용 구연, <아들 없이 손자 얻은 명당>, 『구비대계』 4-3, 충청남도 아산군 음봉면 설화 8, 한국학중앙연구원, 1980, 609쪽~612쪽; 전세권 구연, <사자유손지혈(死子有孫之穴), 『구비대계』 4-4, 충청남도 공주군 의당면 설화 12, 한국학중앙연구원, 1980, 143~146쪽이다. 본고의 텍스트는 희생자의 원한 해소를 위해 무덤 공간을 한 번 더 이장하지만, 다른 각편들은 이 부분에 대한 서사장치가 다르다. <아들 없이 손자 얻은 명당>의 경우에는 아들 없이 손자를 얻게 한 명당을 알려준 중을 만나 칼로 상처를 낸다. 또한 본고의 텍스트와 같은 제목의 각편인 <사자유손지혈>의 경우에는 또 한 군데의 사자유손지혈이 있음을 알고 있는 시아버지를 살해하고 있어 더 이상의 피해자가 나오지 않게 할 뿐 새로운 무덤 공간이 등장하는 각편은 본고의 텍스트 밖에 없다.

178) 朱熹, 한상갑 역, 앞의 책, 244~245쪽 참조.
『구비대계』에는 어느 고관대작이 무후(無後)한 것이 싫어 3대 뒤에 아들 스물여덟 형제를 낳는 무덤 공간을 선택 하는 설화가 있다.(김봉학 구연, <스무 여덟 형제 얻은 명당터>, 『구비대계』 7-16, 경상북도 선산군 고아면 설화 43, 1980, 100~107쪽 참조.) 3대 뒤에 이렇게 많은 아들을 낳는다면 그동안 대가 끊어지지는 않을 것을 암시하는 것이다. 또한 자식이 많으면 그만큼 노동력도 풍부해져 풍요롭게 살 수 있다는 농경주의적 사고를 반영하는 것이기도 하다.

후손 없는 것을 면하기 위해 장천사가 정해준 무덤 공간은 아들이 죽어 대를 이을 수 없는 결핍을 해소시켜줄 수 있는 명당이다.

이 공간으로의 이장은 효험이 있었다. 대 이을 자식의 죽음으로 인해 자신의 책임과 의무를 다하지 못한 진사의 결핍은 이를 안타깝게 여긴 장천사의 도움으로 해결되었다. 이런 점에서 볼 때 이 설화는 현실적 공간을 논하는 이 글의 목적에 대비한다면 판타스틱한 면도 없지 않다. '고목에 꽃피랴'라는 속담도 있듯이 죽어서 신체가 없어진 아들에게서 자손을 보는 문제이기 때문이다. 우리나라 설화 중 <생거남원 사거임실(生居南原 死居任實)>179)이라는 염라대왕의 불분명한 지시로 인해, 다른 사람을 잘못 데려가서 혼란을 빚는 이야기가 있다. 이를 깨달은 염라대왕이 바로잡기는 했지만, 그의 집이 가난하여 당일로 시체를 치운 바람에 혼이 들어갈 곳이 없어 다른 사람의 몸속으로 들어갔다. 이 경우 비록 타인의 몸이지만 살아있어 자손 생산을 바라볼 여지라도 있겠지만, 이 설화의 경우는 전혀 그럴 기미조차 보이지 않는다. 그런데 이 설화의 결핍은 엉뚱한 데서 해결의 실마리를 찾는다. 죽은 아들에게서 자식을 볼 수 있다는 '사자유손지혈(死子有孫之血)'을 통해 해결의 물꼬가 터지는 것이다.

> "진사님? 그 울은들 됩니까? 그게. 울어 가지구서 일이…. 소승의 말씀을 들으세요. 아뭇 날 아무 디에다가 아무 시에, 자제를 이장을 하시기요. 천묘를 허라고. 그러면은 불과 월마 안 가서 소자를 보실 겝니다. 그, 사자유손지혈(死子有孫之穴)인디, 죽은 아들게서 손자를 보는 혈여요 그게. 그러닝깨 꼭 그 거기다가 그걸하시오."
> 아 그러더니, 그 말 그 뒤에 워쨌던 인홀불견여. 어트게. 사람두 읎어져버리구 내가 꿈을 꿨나아 이러할 만하게 그렇게 됐더라 그말여. 그런디 인제 거기를 가구 보닝깨, 저 분그, 혈맥으루 뭣이해서 아문 디라구 했는디, 가 보닝깨

---

179) 정상규 구연, <생거남원 사거임실(生居南原 死居任實)>, 『구비대계』 5-2, 전라북도 전주시 완주군 노송동 설화 1, 1980, 274~275쪽.

도로변이거든? 순전헌 평지에 도로변여.(752쪽)

　장천사가 제시한 무덤 자리는 평지의 도로변이다. 일반적으로 무덤은 봉분을 원칙으로 하고 있고, 모든 생명체의 활력의 원천이 되는 생명에너지가 있는 곳180)에 있어야 한다고 생각하고 있다. 그 이유는 땅의 기의 흐름이 만물을 자라나게 하는 것으로 생각하고, 이를 인간의 삶과 서로 연관 지어 생각했기 때문이다. 그러한 기, 즉 생기(生氣)가 충만한 곳에 무덤을 조성해야 한다고 생각하는 것이다. 사람들이 많이 다니는 도로변에는 많은 사람들이 지나 다녀 생기를 보존할 수 없을 것이다. 그렇다면 이러한 곳에서는 그 음덕(蔭德)을 받기 어려운 일이다. 상식적으로 볼 때 장천사가 제시한 무덤 자리는 가당치 않은 방법의 제시였다고 볼 수 있다.

　그러나 장천사의 의도는 실력 있는 지관들이 물의 생생력을 이용하여 금시발복의 자리를 찾는 것과 같은 비일상적인 접근으로 욕망을 성취할 수 있게 하는 데에 있다.181) 죽은 아들에게서 자식을 보기 위해 장천사가 생각한 계획은 일단 사람들이 많이 모여 드는 곳이어야 한다는 것이다. 누구든 안심하고 그 곳에 오갈 수 있어야 일을 도모할 수 있는 확률이 높아지기 때문이다.182) 이러한 곳은 죽은 아들에게서 반드시 살아있는 손자를 봐야 하는 중차대한 임무가 걸린 무덤 공간이므로, 욕망의 강

---

180) 성동환, 「땅의 기란 무엇인가?」, 최창조 외 4인, 『풍수, 그 삶의 지리 생명의 지리』, 푸른나무, 1993, 105쪽.

181) 본고에서 언급한 <남의 말 듣다 잃고만 금시발복 자리>나 <홀아비를 잘 살게 해준 풍수와 중>과 같은 설화 유형에도 지관이 물의 생생력을 이용한 비일상적 사고로 금시발복자리를 선정해 주고 있다.

182) 이 설화는 도로변의 평토장(平土葬)의 형식으로 묘안이 제시되지만 같은 내용의 다른 설화는 평토장으로 장례 지낸 후 그 위에 누구든 쉬어갈 수 있는 객사와 같은 공간을 만들어 제공하는데, 이 집에서 똑같은 일이 일어나 자손을 보는 경우도 있다.(박무세 구연, <사자생손(死子生孫)의 혈(穴)>, 『구비대계』 8-3, 경상남도 진주시 상봉동 설화 8, 1980, 150~154쪽 참고.)

도가 높지 않을 수 없을 것이다.

전통적으로 우리나라의 장제(葬制) 풍속은 죽은 이가 미혼(未婚)일 경우 길가에 묻고 봉분을 만들지 않았다. 위에서 언급한 것처럼 무덤을 쓸 때에는 주로 모든 생명체의 활력의 원천이 되는 생명에너지가 충만한 곳인 산 속에 쓰는 것이 다반사이다. 시신을 산 속에 묻는 이유는 죽은 자의 무덤을 통해 살아있는 자의 발복을 원하기 때문이면서, 이것뿐만 아니라 살아있는 사람들과 완전히 분리하기 위한 것이기도 하다. 하지만 죽은 사람이 미혼의 경우에는 생전에 해결하지 못한 원한 때문에 삶에 대한 미련이 많을 것으로 여겨 산 사람들 틈인 도로변에 무덤을 만든다. 이를 노장(路葬)이라고 하는데, 그렇게 하면 매일 그 위나 근처를 지나는 많은 사람들이 밟고 지나가기 때문에 그 원한이 해소되어버린다는 습속이 있었기 때문이다.[183]

장천사의 말대로 도로변의 평지에 이장하였더니 과연 놀라운 일이 벌어졌다. 도임(到任) 오는 원님의 딸이 그 자리에서 대변을 보려고 할 때 아들의 혼령이 나와 겁탈하여 임신하게 되었던 것이다.

　　이장을 허구 나서 불과 얼마 안 됐는디 그 골 관장(官長) 원님이 도임을 허게 됐어. 그런디 가기 딸 하나를 다리구 오노? 과년한 딸 하나를 다리구 와. 그때 사인교 타구 댕기은 시절인디 사인교루 내외 모서오구 뒤루는 딸이 뭣이했는디, 종을 불러서 뭐라구 허눙구 허니,
　　"가마를 멈춰라."
　　어머니 가마를 인제 멈춰서,
　　"왜 그러느냐."
　　구 그러니까, 대변이 금방 대변을 허야겠단 말여. 그흐으러니 평지에서 어, 종덜 어디가마 미구 오던 종덜이 다 익구 뭐헌디 그거 워트갈 도리가 읎는디 보닝께 웬 묘 하나 새묘문은 디가 익거든? 거기에 의지허구서 자기가 거 인제 쪼글터리구서 참 대변을 허러…아, 대변을 헐라구 걷구 보닝께 웬 청동자 애

---

183) 村山智順, 崔吉城 옮김, 앞의 책, 315쪽 참고.

하나가 '털푸덕' 나오더니 이 여자허구 접촉을 해 뻐린딘 말여. 처녀허구우?
그러먼서 뭐라구 허능구 허니 '야중이(나중에) 신표(信標)를 다시 헐 도리 욱구
이걸 각구 나가야만 뭣이헐 도리가 있다.'구. 아 손이다 쥐어 쥐가지구서 아
깨구 보닝께 꿈, 꿈과 같이 됐네 그려. 손이가 아 뭐 하나가 잡혀있더라 그말
여. 그래서 그걸 가지구서 다시 가마를 타구서 와서 그걸 보닝께 칼여. 칼여.
그래 '소상반죽(瀟湘斑竹)이라구 그 개의 할아버지, 몇 대 할아버징가가 그 상
으루 받은 지금으루 말허먼 상으로 받었던 그 칼여.(752쪽)

유교적 사고를 근간으로 한 우리 민족의 투철한 혈연보존의식(血緣保
存意識)에 의하면 절손(絶孫)은 더 없는 불행이다. 자손을 바라는 것은 자
신의 흔적을 남기고, 연속성 안에 자신을 새기고, 과거에 뿌리를 내린
채 미래로 향하는 역사의 전개에 자신이 참여할 수 있는 일이기 때문에
더욱 그러하다. 그래서 많은 사람들이 앞에서 알아본 경우처럼 다자(多
子)를 선호하였다. 더욱이 이 집은 9대씩이나 독자로 겨우 명맥을 유지
해왔는데, 진사 대에 와서 가문의 대가 끊긴다는 것은 그에게 있어 최대
의 비극이라고 할 수 있다.

처음에 자신의 대에 이러한 비극을 맞은 진사는 이 충격을 이기지 못
해 아들의 무덤에 가서 마냥 비감해만 하고 있었다. 외아들인 아들이 죽
은 집안에서 산 손자를 보는 일은 꿈같은 소망이다. 그런데 '사자유손지
혈'이라는 명당을 통해 사람들의 욕망이자 원망(願望)인 가문의 대 잇기
가 실현되어 영속성을 유지할 수 있게 되었다. 인간의 욕망은 그가 살고
있는 사회가 지향하는 가치의 기준을 따라 형성된다.[184] 유교적 삶을 사
는 사람들이 지향하는 가장 큰 가치는 대를 이어 자신의 가문을 영속적
으로 이어나가는 것이다. 이를 위해 진사는 자식이 죽어 가문의 대가 끊
어질 위험에 처해 있었지만 한 여성의 인생을 희생시키면서까지 목매달
수밖에 없었던 것이다.

---

184) 최봉영, 『주체와 욕망』, 앞의 책, 193쪽.

죽은 아들의 혼령이 남긴 신물은 처녀가 아기를 낳은 뒤 신분을 밝혀 주는 매개가 되어 진사의 간절한 소망이 성취되었음을 알게 해 주는 도구가 되었다. 종법제를 토대로 살아가는 조선시대의 사회상을 볼 때, 어떤 방법으로든 자손을 보아 대를 잇는다는 것은 무척 중요하다. 자기의 생명은 자기 자신에게서 끝나는 것이 아니라 자손의 생명으로 살아 움직인다는 일종의 종족적 부활의식(種族的 復活意識)[185]이 세계관으로 형성되어 있기 때문이다.

대 잇기를 통해 가문의 영속성을 지속하는 두 번째 예는 멀쩡히 살아 있는 아내를 죽이고, 새 아내에게서 아들 낳기를 시도하는 설화에서 볼 수 있다. 이 설화의 서사구조는 다음과 같다.

ㄱ. 오십 줄에 든 어떤 부부가 있었는데, 부인이 적덕을 하면 자식을 둘 수 있다고 하니, 밭에 참외와 수박을 심어 목마른 사람에게 주자고 하여 남편이 응락했다.
ㄴ. 수박 참외가 익어갈 무렵 도선대사가 지나가면서 먹기를 청했다.
ㄷ. 수박 값을 주었는데 받지 않아 그 이유를 물으니 자손을 보기 위해 적덕하는 것이라고 했다.
ㄹ. 도선이 수박 밭 옆에 자리를 잡고 부모님 묘소를 이장하라고 했다.
ㅁ. 도선이 지나간 후 이심(李沁)이라는 유학가(儒學家)가 지나가며 또 참외와 수박을 얻어먹고 돈을 받지 않자 자초지종을 듣는다.
ㅂ. 그 말을 들은 이심이 도선을 만나 한 겹 장 내려 써야지 그 곳에 쓰면 어떻게 하느냐고 해서 그대로 따랐다.
ㅅ. 그리고 구덩이를 하나 더 파게 한 후 집에 가서 송장을 가져다 묻으라고 했다.
ㅇ. 집에 가 보니 마누라가 죽어 있어 그 곳에 묻고, 새 장가를 들어서 아들 6형제를 보았다.(김동원 구연, <마누라 죽여 아들을 두게 한 명당>, 『구비대계』 3-4, 충북 영동군 영동읍 설화 29, 1980, 155~158쪽.)

이 설화의 무덤 공간 역시 위의 설화처럼 세 군데의 무덤 공간이 나타

---

185) 申月均, 앞의 박사학위논문, 231쪽.

난다. 그 중 처음 나타나는 공간은 현재 부모님이 묻혀 있는 무덤 공간
으로 설정되어 있지만 직접 제시되어 있지는 않다. 도선이 보기에 이 무
덤 자리는 자손을 이어주지 못할 공간이라 인식되었으므로 이장이 불가
피한 것으로 보인다.

수박 먹은 집 부모님을 이장하기 위해 도선이 찾은 자리는 참외 수박
밭 옆으로, 그는 이 무덤 공간에 부모의 유골을 이장하면 손을 이을 수
있다고 보았다. 그런데 이 공간은 유학가 이심의 등장으로 무용지물이
되었고, 도선이 부모님을 이장하려고 선정한 공간에서 한 겹 장 내려 쓴
곳이 이장할 무덤 자리로 새롭게 떠올랐다. 이곳은 도선이 아니라 유학
가 이심이 선택한 공간으로 한 생명을 희생하고 아들을 볼 수 있는 공간
이다. 마지막 공간은 남성중심사회의 이기주의에 희생된 아내가 묻힐 공
간인데, 여기까지 과정을 거쳐야 새로 장가들어 아들을 볼 수 있는 공간
으로 설정되었다. 두 번째의 부모님을 이장할 무덤 공간도 대를 잇기 위
한 의도가 담긴 곳이다. 하지만 적선을 시도한 아내를 죽이고, 다른 아내
를 통해 아들을 낳고자 하는 강한 욕망이 부여된 곳이어서 눈길을 끈다.

이 설화에서 오십 세가 되도록 아이가 없어 절손(絶孫) 위기에 처한
부부가 대 잇기라는 책무를 성공시킬 수 있는 매개는 아내의 제안으로
비롯된다. 그녀는 아들을 낳기 위해 목마른 사람에게 직접 가꾼 과일을
제공하자는 선행을 제안하였다. 이 선행으로 말미암아 과일을 얻어먹은
풍수지리가 도선(道詵)[186]과 유학가(儒學家) 이심(李沁)[187]이라는 승지가

---

186) 속성(俗姓)은 김(金)이고 호(號)는 옥룡자(玉龍子)이다. 전남 영암(靈岩)에서 출생
    하여 15세에 지리산 서봉(西峰)인 월류봉 화엄사(月留峰 華嚴寺)에 들어가 승려
    가 되어 불경을 공부하고, 4년 만인 846년(문성왕 8)에 대의(大義)를 통달하여
    신승(神僧)으로 추앙받았다. 이때부터 수도행각에 나서 동리산(桐裡山)의 혜철
    (惠徹)을 찾아가 '무설설무법법(無說說無法法)'을 배웠으며, 23세에 천도사(穿道
    寺)에서 구족계(具足戒)를 받았다. 운봉산(雲峰山)의 굴속에서 참선삼매(參禪三
    昧)한 후, 태백산(太白山) 움막에서 고행하였으며, 전라도 희양현 백계산 옥룡사
    (曦陽縣 白鷄山 玉龍寺)에 머물다가 죽었다. 헌강왕의 초빙으로 궁중에 들어가

과일 먹은 보답으로 점지해 준 무덤 자리 덕분에 열매를 맺었다. 처음에 도선이 잡아 준 자리는 부모의 무덤을 이장시킬 자리였다. 설화의 행간을 보면 부모에게서 나오는 음덕을 통해 그의 아내의 배를 빌어 후손보기 복록 기능을 시도하려 한 것으로 보인다. 그런데 도선이 지나가고 바로 나타난 이심은 그것을 원칙적으로 거부하고 부모님을 이장할 무덤을 새로 마련하였다. 그리고는 다시 무덤 자리를 하나 더 장만하게 했다. 설화에서 이 과정은 도선과 이심의 대화를 통해 도선은 이심이 새로 장만한 자리에서 일어날 복록 기능을 알고 있어 이를 피하려고 했는데, 이심에게 설득 당해 동의하는 것으로 나온다.

> "그 참 알구선 안되겠다. 그러니 탁발하는 중이니까 멀리 가지 안했을테니께 가서 그 중을 좀 모셔오면 어떡겠느냐?"
> 이고 얘길하니까,
> "아 그러겠다."
> 이고 말여. 저 사라져가는 걸 참 모셔왔더랍니다. 모셔왔는데 둘이 도선이하고 이심이 승지하고 둘이 문답을 햐. 문답을 하는데 도선이한테 뭐라고 얘기하는고 하니 이심이가,
> "그 기왕이면 한겁장 내려쓰지 여기다 써서 되겠느냐?"
> 이고 이렇게 얘기하니까 도선이가,
> "그렇지만 아 그래서."

왕에게도 많은 영향을 끼쳤다. 그의 음양지리(陰陽地理說)·풍수상지법(風水相地法)은 고려·조선 시대를 통하여 우리 민족의 가치관에 큰 영향을 끼친 학설이다. 죽은 후 효공왕이 요공국사(了空國師)라는 시호를, 고려 현종은 대선사(大禪師), 숙종은 왕사(王師)를 추증했고, 인종은 선각국사(先覺國師)라는 시호를 내렸으며, 의종은 비를 세웠다. 도선에 관한 설화가 옥룡사 비문등에 실려 있다. 그의 음양지리설, 풍수상지법은 조선에 이르기까지 민족의 가치관에 큰 영향을 끼쳤다. 저서에 『도선비기(道詵秘記)』『도선답산가(道詵踏山歌)』이외에도, 『송악명당기(松岳明堂記)』등이 전한다.(두산백과사전 참조)

187) 조선왕조의 조상으로 한룡공의 아들이라고 하며, 조선 멸망 후 일어설 정씨의 조상이라는 정감과 금강산에서 대화 하는 내용을 담은 『정감록(鄭鑑錄)』에서 풍수지리가라고 알려져 있을 뿐 자세한 기록이 없다.(두산백과사전 참조)

이라거든.

"그렇지만 도리가 있느냐? 그렇게 해야되지 그렇지 않으면 되것느냐?"

이고 이렇게 얘기하거든.

"그래."

하면서 자리를 한, 두장을 내려서 참 다시 옮겼드랍니다, 옮겨놓구서는 그리 그나서 그 다음에 그 다음에 뭐라고 얘기하는고 하니,

"구덩일 하나 더 파라."

고. 그래서 구덩일 하나 더 팠어. 더 팠는데,

"집에 송장이 있을 테니 가보라."

고. 가보니까 자기 마누라가 죽었어. 벌써 그때는 벌써 단 단산(斷産)이 돼, 돼서 아이를 못 낳는 판이고 자기가 장가를 들어야만 자식을 두지 장가를 들지않을 것 같으면 자식을 못 둬. 그렇기 때문에 그 마누라가 죽고서 다시 장 개를 들어가지구서 아들 6형젤 낳다는 이런 얘기가 있읍니다.(158쪽)

예문을 보면 이심의 의견대로 도선이 제시한 무덤에서 한 겁 장 옮겨 부모님을 이장할 무덤을 정해주면서 하나를 준비하는데, 그 자리는 지금 은 살아있지만 곧 죽일[188] 아내의 무덤자리였다. 남편이 대를 이을 수 있는 곳으로 부모의 무덤을 이장할 공간을 마련하고 집에 가보니, 이심 의 말처럼 조금 전까지 멀쩡하던 아내가 죽어 있었다. 그 사람은 그 자리 에 아내를 묻고, 새 장가를 가서 자손을 보아 자신의 결핍을 해소하고 있다. 이 설화에서는 이심이 선택한 무덤 공간에 가장 강한 욕망이 투사 되고 있다. 이것은 살아있는 사람의 죽음을 담보로 한 복록이 나타날 공 간이라 도선이 이를 피했다는 점에서 우선적으로 드러난다. 그러나 가부 장제를 대변하는 이심의 결정과 이에 설득당한 도선, 그리고 이러한 사실

---

188) 본 저자는 이 부분에서 '죽을'이라고 서술하지 않고 '죽일'이라고 하였다. '죽은' 은 스스로 죽는 것이고, '죽일'은 죽는 사람 자신이 아닌 다른 존재가 죽이는 것이다. 이 설화에서 보면 어떤 사람도 직접적으로 이 여자를 죽이는 사람은 없다. 그 여자를 죽이는 것은 이데올로기이다. 하지만 이 여성이 스스로 죽는 것도 아니고 자연사도 사고사와 같이 직접 그 여자에게 경험되는 것이 아니라 이데올로 기라는 의식이 그녀를 죽이는 것이기 때문에 '죽을' 아닌 '죽일'이라는 용어를 사용한 것이다.

을 다 알면서도 그 무덤을 선택한 남편의 행위에서 결정적으로 드러난다.

결국 그 남자는 자신의 아내를 죽이고 새 아내를 얻어 발복하게 되었다. 여기에서 문제가 되는 것은, 대 잇기에 집착한 '혈통의 순수성'[189]을 주장하는 이러한 인식이 자식을 낳지 못하는 아내를 가족 구성원으로 인정하지 않고 배제해 버렸다는 점이다. 아내는 대를 잇기 위한 방법을 제시하고 적극적으로 실천에 옮겼지만, 그 결과로 자신은 죽임을 당하는 희생자가 되었다. 가문의 영속성을 위해 대 잇기라는 제의의 제물로 바쳐진 희생양이 된 것이다. 일반적으로 여성의 나이가 오십 대가 되면 단산(斷産)이 되는 반면, 남성들의 경우에는 그 나이에도 생식력이 있다[190]고 생각하는 민중들의 인식이 작용한 결과라고 보인다. 이를 통해 생산성이 없는 여성은 여성으로서의 존재 가치를 가지지 않는다는 사고[191]가 팽배한 것을 알 수 있다.

유학을 세계관으로 하는 사회의 대표적 성향 중 하나가 바로 '가문의 대를 잇는 것'이다. 이러한 사회에서 가문의 영속성은 하나의 독자적인 조직으로서 소속원을 조직하고, 생업(生業)을 영위하고, 종교적 의례를 거행하여 스스로를 실현코자 한다.[192] 이러한 사회를 영위하려면 아들을 낳아 대를 잇는 것이 가장 일차적이고, 가장 중요한 목표로 간주되었다. 이러한 이유 때문에 조선조 여성의 부덕(婦德)은 시집의 가계계승과 번성을 위한 희생적 삶[193]으로 살아가야 하는 것을 기본으로 한다. 공간과 인간의 상호조응성을 알아보는 관점에서 알아본 이 설화들은 이들의 대 이을 아들이 없음이라는 결핍의식은 의식으로만 그치지 않고 남편과

---

189) 강성숙, 앞의 논문, 38쪽.
190) 손정희는 이에 대해 단산의 나이인 부인을 죽여 젊은 층으로 대신하게 하는 것이 합리적이라고 생각했기 때문이라고 하고 있다.(손정희, 앞의 책, 70쪽 참고.)
191) 위의 책, 184쪽.
192) 崔鳳永, 『韓國人의 社會的 性格 I -一般論理의 構成-』, 36쪽.
193) 이이효재, 앞의 책, 69쪽.

아내가 모두 스스로를 죄인으로 치부하고 있어 더욱 비감(悲感)함을 느끼게 한다.

종법제가 시행되던 유교적 세계관을 표방하는 사회에서 아들을 낳아 가문의 영속성을 유지시키는 일은 무엇보다 큰 책임과 의무이다. 만일 이 책무를 제대로 이행하지 못 한다면, 그 사람은 가문에 큰 죄를 지은 죄인으로 치부된다. 이러한 이유로 앞 시대에서 아들을 두고자 하는 욕망의 강도는 욕망을 넘어 죄인이 되지 않으려는 치열함으로 매우 높다. 그래서 당대의 사람들은 아들을 두기 위해 물불을 가리지 않고 방법을 찾아 시행하는 것이다. 여기에서 이데올로기의 죄인이 되지 않기 위해 선택하는 방법은 자식을 볼 수 있는 명당으로의 이장을 발판으로 하는 방법이었다.[194] 대를 이을 아들이 없어서 자손을 보게 해 주는 무덤을 매개로 한 설화는 당대 사회의 가장 최우선 가치관이 무엇인지를 알게 해 준다. 가문 번성과 영달, 가계 지속과 번창은 혈연을 중심으로 하는 사회가 가장 최우선으로 여기는 가치관이다. 이러한 가치관이 성립되려면 자식, 특히 아들이 반드시 있어야 한다. 그러나 이 설화들에 나타나는 가문들은 모두 이 요인을 채우지 못했다. 그 원인은 아내와 대 이어 줄 자식이 죽고 없거나(<사자유손지혈>), 아내가 단산기(斷産期)에 들어 더 이상 아이 낳는 것을 바랄 수 없다고 아예 죽였기(<마누라 죽여 아들을 두게 한 명당>) 때문이다. 이러한 단면은 당대 사람들의 결핍 중에

---

194) 여성에게 문제가 있을 경우 첩이나 씨받이를 두기도 한다. 남성에게 문제가 있을 경우에는 앞서 알아본 <사람은 사주팔자 속으로 산다>나 <스무 여덟 형제 얻은 명당터>에서처럼 대리부, 즉 씨내리를 얻기도 한다. 그러나 설화에서 여성에게 문제가 있어 첩이나 씨받이를 두는 경우는 찾을 수 없었다. 첩을 두는 경우는 아이 문제가 아닌 애정이나 부요의 한 방편으로서 이다. 다만 아내를 죽이거나 죽게 하고 새로운 아내를 맞는 예는 여기에서 알아보려는 <마누라 죽여 아들을 두게 한 명당>외에 <홀아비를 잘 살게 해준 풍수와 중> 같은 설화가 있었다. 그중 뒤의 설화의 초점은 심각한 이데올로기로서의 구성이 아닌 풍요를 확인하기 위한 서사장치로 끼어든 경우이므로 이 부분에서는 대상으로 삼지 않았다.

가장 큰 결핍이 무엇인가를 짐작하게 하는 모티프들이다. 자식을 두지 못하는 것은 곧 가계와 가문의 단절을 의미하기 때문에 가장 큰 결핍이 아닐 수 없다. 더구나 자신의 대에 이르러서 자식이 없다면 그것은 곧 자신의 결함이 되어 조상들을 대할 면목을 상실하게 될 것이다. 아들 결핍은 당대의 남성을 대변하는 설화 속 남성들을 절망에 빠뜨리게 하기에 충분할 뿐 아니라, 결핍을 채우기 위한 욕망의 강도도 높게 나타난다. 자식을 낳는다는 것은 다음과 같은 의미가 있다.

> 첫째, 조상에게 물려받은 피를 다시 후손에 물림으로써 가계를 계승하게 하고 이를 토대로 가문을 번창하게 할 의무를 완수할 수 있게 한다.
> 둘째, 제사를 통해 조상 봉사를 지속할 의무를 수행할 수 있다.[195]

위의 예문과 같은 의식을 갖고 있는 시대의 사람들에게 자식이 없다는 것은 커다란 비극이 아닐 수 없다. 맺히면 풀어버리는 두 개의 논리적이고 계기적인 순차에 따라 결합된 과정을 통해 해소하는 특성을 가진[196] 우리 민족의 특성 상 대개의 경우, 그 상황에서 머무르지 않고 자의든 타의든 타개 방법을 찾는다. 설화 상에서 그들이 선택하는 방법은 명당을 통한 복록 발휘이다. 명당은 생명현상이 왕성하기 때문에 그 명당이 주는 생명력과 후손에게 미치는 응험이 직결되기 때문이다.[197]

그러나 아내가 죽었을 뿐 아니라 수태시킬 장본인인 아들이 없는데도(<사자유손지혈>), 그리고 살아있는 아내를 죽여 아들을 보겠다(<마누라 죽여 아들을 두게 한 명당>)는 사고는 지나친 욕심을 가졌다는 것과 같다. 지나친 욕심이 많다는 것은 비정상적인 행위를 할 것이라는 점을

---

195) 成賢慶, 「고전소설과 가문(일대기 영웅소설을 중심으로)」, 『人文研究論集』 第20卷, 서강대 인문과학연구소, 1988, 3쪽.
196) 최시한, 「맺힘-풀림의 서사구조에 대한 시론」, 金烈圭 編, 『韓國文學의 두 問題-怨恨과 家系』, 學硏社, 1985, 40쪽.
197) 林甲娘, 앞의 논문, 170쪽.

저변에 두고 있다. 그럼에도 불구하고 발복을 한다는 것은 민중들의 세계관과 관련이 있다. 주지하다시피 세계관이란 인간의 삶의 세계인 시공간에 대한 인식뿐만 아니라, 행간의 행위에서 추출되는 삶의 방향이나 자세까지를 포괄하는 개념으로 지적 측면 뿐 아니라 실천적, 정서적 측면까지를 아울러 일컫는 총체적 의식[198]을 뜻하는 것이다. 조선조와 같은 세계관을 가진 사회에서 대를 이를 자손은 부모의 결핍을 채워 부모가 충만함이나 완전함에 이를 수 있게 해 주는 단순한 존재라기보다, 부모를 이어받아 앞으로 다가올 역사의 단편을 만드는 위대한 존재이다. 이를 통해 볼 때 가문의 영속성을 유지하기 위해 대를 잇는 것이 얼마나 간절한 욕망이었나를 짐작할 수 있다.

　유교적 세계관이 주류를 이루는 사회에서 나타나는 대 잇기 욕망은 당연히 여성 수난과 관련한 문제와 직면하게 될 것이다. 여성 수난에 대한 담론은 당대의 유교적 이데올로기의 정점(頂點)이라 할 수 있는 사고가 나타나는 이 부분에 오면 상상을 불허하는 기제로 나타난다. 이 수난은 본고에서 알아본 것처럼 여성을 대를 이어줄 도구적 존재로만 인식하는 사회에서는 당연한 귀결이다. 대를 잇기 위한 욕망을 가진 설화군(群)에서 이러한 현상은 많은 텍스트에서 나타난다. 본고에서 알아본 경우에도 남성 쪽 가문의 대를 잇기 위해 혼령이 양가(良家)의 처녀를 겁탈하여 처녀의 일생을 망친다든가(<사자유손지혈>), 선한 마음씨와 지혜 그리고 행동력을 가진 여성을 죽이고 새 아내에게 아들을 얻음(<마누라 죽여 아들을 두게 한 명당>)으로써 자신들의 욕망을 달성하고 있다. 이러한 예들은 가문의 영속성 유지를 위한 극단적인 방법이라 하겠다. 앞의 설화는 수태(受胎)의 대상자로만 여성을 인식하고 있고, 두 번째 설화는 아내가 싹을 틔울 수 없는 메마른 밭이라 인식되기 때문이 제거되었다

---

198) 徐大錫, 「韓國 神話와 民譚의 世界觀 硏究-世界觀的 對稱位相의 檢討-」, 『국어국문학』 제101호, 국어국문학회, 1989, 5쪽.

해도 과언이 아니다. 수태 대상자로서의 여성 역할은 뒤의 설화에서 후처로 등장하는 여성도 별 다를 바 없다.

더욱이 살아 있지도 않은 존재에게 겁탈 당하여 수태하는 원님 딸의 경우와 선행을 하고도 생산력이 없다고 죽임을 당하는 나이든 부인의 경우는, 그야말로 대 잇기 위해서라면 무슨 짓이든 정당화시키는 가부장제의 경직된 사고에서 오는 희생이라 할 수 있을 것이다. 이러한 점은 죽은 사람마저도 그가 남성이라면 여성에게 자신의 권력을 행사해도 된다는 인식이 이를 대변하고 있다. 또 죽은 부모의 음덕으로 부부에게 아기를 점지해 주려던 도선의 변심이나, 이 사실을 다 알면서도 기꺼이 수용한 남편의 행위도 이러한 차원에서 정당화되고 있다. 가문의 대를 잇기 위해서는 무슨 일이든 할 수 있어야 한다는 사고에서 이데올로기에 노예가 되어 있는 인간군상(人間群像)을 발견할 수 있다. 그러한 이유로 부귀영화와 가문의 대 잇기는 유학을 국시로 채택하고 사는 사회에서는 일반적인 등가물이자 인간을 욕망의 화신(化身)으로 만드는 것이다. 이를 통해서 인간은 욕망을 통해 무엇이든 충족시킬 수 있다는 환상을 가지기 때문이다. 이들의 이러한 태도는 생(生)의 본질적 속성이 '생생(生生)'이기 때문에 '생명의 핵심은 유한(有限)한 개체적 생명이 아닌 이어지는 것'[199]이라고 인식했기 때문이다.

지금까지 알아본 결과 유교적 삶을 사는 사람들의 내면의식은 여성들을 아이 낳는 도구적 존재로만 인식하고 있어, 대를 잇기 위해서는 여성은 얼마든지 희생되어도 좋다[200]는 무서운 사고를 행간에 담고 있다. 여성의 희생보다는 후손을 잇는 일이 더 중요하다는 유교적 사고의 비윤리

---

199) 최봉영, 『주체와 욕망』, 앞의 책, 293쪽.
200) 손정희, 앞의 책, 70쪽. 『구비대계』에 수록된 자손 보기와 관련한 설화인 <홀아비를 잘 살게해준 풍수와 중>에서는 수태 능력 없는 아내를 아예 죽은 상태로 등장시킨다. 그리고 가난하지만 착한 홀아비를 위해 천석 과부를 연결시켜주어, 그 과부에게서 자손을 보게 한다. 이 설화 또한 같은 맥락으로 볼 수 있을 것이다.

적 모습을 보여주는 것이다.

이러한 제도 하에서 이데올로기의 희생자가 되는 것은 비단 여성뿐
만이 아니다. 위에서 언급한 것처럼 남성들은 스스로 죄인으로 단죄하
고 있음을 통해, 그들 역시 대를 잇는 도구에 불과할 뿐이라는 것을 보
여주고 있다. 이처럼 가족이 사회질서를 유지하기 위한 도구로서 그 존
재가 인식된다면, 사실상 가족은 친밀한 혈연 감정으로 구성되지 않을
것이다. 모든 가족 구성원이 단지 이데올로기를 위한 희생 도구로 되는
전락되고 말 것임이 분명해지는 데도 말이다. 이러한 점은 유교가 성
(性)gender을 중심으로 하는 가부장제를 실현하고 있기 때문으로, 남성
중심의 사회가 운영됨에 따라 여성을 주변화 하여 생긴 현상이다. 이러
한 현상은 조선조에서 가문의 영속성이 그 어떤 윤리도 초월하는 절대적
신앙의 자리를 차지[201]하고 있다는 것을 보여주는 단초이기도 하다. 여
기서도 공간이 인간의 욕망 표출을 위한 도구로서 사용되어 인간과 상호
조응을 하고 있음을 여실히 보여주고 있다.

자손번성 욕망의 경우, 현실적 삶의 질곡을 헤쳐나가기 위해 인간이
품는 욕망 중 하나가 많은 아들을 두고 싶어 하는 것이라는 점에 초점을
두고 있다. 많은 아들을 둔다는 것은 성욕(性慾)과 깊은 관련이 있다. 하
지만 자식 생산은 풍요와의 연관성 때문에 생산성으로 인정되므로, 성욕
의 문제로만 보아서는 안 된다는 특성도 있다. 방종(放縱)한 분출(噴出)이
아닌 진정한 의미로서의 성욕은 개인과 가문을 직접적으로 연결시키는
살아있는 유기체의 유일한 기능이다. 이러한 경우의 성욕은 인간을 성숙
하게 하고 타인과의 상호조화가 가능하게 하는 도구적 역할을 한다.

조선조에서 자식은 가문의 영속을 위해 필수적인 존재였으며, 당대에
서 인정하는 여러 가치 중에서 으뜸이 되는 것이다. 이와 연결하여 자손
번성, 즉 다산(多産)의 경우는 그 의미가 보다 확대되어 풍요와 번성의

---

201) 강성숙, 앞의 논문, 31쪽.

상징으로 축복의 가장 큰 요인[202]이 되고 있다. 이 내용을 가진 설화의
서사구조는 다음과 같다.

ㄱ. 아들 삼형제를 둔 아버지가 나이가 들어 좋은 배필을 만들어줄 수 있는
   묘자리를 찾은 결과 바닷가에서 찾았다.
ㄴ. 자신이 죽으면 이곳에 묻고 삼형제가 한 군데로 가지 말고 편편히(뿔뿔
   이) 헤어지라고 하고는 그날 저녁에 죽어 유언대로 아들 삼형제가 뿔뿔
   이 흩어졌다.
ㄷ. 큰아들은 길을 가다가 모든 가족이 병환에 죽고 혼자 남은 처녀가 사는
   큰 기와집이 있어 들어가 처녀와 살다 보니 아버지 묘지 생각이 나서
   아내에게 모든 것을 팔아 다른 곳으로 가자고 하여 아버지의 묘 앞에
   가서 산다.
ㄹ. 둘째 아들은 길을 가다 날이 저물어 과부 집에 들어가 하룻밤 묵어가려
   다 그 과부과 인연이 되어 형처럼 전답을 모두 팔아 아버지 묘 앞에 가
   서 부자로 산다.
ㅁ. 셋째 아들은 아무리 세월이 지나도 형들과 같은 행운이 오지 않아 호랑
   이 밥이 되려고 산중으로 들어가 삼십 명의 여자와 모두 관계가 되어
   이 여자들이 모두 임신을 시켰다.
ㅂ. 그 집 위에 남승이 사는 절이 있는데 일 년에 한 번씩 인구조사를 하러
   왔다가 남자가 하나 들어온 후, 여자들이 모두 임신한 것을 보고 내쫓아
   버렸다.
ㅅ. 재산을 전부 가지고 모두 나왔는데, 여자들이 해산하게 되어 각각 세
   쌍둥이를 낳아 도합 구십 명의 아기를 낳았다.
ㅇ. 아기가 크도록 몇 해 있다가 아버지의 묘로 온 가족이 찾아갔다.
ㅈ. 그가 아버지 묘에서 절을 하니 형들의 종들이 보고 이야기 하여 형제가
   서로 만났다.
ㅊ. 아이를 못 낳은 형들에게 아들을 서른 명씩 나눠주고 잘 살았다.(최돈구
   구연, <부인 서른 명에 아들 아흔 명(묘 바람)>,『구비대계』 2-1, 강원
   도 강릉시·명주시 설화 19, 1980, 104~110쪽 참고)

이 설화의 공간은 아버지의 무덤이다. 이곳은 아버지의 사후공간(死後

---

202) 申月均, 앞의 박사학위논문, 223쪽.

空間)이기도 하지만, 아들들의 새로운 인생을 펼치기 위해 출발한 공간
이기도 하다. 그리고 이들은 다시 아버지의 묘에서 모여 재회하고, 이곳
에서 셋째 아들의 많은 아들들을 나누어 사이좋게 함께 산다. 이 설화에
서 아버지가 자식들의 미래를 위해 준비한 무덤 공간에 투사한 욕망은
가문의 영속성을 위한 부귀영화 중 자손번성과 재물추구라는 복록을 모
두 갖춘 공간이지만 자손번성이 그중 두드러지는 덕목이라 이를 중심으
로 알아보겠다. 그런데 특이한 것은 이 아버지 무덤의 에피파니[현현(顯
現)]는 이 모든 것을 아들들에게 한꺼번에 주지 않는다는 점이며, 이 무
덤의 현현은 앞에서 알아본 것처럼 어떤 희생도 필요로 하지 않는다는
점에서 매우 고무적이다. 단지 서로 헤어졌다가 아버지에게 되돌아올 것
을 전제로 하여 그것이 가진 복록을 분배할 뿐이다.

> 똑 내게 죽거든 요렇게 쓰고 기튼날 느 삼형제가 편편히 헤져라. 편편히 헤
> 지는데 한 군데로 가지 말고 편편히 헤져라. 구래 냉중에 살게 되거든 묘 앞
> 에 와서 집을 짓고 살어라.(105쪽)

첫째와 둘째 아들에게 주어진 복록은 금시발복에 가까운 부요(富饒)이
지만, 한편으로는 자식을 두지 못해 절손(絶孫)이다. 설화에서 자손번성
의 복록이 주어진 인물은 셋째 아들뿐이다. 하지만 셋째에게는 형들처럼
쉽게 운이 찾아오지 않았다. 3년이나 돌아다녀도 좋은 희망이 없어 호동
(호랑이) 밥이 되려, 다시 말해 죽으려 산 중으로 들어갔다. 산 중에 들어
가 보니 큰 기와집이 있는데, 그곳에는 소복(素服)한 여인 삼십 명이 있
어 그를 맞았다. 사정을 말하니 '왜 죽을려구 하느냐?'며 함께 살자고 했
다. 이곳이 바로 셋째 아들의 자손번성의 복록을 얻게 되는 공간에의 정
주(定住)가 시작되는 것이다.

이 집에는 젊은 나이에 혼자되어 수절하는 여인들이 서른 명이나 산
다. 이들은 남편 사망 후 본의 아니게 수절하던 여성으로 보인다. 젊은

여인들이 많다는 것은 그 곳이 비옥한 대지라는 것을 의미한다. 수태를
할 수 있는 여성들 중 아기를 가질 여건이 되지 않는 여성은 씨를 뿌리
지 못해 불모가 되어버린 밭과 같다고 볼 수 있다. 그러한 곳에 막내의
출현은 이 여성들을 비옥한 대지로의 전환을 가능케 하는 상호조화의 가
능성을 엿볼 수 있게 하는 밑거름이 되었을 것이다. 더욱이 다자(多子)는
오복의 하나로 인식되고 있기 때문에 이러한 경우는 방종한 분출이라기
보다는 풍요와 개체 지속 욕구203)로 보아야 할 것이다. 미르시아 엘리아
데는 이에 대해, "대지가 주는 최초의 직관은 '넘쳐흐르는 성스러운 힘'
의 그릇으로서의 우주로, 이는 존재하는 모든 것의 토대가 된다"204)고
표현했다. 이 여인들이 아버지의 무덤에서 나오는 성현(聖顯)인 자손번
성의 배우(配偶)가 될 존재들이다. 실제로 이 여인들은 모두 셋째와 한
번씩 관계를 가진 후 임신한 바람에 살던 집에서 모두 함께 쫓겨났다.
그 여인들은 모두 세 쌍둥이를 생산해 그는 일약 도합 구십 명이나 되는
아들들의 아버지가 되어 그의 아버지가 자신의 무덤에 투사한 욕망이 성
취되었다. 앞에서도 언급했지만 자손번성, 즉 다산은 오복에 들어간다.
하물며 아들 선호사상이 투철한 남성 중심의 이데올로기가 지배적이던
시대의 세계에서야 더할 나위 없는 풍요인 것이다.205)

---

203) 張長植, 앞의 박사학위논문, 203쪽.
204) Eliade, Mircea, 이은봉 옮김, 『종교형태론』, 327쪽.
205) 『구비대계』에는 앞에서 소개한 <사람은 사주팔자 속으로 산다>라는 설화가 있
다. 이 설화에서 어떤 남자가 아홉 명의 아들을 낳고 더 이상 경제적 어려움 때
문에 살기 힘들어 점쟁이를 찾아 간다. 점쟁이는 그가 십팔 형제를 낳고 거부로
살 거라고 예언을 하지만, 아홉 형제도 힘에 부쳐서 아내와 합의 하에 집을 나간
다. 집을 나가 배를 타고 어떤 섬에 가서 자식 없는 집에 가서 그 집 주인의 청
으로 그의 아내 아홉 명에게 각각 임신을 시켰다. 집 주인은 증거를 없애기 위해
아내들이 임신한 뒤에 그를 죽이려고 하지만 아내들의 기지로 재물을 가지고 그
집을 탈출한다. 그 여자들의 집을 전전하다 집에 돌아와 보니 그의 집이 부자가
되어 있었다. 섬 주인이 그를 죽이는 대신 많은 재물을 그의 집으로 보내 가족들
이 부자가 되게 했던 것이다. 이후 섬 주인의 아내들이 자식과 재산을 가지고

생명 현상이 왕성한 곳일수록 명당이라 평가받는다. 셋째에게 주어진 자손번성 욕망을 통해 맺은 공간과 인간의 상호조응성은 그 명당이 주는 정체성을 완전하게 드러냈다. 공간의 정체성은 그 곳에 개별성을 부여하거나 다른 공간과의 차별성을 제공하고 독립된 하나의 실체로 인식하게 하는 토대 역할을 한다.206) 아버지 무덤이 가진 정체성은 풍요였고, 이것의 대표적 상징인 자손번성은 셋째아들에게 나타났다. 이제 이룰 만큼 이루었다고 생각한 셋째는 아버지의 유언을 지키기 위해 아버지 무덤으로 갔다. 거기에는 이미 원하는 바를 이룬 형들이 자신의 부를 토대로 기와집을 짓고 잘 살고 있었다. 하지만 이들이 가진 풍요는 반쪽짜리 풍요라고 할 수 있다. 재산은 많지만 당대 사람들의 가장 큰 덕목인 자손이 없는 것이다. 그러나 이들은 이처럼 자식이 없어서 대가 끊길 수 있는 반쪽짜리 풍요를 셋째가 분배해 준 각각 삼십 명 씩의 아들로 채워 완벽한 풍요를 경험한다. 여기에서 아버지가 세 아들들을 위해 자신의 무덤 공간에 투사한 욕망이 무엇이었는지 정확히 드러났다. 아버지 무덤의 정체성은 자손번성을 토대로 한 나눔의 풍요였고, 이를 경험함으로써 아버지의 욕망이 실현된 것이다.

이 절에서 알아본 설화들에서 가족 혹은 자신의 무덤 공간에서 느낀 감정인 장소감은 에드워드 렐프에 의하면 '감정이입내부성(感情移入內部性)'이다. 감정이입내부성이란 어떤 공간이 주는 복록의 의미에 마음을 열고, 느끼고, 그 공간이 주는 상징을 깨달아 존중할 때 생기207)는 마음이다. 이것은 단순히 어떤 공간을 바라보기만 하는 것이 아닌, 그 곳이

찾아와 거부가 되어 잘 살았다는 이야기이다. 이 설화의 경우에는 많은 아들이 고통이었는데, 이 경우는 의식주 해결이 어려운 가난 때문에 생긴 경우이다. 하지만 주인공이 부자가 되었을 때 아들도 두 배가 되었지만 그 아들들과 행복하게 삶으로써 풍요의 대상으로 전환되었다.

206) Lynch, Kevin, *The Image of the City*, MIT Press(Cambrigde), 1960, p.6의 것을 Relph, Edward, 김덕현·김현주·심승희 옮김, 앞의 책, 109쪽에서 재인용함.

207) 위의 책, 126쪽.

지닌 정체성을 구성하는 본질적 요소를 만나고 이해할 때 나타나는 경험이다. 이는 공간과 인간이 서로 조응을 맺을 때 가장 중요한 요소로 작용한다. 이 설화의 주인공들은 자신 혹은 가족이 묻힐 자리에 대해 한점 의심 없이 받아들여 그 무덤 자리를 사후(死後)의 거주공간으로 삼았다. 그래서 이 무덤 공간을 도구로 삼아 자신이 원망(願望)했던 욕망을 실현시켜 가문의 영속성을 영위할 수 있었던 것이다.

3) 이기적 선택

이번에 알아볼 내용은 자신의 복록 충족을 위해 타인의 무덤 공간을 훔치거나 빼앗는, 이른바 투장(偸葬)의 형태로 전개되는 욕망의 유형이다. 타인의 무덤 공간을 훔친다는 것은 자신의 노력 없이 부귀영화를 거저 누리고 싶은 이들이 선택하던 방법 중 하나이다. 다만 이 유형에서 문제가 되는 것은 사회가 조장하여 허용하는 욕망보다 억압하여 금지하는 욕망이 나타난다는 점이다. 억압이나 금지를 바탕으로 한 욕망은 내부에 축적되어 계속적으로 억압에 따른 좌절을 확대하고 축적할 가능성이 있다.208) 여기에 해당하는 구비설화는 명당에 투사되는 욕망이라는 장치를 통해 현실적인 삶의 질곡(桎梏)에서 절실하게 바라던 복록이 무엇인지 알게 해 주는 좋은 예라 하겠다.209)

가문의 영속성을 개인의 실현보다 우선시하는 조선조에서는 복록 발휘를 위해 얻어지는 명당에 대한 치열한 다툼이 많아서, 세력 있는 집안에서 한미한 집안의 선산(先山)을 빼앗아 영달을 꾀하려는 일이 잦았

---

208) 최봉영, 『주체와 욕망』, 앞의 책, 212쪽.
209) 이런 차원에서 이 부분의 욕망은 욕망이라기보다 '욕심'에 가깝다고 할 수 있을 것이다. 욕심은 욕망이 수반하는 정서와 이에 대한 욕구가 비슷한 성격을 갖는 감정이다.(최봉영, 위의 책, 102쪽 참조.) 인간이 공간, 특히 무덤 공간과의 조응을 통해 얻고 싶은 욕망을 초월한 욕심은 다양하지만 가장 많이 추구하는 것이 물질욕·권세욕·자손욕이 나타난다.

다.210) 그래서 무덤 소유권에 대한 쟁송(爭訟)도 끊이지 않아서211), 이로
인한 사회적 문제 또한 적지 않아212) 풍수폐지론(風水廢止論)까지 생겼

210) 『구비대계』에 채록된 설화 중에는 <묘에 묻힌 아버지 새장가 들게 되었다고 한
아이>라는 유형의 설화가 4편 있다. 이 설화의 줄거리는 다음과 같다. 가난한
집에서 아이 아버지가 죽어 좋은 곳에 묘를 써 놓았는데, 부인이 죽은 정승 집안
에서 이 묘 위에 장례를 치르려고 하여 온 집안이 고민에 빠지게 되었다. 이때
아들이 나서서 자신이 해결할 테니 걱정 말라고 하고는, 자기 아버지와 정승 부
인의 묘지 사이에 길을 내었다. 이 사실을 안 정승 집에서 아이를 잡아 묘를 어
지럽힌 이유를 물으니, 아이는 어지럽힌 것이 아니라 자기 아버지가 정승 부인
과 새장가를 들게 되어 길을 정리한 것이라고 말했다. 이 말은 들은 정승 집에서
는 아내의 묘를 이장했다.(자세한 것은 박성호 구연, 『구비대계』 4-4, 충청남도
보령군 대천읍 설화 28, 한국학중앙연구원, 1980, 156~159쪽; 김종호 구연,
<채번암 이야기> 『구비대계』 7-3, 경상북도 월성군 안강읍설화 12, 한국학중
앙연구원, 1980, 223~226쪽; 차상분 구연, <아버지의 묘를 지킨 아들>, 『구비
대계』 8-11, 경상남도 의령군 봉수면 설화 44, 한국학중앙연구원, 1980, 73~
735쪽; 김두화 구연, <정승 어머니의 묘를 옮기게 한 어린 아들의 기지>, 『구
비대계』 8-12, 경상남도 울주이군 언양면 설화 50, 한국학중앙연구원, 1980,
539~541쪽을 참조하기 바람.) 아무리 기능이 출중한 명당이라도 다른 묘가 위
에 있으면 기가 눌려 그 기능을 발휘할 수 없음은 당연한 일이다. 위에 묘를 쓰
는 경우라면 그러한 행위가 분명 아래의 묘에 좋지 않은 영향을 미칠 것임을 알
고서도 저지르는 것임을 알 수 있다. 이것은 타인의 무덤 공간을 강제로 빼앗는
것과 다름없는 경우에 해당한다. 이러한 경우에도 산송이 제기될 가능성이 농후
하다.
211) 이종항, 「풍수지리설」, 『정신문화연구』 제6권 제16호, 한국학중앙연구원, 1983,
153~154쪽 참고. 이 부분에 대해서는 본고에서 알아보는 두 개의 텍스트 외에
안병초 구연, <山訟判決(산송판결)>, 『구비대계』 1-1, 서울시 도봉구 설화 4,
1980, 69~71쪽과 함종태 구연, <박씨 와 심씨의 묘 싸움>, 『구비대계』 2-1, 강
원도 강릉시 설화 54, 1980, 163~164쪽 등 다수 참고. 산송에 관한 자세한 사항
은 이 책의 제4장을 참고하기 바람.
212) 18세기 이후 투장으로 인한 산송은 사회 전반적으로 두드러지는 양상을 보였는
데, 이에 대해 영조는 투장을 엄금하는 대처 방안을 강구하였다. 영조 3년에 발
표한 다음과 같은 교서(敎書)를 통해 당대의 투장으로 인한 산송 문제가 얼마나
심각한 지경에 이르렀는지 알 수 있다. 敎曰: 嗣服初 禁閭家奪入者 使生民安堵
之意也 死者亦非民乎 近觀上言 以山訟者 十之八九 成德潤曾經 侍從 猶尙如此
其他可知 一依閭家奪入借入貫入之目 勒葬 誘葬 偸葬之類各別痛禁 依律施行而
守 令亦當拿問 每年都事覆審時 抽栍摘奸 隨現啓聞 掘移科罪 以示予視民生死無間

었다. 하지만 한 번 민족의 의식과 풍속 속에 파고든 명당에 대한 욕망
은 사라지지 않아 민중의 의식세계를 대변하는 구비설화의 세계에도 상
당 부분을 차지하고 있다. 이 유형의 설화는 타인의 무덤 공간을 훔쳐
그곳에 자신의 욕망을 투사하는 경우와 강제로 빼앗아 욕망을 성취하고
자 하는 두 가지 경우가 있다.

먼저 타인이 자신의 몫으로 쓰려고 잡아둔 명당을 계략을 써서 훔쳐
자신의 것으로 만들어, 명당의 원래 주인이 얻을 기능을 대신 차지하는
경우의 예를 들어 보겠다.

> ㄱ. 두 남매가 한동네 살았는데, 능한 풍수인 김씨 가문으로 출가한 딸은
> 잘 살고 아들은 못 산다.
> ㄴ. 어머니가 돌아가서, 풍수인 자형을 찾아갔으나 출타하고 없어서 누이만
> 초상을 치르러 왔다.
> ㄷ. 상을 치르려면 자형이 있어야 하는데 없어서 누이를 이용해 무덤 자리
> 를 찾는다.
> ㄹ. 사위가 돌아와 장례를 치르러 가보니, 그 무덤은 자신의 아내를 위해
> 준비해 둔 자리였다.
> ㅁ. 그믐에 아버지가 죽어 장례를 치르려니 또 자형이 없다.
> ㅂ. 때마침 자형이 들어오자, 처남은 꾀를 써서 이번에는 자형이 묻힐 자리
> 를 훔쳐 장례를 지낸다.
> ㅅ. 이번에도 무덤 자리를 빼앗긴 것을 안 자형은 할 수 없이 자신 부부의
> 자리를 다시 잡고, 모두 잘 산다.(정이만 구연, <장인 장모에게 묘자리
> 빼앗긴 사위>, 『구비대계』 8-6, 경상남도 거창군 남하면 설화 6, 1980,
> 683~689쪽 참조.)

이 설화에서 문제의 공간은 김씨 풍수가 자신 부부의 사후지지(死後之
地)로 잡아 놓은 무덤 공간이다. 이 말은 그 무덤 공간은 주인이 있는
곳이라는 표현으로 환기시킬 수 있다. 이는 다시 그 무덤 공간이 품고

之意(『英祖實錄』 卷第十一 英祖 3年 3月 20日(丁未)(http://sillok.history.go.kr/.)

있는 기능이 뛰어나 김씨 풍수의 처남이 욕심을 냈다는 말로 바꿀 수 있을 것이다. 이 무덤의 기능은 김씨 풍수의 가난한 처남이 이 무덤 공간을 탐냈고, 말미에 '잘 살았다'라는 한 구연자의 진술로 미루어 보아 그 기능은 부귀영화라는 것을 알 수 있다.

무덤 공간이 품고 있는 기능이 부귀영화라는 것은 당연한 진술이어서 문제가 되지 않는다. 이 설화가 주는 문제 제기는 이러한 기능을 가진 무덤 공간을 누군가 탐내고, 그것을 훔쳐서 자신의 복록을 위한 공간으로 삼았다는 데에 있다. 이 일을 저지른 사람은 김씨 풍수의 처남이라는 인물로, 그가 이러한 행위를 한 이유는 가난을 벗어나 부유하게 되어 가문의 영속성에 기여하고 싶어서이다. 이런 점을 통해 공간과 인간이 상호조응을 통해 자신의 목적, 즉 욕망을 달성하고자 하는 의도를 확인할 수 있다.

그런데 여기서 문제가 되는 것은 자신의 목적을 달성함에 있어, 자신의 노력과 수고로 얻는 것이 아닌 타인 소유의 것을 훔쳐서 원하는 바의 목적을 달성한다는 점이다. '훔친다'는 것은 비도덕적이고 비윤리적인 행위임에 틀림없다. 내면적 관점에서 볼 때 가장 도덕적인 행위는 사심 없는 동기에서 비롯된 행위이다. 이를 행위 주체의 관점에서 본다면 비이기성이 최고 도덕의 기준으로 남아있어야 한다[213]는 말과 같다. 그런데 풍수의 처남이 자신의 복록을 위해 두 차례에 걸쳐 자형 부부의 무덤 공간을 훔쳐서 자기 것화(化) 했다.[214] 이는 그가 사심(私心)이 있는 비도덕적 행위를 하였음을 전제로 하는 것이기도 하다. 이 설화에서 처남은 자형(姊兄) 부부의 무덤 공간을 훔치는 방법으로 계략을 이용하였다. 이

---

213) Niebuhr, Reinhold, *Moral Man and Immoral Society*, Louisville(London), 2001.(남정우 옮김, 『도덕적 인간과 비도덕적 사회』, 대한기독교서회, 2010, 239쪽.)

214) 여기에서 '자기 것화(化)'란 그가 그 무덤을 사용한다는 의미가 아니다. 그 무덤 공간을 사용한 사람들은 그의 부모이지만, 이를 통해 발현되는 복록을 자기 것으로 하여 나아가 가문의 복록을 구하기 위한 의도가 나타나기 때문이다.

는 명당을 얻어 부귀영화를 누리고 싶은 욕망은 매우 강렬하지만 신분이 낮거나 못 가진 자들로서 명당을 얻는다는 것은 감히 엄두도 못 낼 처지에 있는 사람들이 주로 쓰는 방법이다.215) 더구나 이 방법은 이 설화에서처럼 무덤 공간의 주인과의 관계가 가까울수록 번거로운 싸움을 피할 수 있다는 이점이 있다.

김씨 풍수의 처남이 자형 부부의 사후공간(死後空間)으로 선점(先占)해 둔 것을 처음 훔쳐간 것은 어머니의 사망에서 비롯되었다. 주인공의 이러한 행위를 정당화하기 위해 설화의 구연자는 처음부터 그는 못 살고, 누이 부부는 잘 사는 것으로 설정하면서 진술한다. 그러므로 잘 사는 사람의 일부를 가져와도 그 사람이 사는 데에 별 무리가 없을 것이라는 암시가 깔려있는 것이다. 이 무덤 공간을 자기 것화 하기 위해 주인공은 말끝에서 실마리를 찾는 방법, 그러니까 누이의 말실수를 유도하는 방법을 이용했다.

> 그래 내중에 아무리 기다려도 저거 자형 소식이 없어, 이거 천상 부모 장사도 해야되고, 자형을 만나야 해야 될 낀데, 답답해서 할 수 없이 문을 열고 들어 가니께,
> 저거 누나집에 찾아 갔지. 가니까, 저거 누나가 머리를 풀고 머리를 빗어. 그래 들어가면서,
> "야이 누부야, 자형 아직 안 오셨습디까?" 하니까,
> "아직 안 왔다, 너 어짠 일이고? 들어오이라.
> "천상 어무이 장사는 해야 된데, 장소도 있기는 있는데 해를 못해서 부모 장사를 못하겠소." 하면서,
> "그 근처에 아무 꼴짜기에 누부야 클 때 그 골짜기 안 봤소?" 하니,
> "봤지!"
> "그 골짜기에 들어가면 옹기 상점이 있는데 해만 띠면 쓰겠는데 해를 못 띠서 못쓰는기라."
> "그라만 됐어!"(684쪽.)

---

215) 姜中卓, 앞의 博士學位論文, 55쪽 참조.

이 무덤 공간은 누이의 사후지지로 그녀의 남편인 김풍수가 선점(先占)해둔 곳이다. 그녀의 남편이 '능한 풍수'로 상정되어 있으니 무덤이 지닌 복록의 기능은 대단히 좋을 것으로 보인다. 그렇기 때문에 가난한 동생의 입장에서는 그 무덤 공간을 탐을 내어 욕심을 보이지 않을 수 없다.

그의 타인의 무덤 공간에 대한 욕심은 여기서 끝나지 않았다. 어머니의 상중(喪中)에 아버지가 사망하면서 그의 욕심은 다시 마음 밖으로 표출되어 또 한 번의 무덤 훔치기를 감행하고 있다. 인간은 자신이 가진 욕망을 완전히 충족시켜 이것이 전혀 문제가 되지 않는 해방된 상태를 염원한다. 그리하여 충족되지 못해 갈증을 느끼는 억압된 상태를 피하려 하지만 그 욕망이 채워져도 새로운 욕망이 생겨 이를 반복하게 된다. 동생은 자신의 욕망을 충족시키려 누이의 사후공간을 훔쳐 어머니를 묻었지만, 그것으로 만족하지 못하고 이번에는 아버지의 무덤 공간으로 자형의 사후공간을 탐낸 것이다.

> 저거 누부한테 부고가 왔거든. 저거 아버지가 죽었다라는 부고를 말야. 그때 자기 남편 없다. 어디 가고. 그래 동지섣달 삼십삼오 추울 때라. 안날 떡 부인을 부르디만은,
> "어쨌든지 옷을 풀을 시게(세게) 하라."
> 카거든. 그때 없이 사는 뭐 미영비 주의적삼(무명베로 만든 중의와 적삼) 그저 그거지 뭐? 합바지도 없을 때다. 그래 미영비 그 놈을 내서 주적삼을 풀을 시게 해서 빳빳하게 풀을 미겨서 해놓으니까 이른 아침 먹고 일어나더니만,
> "주의적삼 갖다 돌라."
> 카거든. 갖다 주니까 주이적삼을 떡 갈아 입고,
> "천상 내가 오늘 누내집에 가서, 아버지 장사 하는 날 받아가지고 미자리를 잡아 갖고, 아버지를 장사 해야 하는데." 하며,
> "누이집에 갔다 오겠다." 이 카거든.
> "그래 갔다 오이소." 그래 옷을 내주니 싹 갈아 입고는 간다,
> 대차 어떻게 날이 춥던지, 그 미영베 주적삼을 싹 갈아 입고 나가이께네 풀

시게 해노이까네 한 삼십리 걷고 나이까네 죽을 지경이라. 온 다리가 쑤시고
하여 누부네 집에 갔은 기라. ……(중략)……그래 아침에 자고 일난께, 눈이
펄펄 오는데 어제 저녁에도 눈이 왔단 말야. 날은 독시리 바람 불고 추운데
인제 아침을 먹고 가야 되는데,

"자형 가야 되는데, 자형 나귀 하나 주이소, 내 타고 갔다 내일 보내지요."
하니,

"나귀는 안 될 낀데."

"안 되다요?" 그래 바지를 걷어 올리며,

"내 다리 보이소, 걸을 수가 있겠읍니까?" 하며,

"어제 자형 찾아와, 자형 만나 보러 오다가 이렇게 다리가 뻘거졌는데. 나귀
안 타고 못 갑니다, 나귀 주이소!"

"허, 그 참 할 수 없네, 타고 가게 그려, 내일 꼭 보내 주제?"

"보내 주지요."

이거는 나귀만 타고, 한 시라도 미자리를, 미만 잡아 단닌께 이놈 말이 훤히
다 아는기라.(685~688쪽 참고.)

처음에 가난한 처남이 어머니의 무덤 공간을 훔치기 위한 계략으로
누나의 말실수를 유도하였다면, 이번에는 자형의 연민을 유도하는 것과
떼쓰기를 동원한 방법이다. '심하게 풀을 먹인 미영베 주적삼(무명베 중
의적삼)'을 입고 추운 날 먼 길을 가면 당연히 다리에 마찰이 생겨 벌개
질 것은 자명한 일이다. 그러나 그 사실을 모르는 사람이 이를 본다면
아버지의 장례를 치르기 위해 추운 날 무리한 이동을 해서 얻은 상처로
보일 것이다. 이러한 눈속임으로 자형의 연민을 사서 풍수의 나귀를 얻
어 타고는 자형의 사후공간을 훔쳐냈다. 구연자의 진술에도 나와 있지만
주인과 마음이 통하는 동물이 주인의 마음을 미리 알고 행동하는 것을
역이용하여 무덤 주인 밖에 모르는 곳을 찾아낸 것이다. 이 진술을 통해
나귀의 주인인 김씨 풍수는 자신의 사후지지를 자주 찾아갔음을 짐작할
수 있다.

그의 이러한 두 번의 무덤 훔치기는 죽은 사람의 장례를 치러야 했기
때문에 바로 무덤의 원래 주인에게 탄로가 났다. 원래 무덤의 주인이었

던 김씨 풍수는 장모의 장례 때, 그리고 장인의 장례 때 그가 자신 부부를 위해 조성해 둔 무덤 공간을 모조리 빼앗긴 것을 알게 된다. 풍수의 입장에서, 더욱이 자신들이 사용할 무덤 공간은 특히 길한 명당으로 잡았을 것이다. 처남 또한 이 점을 노렸을 것이 분명하다. 그런데 그러한 공간을 빼앗겼음에도 불구하고 그는 처남을 나무라거나 이의제기를 하지 못했다. 장모의 무덤 공간으로 아내의 무덤 공간을 빼앗겼을 때에도 혼자 속으로만 '좋은 자리를 빼앗겼다'며 속상해 했고, 장인의 무덤으로 자신의 자리를 빼앗겼을 때에는 애꿎은 나귀만 죽이고 다시 자신들이 쓸 무덤을 새로 조성했을 뿐이었다.

김씨 풍수와 처남이 같은 공간에 보인 욕망은 비록 비도덕적이기는 했지만, 보다 적극적으로 얻고자 한 사람에게 돌아가 처남의 승리로 끝났다. 결과 역시 자형과 처남의 무덤 공간이 제 기능을 발휘해서 모두 잘 사는 것으로 끝났다. 하지만 처남의 두 번에 걸친 무덤 훔치기를 통한 복록 발휘를 통해 힘없고 가난한 민중의 상황을 다시 한 번 생각하게 한다.

이번에 소개할 설화는 위의 설화처럼 훔치기의 방법을 사용하지만, 그 설화보다 복잡다단한 인간의 심리를 보여주는 일면이 있어 흥미롭다. 이 설화의 서사구조는 다음과 같다.

ㄱ. 어떤 사람이 살기가 하도 어려워서 가족을 떼어 놓고 산중으로 들어가 스님이 되어 지리공부를 했다.
ㄴ. 아버지 무덤 자리를 잡아야겠다고 바랑을 지고 나갔는데, 어떤 큼직한 동네에서 삼 년 안에 벼 천석을 할 명당을 발견했다.
ㄷ. 고향으로 돌아가 아버지 무덤에서 해골만 떼어다가 바랑에 넣고 다시 그 동네로 갔다.
ㄹ. 어느 집에 들어가 쉬다가 밤에 아버지 해골을 들고 나가서 그 자리에 묻었다.
ㅁ. 집주인이 스님이 밤에 몰래 나가자 이상하여 따라 나갔다가 이 광경을

보고 그가 돌아간 후, 자기 아버지를 그 무덤으로 옮기고 스님의 아버
지는 다른 곳에 묻고 표를 해 둔다.

ㅂ. 스님은 삼년 안에 벼 천 석을 할 줄 알았는데 변화가 없자, 다시 돌아다
녀보니 천하대지(天下大地)가 있다.

ㅅ. 먼저 다녀간 집으로 가서 묵으며 다시 밤중에 아버지의 무덤에 가서 다
시 해골을 파간다.

ㅇ. 다시 스님을 따라 나간 주인이 이를 확인한다.

ㅈ. 주인은 집이 더 잘되지만 스님이 와서 다시 이장하다가 아버지 시신을
잃을까봐 걱정스러워, 스님이 작별하고 떠나자 그 뒤를 따라간다.

ㅊ. 스님을 붙잡고 자신의 잘못을 이야기 하자, 스님은 자신의 아버지를 다
시 처음 이장한 곳으로 옮기라고 하고 치산을 부탁한다.

ㅋ. 주인이 응락하고, 스님에게 가족들을 데려오라고 하여 살림을 나누어 잘
살았다.(곽부영 구연, <명당자리 훔쳐서 잘 산 이야기>, 『구비대계』
3-2, 충청북도 청원군 옥산면 설화 1, 1980, 762~770쪽 참고.)

이 설화는 참으로 복잡한 관계도를 가졌는데, 명당 제시자가 수용자를
겸하고 있다는 점과 명당 하나에 수용자가 둘이라는 점에서 그러하다.

먼저 명당 제시자이며 수용자인 스님이 무덤 공간에 투사한 욕망에
대해서 알아보겠다. 명당 제시자는 스님이지만 이 사람은 처음부터 승려
의 신분이 아니었다. 그가 승려가 된 이유는 살기가 어려워서 지리공부
를 하기 위해서이다. 이 사람의 의도는 순수하게 부처를 섬기려는 목적
이 아니므로 언제든 환속(還俗)할 여지를 남기고 있다. 스님은 자신이 지
리에서 박사 정도의 수준이 되었다고 인정되었을 때, 아버지를 이장할
무덤 자리를 찾겠다고 산을 내려와 바랑을 지고 돌아다녔다. 일반적으로
명당에 대한 관념은 명목상으로는 망자가 안주할 공간이라 하지만, 이
스님의 경우를 보더라도 실제로는 후손에게 복을 끼친다는 점에 더 관심
을 기울이고 있음을 알 수 있다. 그러므로 최운식의 언급처럼 풍수가 소
재인 설화에서 망자(亡者)는 '살아있는 후손을 위해 기여하는 존재'216)

---

216) 최운식, 「설화에 나타난 한국인의 풍수의식」, 『한국어문교육』 제10집 제1호, 한

에 불과할 뿐이다.

설화에서 나타나는 길 떠남의 모티프는 앞의 집 공간의 경우에서도 그랬던 것처럼 지금까지의 삶을 부정하고, 새로운 삶으로의 반전을 도모하는 의미를 가지고 있다. 자칭 지리박사인 스님은 돌아다니다가 날이 저물어 자고 갈 집을 찾기 위해 마을로 들어서다, '산이 올몽졸몽 올몽졸몽해서 내려오다 지질펀한 금잔듸 밭'을 발견했다. 그 곳이 삼년 안에 벼 천 석을 할 복록을 지닌 공간임을 확인하고, 어떤 집에 들어가 머물렀다. 아침에 다시 확인해 보니 자신이 엊저녁에 본 것이 확실했다. 그 길로 고향으로 돌아가 아버지 무덤을 파서 해골만 똑 따서 바랑에 넣어 자신이 보아둔 곳으로 갔다.

또 다시 날이 저물어 어떤 집에 머물게 된 그는 남이 알까봐 밤에 몰래 아버지 해골을 묻으러갔다. 그런데 여기에서 문제가 생겼다. 아버지를 자신이 발견한 '3년 안에 벼 천 석'을 할 복록을 가진 명당에 묻기는 했지만 그 자리를 지키지 못 했던 것이다. 밤중에 몰래 바랑을 지고 나가는 스님이 수상하여 뒤따라 나간 집주인에게 그 곳이 명당임을 들킨 것이다. 스님이 떠난 후 집주인은 자신의 아버지를 그 곳에 옮기고는, 그 곳에 있던 해골은 '저 짝에다 잘 파구서 팻말 딱해서 잘 해' 놓았다. 두 사람의 욕망이 한 곳에서 만난 것이다.

스님은 아버지를 명당에 옮겨 놓고 삼 년이 다 되어도 자신의 처지에 아무런 변화가 없고 '늘 그 시눙'이라, 자신의 능력에 의심이 생겨 다시 돌아다녀보니 천하대지의 무덤자리가 있었다. 이곳은 구연자의 표현에 따르면 '산이 울뭉줄뭉 울뭉줄뭉 내려오다 뒷동산이 지질펀한 금잔듸 밭'으로 그 곳에 무덤을 쓰면 '삼 년 안에 씨 천 석'을 해서 부자가 될 복록의 기능을 가진 자리였다. 먼저보다 더 큰 복록의 기능을 가진 명당에 스님의 부귀영화 욕망이 또다시 투사되었지만, 스님은 이 곳 조차 지

국교원대학교 한국어문교육연구소, 2001, 20쪽.

키지 못 했다. 아버지 해골을 가져오기 위해 먼저 묵었던 집에 다시 묵으면서 주인에게 또 들켰던 것이다. 게다가 자기 아버지를 묻었던 무덤자리에는 집주인이 자신의 아버지와 바꾸어 놓아 이미 자기 아버지의 무덤이 아닌 상황이었기 때문에, 그가 심혈을 기울여 찾아내어 그가 의미 있는 공간으로 인식하고 있는 곳이 사실상 무장소성을 지닌 곳으로 변환되어버렸다. 자신의 복록을 위한 공간이 아니라, 남의 복록을 위해 수고해 준 공간으로 뒤바뀐 것이다. 이러한 점 역시 명당에의 애착이 전적으로 즐거운 경험만은 아니라[217]는 것을 내포한다. 그 공간이 스님의 삶의 중심이어야 했지만, 집주인을 위한 공간으로 변환되었기 때문이다.

집주인 역시 두 번에 걸쳐 이장한 무덤자리는 주인 몰래 훔친 공간이었으니, 당연히 이장 이후 자신이 누리게 된 복록은 남의 것을 훔친 복록이었다. 그가 느낀 두 번의 욕망을 넘어선 욕심 표출은 타인 소유의 공간에 느낀 애착이었던 것이다. 욕망을 충족시켜도 새로운 욕망이 생겨나 같은 행위를 반복하고 있다. 주인의 입장에서 볼 때, <박상의와 박세원> 설화에 나온 박세원처럼 과객을 대접했으므로 적덕(積德)해서 얻은 것이라고 볼 수도 있다. 하지만 여기에서 이 사람의 경우에는 풍수와의 합의 끝에 제공받은 것이 아니다. 이 경우는 풍수인 스님이 그 집에 유숙함으로서 우연히 생긴 명당을 훔친 것이었으므로 엄격히 말하면 그가 차지한 곳은 타인의 무덤 공간이 될 것이다.

그의 두 차례에 걸친 무덤 탈취 행위는 스님을 절망에 빠뜨리기에 충분했다. 자신의 부귀영화를 위해 아버지의 해골을 이용한 스님의 욕망과, 자신의 더 큰 복록을 위해 남이 조성해 놓은 명당을 탈취한 집주인의 욕심은 보이지 않는 갈등을 야기하고 있는 셈이다. 자신의 복록을 각자의 노력에 의하지 않고, 조상의 유골을 명당에 모셔 얻으려는 사고는 보이든 보이지 않든 갈등을 유발할 수밖에 없는 것이다.

---

217) Relph, Edward, 김덕현·김현주·심승희 옮김, 앞의 책, 101쪽.

다행히 스님과 주인의 명당으로 인한 보이지 않는 갈등은 우연한 지점에서 해결의 실마리가 생겨 풀린다. 첫 번째 명당에서 복록의 효험을 느끼지 못한 스님이 두 번째 명당으로 해골을 옮기면서 갈등 해결의 조짐을 보이고 있다.

> 그래 이 사람이 쥔이 인저 얼른 내려와서 가만히 와서 사랑에 와서 인저 가만히 들어 눠 있으니께 바시락 바시락 소리가 나더니마는 들어와 잔단말여.
> "야, 저눔이 꼭 삼 년만에 저기가 지가 꼭 부자가 될걸루 알고 썼는데 안 되니께루 아무 효과가 없으니께 저 눔이 또 파 가는긴데…."
> 말여. 모이자리는 더 좋은 자리 구해서 쓰는 거여. 주인이 가만히 보니께 즈이 아부지 모이자리를. 근데 모이자리를 갖다 쓰기만 하문 지가 되기는 점점 잘 된단말여. 잘 되어. 되나 저 눔이 저력하구 돌아댕기다가 인저 지가 아무 효과가 없으면 모이를 파서 집어 내번질지두 모른단 말여. 그래 인저 신체(시체)는 즈이 아버지는 꼭 잃어버리겠어.(768~769쪽.)

예문을 보면 두 사람의 보이지 않는 갈등이 해결되는 실마리는 스님의 연이은 이장으로 인해 아버지 유골을 잃어버릴지 모른다는 집주인의 조바심 때문임을 알 수 있다. 이러한 생각은 집주인으로 하여금 스님을 따라나서게 했고, 스님이 새로운 명당자리에 자신의 아버지를 다시 이장하고 내려올 때 그를 불러 해결의 물꼬를 튼다. 스님을 부른 집주인이 그 사이의 자초지종을 고백하고 상생(相生)의 해결책을 찾게 된 것이다. 그들이 합의한 상생의 해결책은 다음과 같다.

> 그러니께 중이 털썩 주저 앉으면서,
> "그럼 그렇지! 내가 십 년간을 지리공부를 했는데 말여. 내 눈이 어둘리가 없단 말여. 그 먼저 우리 아버지 모이셨던 자리는 말여. 응 삼 년 안에 베 천 석할 자리여. 근데 여이기는 삼 년 안에 씨 천 석 놀 자리여. 응 여기 참 대지이라."
> 그래 인저 먼저 그 쥔이, "그럼 대관절 이 일을 우떡해야 옳소?"
> 그러니께 인저 중이 하는 말이, "대관절 우리 아버지 신체는 파서 당신 도

대체 우떡했소?"

"아 당신 아버지 모이는 내 파다가서 목장에다 잘 내가 묻어놓구 어 표꺼정 잘 해놨다."구.

"그래문 지금이래두 돌아가서 말여. 우리 아부지 모이를 거기다 갖다쓰구서 그 치산(治山)을 해줄 수 있소?" 하니까,

"아 치산이야 마음대루 내 할 수가 있다구. 그 모두 우리 산판이라구."

"그럼 내 아버지 치산이나 해 달라."구. 해 주구,

"그럼 여기는 우떡해야 옳으냐?" 인저 그 그 사람이 그러니께,

"여기는 삼 년 안에 씨 천석을 놀-자리여. 그러니까 이렇게 부자가 되믄 말여, 당신 여이길 자주 왕래하다가서 그 나 자던 줜, 그 분덜 산이여. 산두. 그러니께 그 분을 친해 가지구서 삼 년 안이면 그 산을 판다구 할거다. 삼 년 안에 판다구 하믄 달라는 대루다 주구사. 사서 당신 치산하믄 될거 아닙니까?"

"그럼 그럭하자."(768~769쪽)

그들이 합의한 상생의 해결책은 첫 번째 명당으로 스님의 아버지를 이장하여 치산(治山)해 줄 것, 두 번째 명당은 집주인이 그 산의 주인과 친해져서 삼 년 뒤에 그 산을 사서 치산하라는 것이다. 스님이 제시한 해결책을 듣고 감복한 주인은 스님 아버지의 이장과 치산은 물론 가족을 데려오게 하여 좋은 집을 주어 살게 하고, 첫 번째 명당에서 얻은 복록의 절반을 나누어 주어 함께 잘 살았다. 이로써 두 사람의 얽히고설킨 욕망은 집주인이 스님 아버지의 유골을 처음 자신이 옮겼던 무덤 공간으로 이장함으로써 모두 행복한 결말로 자리 잡았다.[218]

---

218) 이 설화는 바로 위에서 알아본 설화와 구연자의 인식이 조금 다르다. 위의 설화가 똑같이 적극적 방법을 사용하기는 했지만 일반적으로 무덤을 훔쳐서 부귀영화를 얻은 경우를 손들어 주었다면, 이 설화는 무덤 탈취를 통해 부귀영화를 얻는 경우를 부정은 하고 있지 않지만 이에 상응하는 대가를 치러야 한다는 민중의 의식을 담고 있다. 이러한 민중의 세계관은 후술할 설화에 가면 적극적으로 타인의 무덤 탈취 행위를 비난하고 있어 흥미롭다. 이러한 차이는 구비설화의 의식세계가 외부로 드러난 것과 다름을 일깨워주는 동시에, 민중의 다듬어지지 않는 무의식의 동력을 들여다 볼 수 있어 흥미롭다.

이 설화에서 명당 제시자인 스님은 명당 수용자인 집주인의 부도덕한 행위로 인해 두 번에 걸쳐 명당을 상실했으며, 반대로 명당 수용자인 집주인은 두 번에 걸쳐 명당을 획득했다. 지금까지의 분석을 통해 본 결과 거주공간에 투사된 인간의 욕망은 사실상 바람직하지 않은 경우가 눈에 많이 띤다. 특히 무덤 공간에 나타난 경우는 역사적 정황만 보더라도 문제가 있다. 이 설화의 명당 제시자와 수용자의 의식 역시 바람직하다고 볼 수 없다. 두 사람이 모두 부모에게 효도하기 위해 명당을 찾고 수용하는 것이 아니라, 자신들이 부귀영화를 누려 가문의 영속성에 기여하기 위한 도구로 부모의 유골을 이용하는 것이기 때문이다.[219]

조선조는 효를 이데올로기로 인식하고 살았던 시대이다. 유교 인륜의 기본인 삼강오륜(三綱五輪)의 주된 요소는 충(忠)·효·열(烈)로, 이 규범들은 수직적 인간관계를 형성하게 한다. 그 중 임금과 신하의 관계를 축으로 하는 충을 가장 중요한 덕목으로 내세운다. 하지만 그 관계가 아버지와 아들이란 관계의 외적인 표현이고, 본디 유학에서는 인애(仁愛)의 확충과정을 부모를 출발점으로 하여 외부로 뻗어나가기 때문에 아버지와 아들의 관계가 더 앞서는 형태라고 할 수 있다.

효라는 글자의 어원은 자식이 부모를 섬기는 모습에서 유래하는데, 늙을 '老(老→耂)' 자에 아들 '子'를 합쳐 자식이 노인을 업고 있는 형상의 회의문자(會意文字)[220]이다. 이를 보면 '효'는 부모가 자식에게 해 주는 하향적 소통관계(下向的 疏通關係)가 아닌 자녀가 부모를 섬기는 상향적(上向的) 소통관계임을 알 수 있다. 다시 말하면 아버지와 아들 사이의 상호관계가 아닌 자식들의 일방적인 의무사항인 것이다. 효의 기본이 신체발부수지부모(身體髮膚受之父母)라고 했는데, 하물며 부모 신체의 일부

---

219) 이런 점에서도 무덤 공간을 명당으로 얻고자하는 이유 중 '부모에게 효도하기 위함'은 표면상의 이유로 볼 수밖에 없는 것이다.
220) 차용준, 『한국인의 전통사상』, 전주대학교 출판부, 1999, 25쪽.

인 해골을 함부로 다뤄 잃을 뻔했다는 불효에 대한 죄책감이 두 사람의
보이지 않는 갈등을 상생의 해결책으로 인도했을지도 모른다.

어떤 공간을 의식적(意識的)으로 경험하게 되면 그곳은 이해와 성찰의
대상이 된다. 이 관계는 마르틴 부버의 용어를 빌리자면, '나와 사물'이
아닌 '나와 너'의 관계이다.221) 나와 사물의 관계일 때의 공간은 진정한
장소감을 주지 못하는 반면, 나와 너의 관계일 때는 주체와 공간이 하나
가 되어 의식적 장소감을 느낄 수 있다. 이러한 느낌을 받는 대표적 공
간이 무덤이다. 두 사람은 똑같은 공간에 똑같은 욕망을 투사했다. 그러
나 명당 제시자인 스님은 자신이 수고하여 명당을 얻었음에도 불구하고
정작 자신은 그것들을 차지하지 못하여 그 명당이 주는 복록의 기능을
누리지 못했다. 이것은 그가 명당이라는 공간을 나와 사물의 피상적인
관계로 여겼기 때문이다.

반면 주인은 남의 무덤 공간을 훔치는 비윤리적 수단까지 동원하였지
만, 결국 그 공간을 획득한다. 그는 이 공간을 단순한 사물로서의 공간으
로만 인식한 것이 아니라, 나와 너의 절대적인 관계로도 인식하였기 때
문에 비록 남의 것이지만 자기 것화(化)하는 결과를 가져올 수 있었던
것이다. 그것은 스님이 첫 번째 명당에 아버지를 묻어두고 단 한 번도
그곳에 신경도 쓰지 않은 상태에서 자신의 복록 사실에만 급급했고, 집
주인은 스님이 복록을 얻지 못해 자꾸 이장하다 자신의 아버지 유골을
잃게 될까봐 염려스러워 뒤를 쫓은 데에서도 알 수 있다. 그러니까 집주
인이 스님에게 자신의 무덤 탈취 사실을 고백한 것은 남의 무덤 공간을
훔친 행위의 뉘우침이 아닌 순전히 아버지 유골을 지키기 위함이었다고
해도 과언이 아니다. 처음에는 둘 다 아버지 유골은 자신들의 복록을 위
한 사물과 같은 존재였고, 그들의 욕망 역시 그러한 범위 내에서 성취된

---

221) Buber, Martin, *Ich und Du*, Verlag Lanbert Schneider(Heidelberg), 1954, 1974.(표
　　재명 옮김, 『나와 너』, 문예출판사, 2004.)

것은 확실하다. 하지만 주인 먼저 아버지 유골과 이것이 묻힌 공간에 진정한 애정을 되찾음으로써 명당은 그가 보인 애착을 받아들였고, 스님이 나중에 합류함으로써 그 대열에 낄 수 있었던 것이다.

무덤으로 인한 쟁송이 끊임없었지만[222], 사실상 '효'라는 이름으로 부모의 무덤 공간을 명당에 사용하는 경우 면죄부를 받는 경우가 있었다. 부모의 사후 안주 공간(死後 安住 空間)을 조성함에 있어 정성이 부족했다는 주변의 이목에서 벗어나지 않게 조용히 해결하려는 의도 때문이다. 이러한 모습은 위의 두 설화에서 잘 드러난다. <장인 장모에게 묘자리 빼앗긴 사위>에서 풍수인 사위가 자기 부부의 사후지지(死後之地)로 조성한 무덤 공간을 꾀를 쓴 처남에게 빼앗겼다. 그 무덤 공간들은 처부모의 무덤으로 사용되었지만 아무 말 못하고 빼앗겼는데, 이 또한 이러한 맥락에서였다. 이 설화에서도, 가난에 지친 스님이 이를 벗어나기 위해 찾아낸 두 번에 걸친 명당자리를 빼앗겨 자신에게 복록이 돌아오지 않았다. 그럼에도 불구하고 무덤을 훔친 사람을 질타를 하거나 쟁송하지 않고, 단지 자신의 부모 무덤을 치산해 주는 조건으로 타협을 보는 것이다. 스님이 쓰려던 명당을 두 번에 걸쳐 훔쳐 자기 것화(化) 했던 집주인은 스님처럼 가난에 찌든 사람이 아닌 제법 사는 인물이었다. 그런데도 그는 더 큰 복록에 욕심내어 두 번이나 걸쳐 남의 명당을 훔치기에 이른다. 그의 이 행위는 아버지의 유골을 잃어버릴까봐 염려하는 마음이 없었더라면 줄곧 이어졌을 과욕이었다.

제법 사는 집주인의 행위에서 보는 것처럼 욕망은 그것이 성취되었다 해도 거기에서 멈추지 않고 일직선으로 계속 진행[223]하려 한다. 욕망은 불가능이 내포되어있는 대상[224]이라 더 매력적인 것은 사실이다. 자신

---

222) 李鍾恒, 「風水地理說의 盛行의 原因과 그것이 우리 民族性에 미친 惡影響에 關한 一考察」, 『慶大論文集』 第5輯, 慶北大學校, 1961, 501쪽 참고.

223) 吳昶旻, 「老子의 人間觀에 대한 研究-인간의 욕망문제와 聖人의 통치방식을 중심으로」, 成均館大學校 大學院 碩士學位論文, 2002, 49쪽.

이 부족했다고 생각되는 부분을 채워도 아직 부족함을 느끼는 존재가 인간으로, 이 감정은 인간 존재의 밑바닥에 무의식으로 늘 도사리고 있다. 재차 거론하지만 인간의 가장 큰 불행은 만족을 모르는 것이다. 만족함을 알아야만 더 큰 욕망으로 인해 벌어지는 불행을 피할 수 있고, 진정한 행복을 얻을 수 있다는 점을 상기해야 할 것이다.

위의 설화들이 타인의 무덤 공간의 복록을 훔친 경우라면, 이번에 알아볼 내용은 강제로 빼앗는 경우라 할 것이다. 이 내용은 흥선대원군이 자신의 아버지 남연군의 무덤 공간을 얻기 위해 절의 뜰을 빼앗아 사용하는 내용을 담은 설화에서 선명하게 나타난다.

> ㄱ. 흥선대원군이 묘자리를 찾기 위해 가야산으로 갔다.
> ㄴ. 백일 산제(山祭)를 지내니 지관이 현몽하여 맨 먼저 만나는 사람을 데리고 일하라고 한다.
> ㄷ. 산을 내려오다 늙정이(늙은이)을 만나 묘자리 잡는 일을 시킨다.
> ㄹ. 그 사람은 십오대천자지지(十五代天子之地)와 사십팔대장상지지(四十八代將相之地)중 하나를 선택하라고 해서 앞의 것을 선택한다.
> ㅁ. 그 자리는 보덕사라는 절 뒤라 쓸 수가 없다.
> ㅂ. 흥선군은 나무 백 지게를 사서 절에 불을 질러 주장승(주지승)을 피를 토하고 죽게 하고, 그 자리를 차지했다.
> ㅅ. 과연 아들이 15대 광무황제가 되었다.(이영래 구연, <흥선군과 묘자리>, 『구비대계』 4-1, 충청남도 당진군 면천면 설화 11, 1980, 423~425쪽 참고.)

위의 설화는 흥선대원군의 아버지인 남연군의 무덤에 대한 이야기이다. 이곳은 원래 절 마당이므로 임자가 있을 뿐 아니라, 신성한 종교 공간이다. 그럼에도 불구하고 흥선군이 가문의 영달을 위해 절에 불을 지르는 불의(不義)를 저지를 뿐 아니라, 주장승(주지승을 말함)까지 죽게

---

224) Lacan, Jaques, "Desire and the Interpretation of Desire in Hamlet", *Yale French Sudies* No. 55-56, 1977.(이미선 옮김, 권택영 엮음, 앞의 책, 166쪽.)

해서 얻은 공간이다. 여기서도 욕망을 성취하기 위해 절에 불을 지르고, 이로 인해 인명 피해가 발생하는 등 폭력 사태가 생겼음을 주시해야 할 것이다.

이 설화에서 나타난 폭력 역시 타인의 시선에서 인식된 폭력이다. 홍선군의 이러한 폭력은 범위는 작지만, 앞에서 알아본 <두 풍수쟁이>에서 자칫하면 벌어졌을 폭력 사태가 실제로 벌어졌다. 이는 홍선군이 용의주도하게 일을 처리했기 때문이기도 하지만, 명당의 복록을 탐하는 인간의 욕망 성취에 대한 적극성을 보여주려는 민중의 의도적 장치(意圖的 裝置)라고 할 수 있다. 인간이 인간을 지배하기 위해서, 다시 말해 이성(理性)이 인간 존재의 구조 안에서 가장 중심을 차지하는 절대적인 힘으로 인정받고 자리매김하게 위해서 필연적으로 폭력이 행사될 수 있음[225]을 민중의 목소리로 재현한 것이다.

신분상승을 위한 복록을 원하는 내용을 가진 설화의 특징은 가장 많은 부분이 부귀영화를 바란다는 것이다. 그만큼 부귀영화는 모든 것을 다 갖추는 음덕이 되기 때문이다. 그런데 신분상승으로 부귀영화를 누리려면 남들보다 더 많은 노력과 아울러 그에게 점지되는 행운까지 있어야만 가능하여 더욱 어려울 수밖에 없다. 이러한 차원에서 명당이라는 공간은 사람들에게 많은 욕망을 초월한 욕심을 유발시켰으며, 이를 얻기 위한 노력 또한 치열하여 강렬한 욕망이 투사되었을 것은 자명한 일이다. 앞에서도 지적했지만 명당을 얻으려는 이유는 죽은 이를 안주시키기 위한 마음도 있지만, 이를 가장하여 그 자손들이 명당을 통해 복록을 얻고자 하는 마음이 있기 때문이다. 신월균의 지적처럼 죽은 이를 땅에 묻는 일이면서 실제로는 죽은 사람들의 사후 세계에는 전연 언급이 없이[226], 남은 후손들이 명당을 쓴 결과에 대해서만 관심을 갖는 것이 이

---

225) Dadoun, Roder, 최윤주 옮김, 앞의 책, 63쪽.
226) 申月均, 앞의 박사학위논문, 255쪽.

를 대변해 준다. 이러한 유교의 현세중심적 의식(現世中心的 意識)을 강
하게 표출하고 있는 것이 명당이니만큼 그 가치가 확실하게 확인되어야
하는 것이다.

  이 부분의 예로 선택한 설화에서도 죽은 이가 아닌 살아남은 사람들
의 부귀영화를 위해 명당이 선택됨을 알 수 있다. 이 설화에서 등장하는
명당은 '십오대천자지지(十五代天子之地)'로 원래 '사십팔대장상지지(四
十八代將相之地)'와 선택 가능한 자리였다. 이 무덤을 선택한 사람은 조
선 말기 고종황제의 아버지인 흥선대원군으로 당시 사망한 아버지 남연
군의 무덤 자리를 찾고 있었다. 그는 백일 산제(山祭) 끝에 얻은 두 개의
무덤 자리 중 십오대천자지지를 선택한다.

  당시는 흥선군을 비롯한 왕족들이 안동 김씨의 세력에 밀려 그야말로
낙척불우(落拓不遇)한 존재로 살아갈 수밖에 없었던 시대였다. 안동 김씨
들은 자신의 세력을 유지하기 위해 똑똑해 보이는 왕족들은 죽이기 일쑤
였다.[227] 흥선군은 그들의 눈길을 벗어나기 위해 늘 비루할 정도로 자신
을 낮추어 살아 '상갓집(喪家-) 개'라는 별명을 얻을 정도였다. 그는 왕
위에 오를 수 있는 자격을 가진 왕족으로서, 당대의 세력가들을 누르고
당당하게 살고 싶은 생각이 간절했을 것이다. 이러한 사회적 배경이 흥
선군으로 하여금 안동 김씨의 수준과 비슷한 장상(將相)을 거부하고 천

---

227) 왕족 이하전(李夏銓)이 대표적인 인물이다. 이하전은 1842년(헌종 8)에 태어나
    1862년(철종 13)에 죽었다. 본관은 전주(全州)로, 완창군(完昌君) 시인(時仁)의
    아들이다. 1849년(헌종 15)에 헌종이 후사 없이 죽자 왕족 중 기개 있는 인물로
    서 왕위계승권자 후보로 물망에 올랐으나, 외척인 안동 김씨(安東金氏)들의 반
    대로 철종이 즉위하게 되면서부터 안동 김씨들의 감시와 미움을 받았다. 돈령부
    참봉·도정 등을 지냈고, 1862년 김순성(金順性)·이긍선(李兢善) 등에 의하여 왕
    으로 추대되어 모반하였다는 오위장 이재두(李載斗)의 무고로 제주도에 유배(流
    配) 후 사사(賜死)되었다. 고종이 즉위하여 흥선대원군이 집권하자 신원되었
    다.(두산백과사전 참조. 이하전과 관련한 자세한 내용은 사단법인 세종대왕기념
    사업회, 『철종실록』제14권 13년 7월 5일조, 1990, 297~300쪽과 8월 11일조, 303
    쪽 참조.)

자(天子)를 만드는 신분상승이 가능한 복록을 가진 공간을 선택하게 만들었던 것이다. 이것이 홍선군이 십오대천자지지에 강렬한 욕심을 보였던 이유이다.

홍선군의 욕망이 투사된 이 무덤 공간은 고종이 왕이 되고, 또 대한제국의 첫 황제가 되어 그 효능을 입증했다. 이로 인해 홍선군은 살아있는 대원군으로 인정받아 그 위세가 하늘을 찌르게 됨으로써 제 기능을 발휘했다. 그가 무덤에 표출한 욕망이 빛을 발해 왕족이면서 자신보다 못한 지위의 사람들에게 받았던 수모를 일시에 해소하였던 것이다.[228]

그런데 이 설화 속 주인공들의 욕구 충족은 바로 심각한 문제점과 직결된다는 것을 발견할 수 있다. 대원군의 입장에서 볼 때 이 욕망은 그의 삶의 원동력과 에너지가 되었을 것이다. 하지만 그의 욕망 성취는 주체의 생각에 결함이 생긴 상태에서 이루어진 것이므로 지각-생각-실천에 장애가 발생했음을 상기할 필요가 있다. 앞에서 알아본 <정승 판서 집터>의 아버지의 경우 이러한 장애로 인해 판단력 저하에 따른 몰상식한 행동이 나타난 것을 보았다. 대원군의 경우는 정서의 불안정으로 인한 '강박적 행동', '파괴적 행동'이라는 심인성(心因性) 증상이 나타나는 것

---

228) 참고로 이를 답사한 고만수 풍수지리사에 의하면 이 터는 명당이 아니라고 한다. 그의 진술을 그대로 옮겨보겠다. "충남 예산군(禮山郡) 가야산(伽倻山)에 있는 대원군(大院君)의 선친(先親) 남연군(南延君: 고만수 지사는 대원군의 선친을 남양군南陽君으로 알고 있어 바로잡음: 필자 주)을 군왕지지(君王之地) 명당에 써서 고종, 순종(高宗, 純宗) 2대가 군왕을 했다고 전국에서 알고 있습니다. 묘역을 아주 멋지게 단장을 하고 봉분도 크게 호화판으로 하였으니 누가 감히 이 묘를 보고 명당 아니라 하겠습니까? 그러나 이 묘는 명당이 아닙니다. 대살이 범해서 백골이 새까맣게 되어있을 것 입니다. 내 말을 믿지 못하여 이 묘를 파볼 능력이 있는 분이 연락주시면 확인해 드리겠습니다. 나의 명예를 걸고 자신 있게 말합니다. 이 묘 상단에 몇 대의 군왕지지가 있기는 있습니다. 이 땅을 좌혈(坐血)한 명사가 알면서 제대로 좌혈을 해주지 않았습니다. 고종, 순종 2대가 군왕을 한 것은 전주건지산왕릉(全州乾池山王陵)의 군왕지지 기운으로 이씨 28대 군왕을 마감한 것으로 사료됩니다."(http://www.pungsuziry.co.kr/답사기 참고)

을 볼 수 있다.

설화에서 보면 홍선대원군이 얻고 싶었던 무덤 자리는 원칙적으로 그의 몫이 아니었다. 그에게 부귀영화를 가져다 줄 수 있다는 타인의 공간은 절의 뒤뜰이었다. 이 공간은 개인의 공간도 아닌 대중의 공간이었고 종교적 공간이었다는 데에서 더 큰 문제점을 지닌다. 비록 몰락한 처지이기는 하지만 왕족으로서 자신보다 낮은 신분인 안동 김씨의 횡포에 더 이상 물러설 곳이 없었다는 점에서 신분상승을 할 수 있는 공간에 욕망을 투사한 것은 이해할 수 있다. 그러나 결코 자신의 것이 될 수 없는 공간에 욕심을 부려 내 것으로 만들기 위해 파렴치한 짓을 저질렀다는 점은 용서받을 수 없을 것이다. 이 점에 대해 민중은 설화의 끝 부분에서 냉혹한 평가를 내리면서 경계를 했고, 실제로 그는 많은 부분에서 그 대가를 치렀음을 역사적 사실로도 알 수 있다.

자신에게 부귀영화를 안겨줄 공간이지만 결코 자신의 것일 수 없는 이 공간을 얻기 위해 홍선대원군이 한 일은 그 자리를 사들이거나 협조를 요청해서 얻는 것[229]이 아니었다. 그가 선택한 방법은 '나무 백 지게를 사서 안뜰 안에 쌓아' 절에 불을 질러 강제로 빼앗는 것이었다. 이 일의 여파(餘派)에 대해 구연자가 전하는 말은 이러하다.

---

229) 대체로 많은 명당과 관련한 설화에서 주인이 있는 곳에 그 명당이 있으면 가진 자의 권력을 용해서 빼앗으려 한다거나 홍선군의 경우처럼 계략을 써서 빼앗는 경우가 많다. 하지만 이보다 더 많은 유형은 돈을 주고 산다거나 주인의 양해를 얻어서 명당을 차지한다. 이럴 경우 모든 각편들이 그 명당의 임자에게 그가 명당의 임자인 줄 모른 상태에서 먼저 선행(善行)을 한다. 그 명당의 주인은 명당이 필요한 사람들이 베푼 선행을 토대로 부자가 되어 있어 보은의 의미로 그 명당을 주는 것이 보통이다.(김재식 구연, <산모(産母) 구한 적덕으로 얻은 명당>,『구비대계』4-4, 충청남도 보령군 오천면 설화 34, 1980, 666~672쪽 참고. 그 외 수가 있다.) 그 명당자리는 그 가문의 사당(祠堂)일 때도 있는데, 문중회의와 종부(宗婦)의 꿈을 통해 사당의 위치를 옮겨가면서까지 명당을 내어주고 있다.(이창래 구연, <울산 심씨 사당에 묘를 쓴 청송 심씨>,『구비대계』5-4, 전라북도 옥구군 대야면 설화 16, 1980, 649~652쪽 참조.).

주중 시켜서 거기다 불을 싸질렀어. 절이다가. 그러이께 절이 홀렁 다 타백
시졌잖았었어? 타뿍시지는디 그 중은 주장중은 멀쩡헌 놈이 땅이서라무니 재
를 펄펄 던져 피 토허고 죽어버리고 주장중은 죽었어. 그래서 난제(나중에) 산
소를 들였어. 으 산소를 들였는디 이제 우리나라가 인제 중국이다가 이제 속
국이었잖았어? 부속국에서라무니 인제 중국이다이 인제 저어 조공했지? 그래
서라무네 지금 지금 저 한춘대인가으 무학재 고개 넘어가는디 홍제원 너머
거기다가 독립문이라는 거 있잖었가베 서대문, 응 독립문, 서재필 때 지었지.
그자? 응. 그러구서 광무 황제가 그럭허구 서라무니 인제 광무 십년 빽이(밖
에) 없이지 아마.
　광무가 광무황제가 인자 천자가 됐어. 독립했으이께. 십년 천자 노릇 허구,
광무 황제가 유황제가 사년 됐어. 임금 노릇 게 시십오대 천자 십사년 천자
노릇 허구 말었지.(425쪽)

　위의 예문을 보면 경건한 절에 불을 질러 주장승(주지승)이 피를 토하
게 해서 죽게 하고, 천하를 지배하기는 하였지만 14년에 불과하고 일본
에 빼앗겼다는 구연자의 언급이 있다. 구연자의 메시지는 그의 횡포에
대한 대가로, 절을 지키지 못한 주장승이 피를 토하여 죽게 만들고, 나라
마저 빼앗겼다는 인식으로 가득했다. 그리하여 국가 존망의 책임마저도
그의 욕심에 돌리는 냉혹한 평가를 하는 것이다. 이러한 역사적 사실이
그 구연자가 주장하는 대로 일 수도 있고 아닐 수도 있다. 하지만 이 또
한 자신의 것이 아닌 것으로 현세적 삶을 풍요롭게 하기 위한 이기적
선택에서 오는 것이라 할 수 있을 것이다.
　이 부분에서 살펴본 명당을 수용했던 수용자들도 앞에서 알아본 대다
수의 수용자들처럼 모두 자신이 원하는 바를 얻는 데 성공한다. 풍수를
자형으로 둔 남동생은 누나 부부의 사후지지(死後之地)인 명당을 훔쳐서
자기 부모님의 묘로 사용하고는 잘 산다.(<장인 장모에게 묘자리 빼앗
긴 사위>) 집주인은 가난을 타개하기 위해 아버지의 묘를 이장하려고
스님이 선점해 둔 명당을 몰래 차지하여 그 복록을 자신이 차지한다.
(<명당자리 훔쳐서 잘 산 이야기>) 흥선군은 십오대천자지지에 애착을

가져, 부귀영화라는 복록을 이루었다. 하지만 이 복록을 이루기 위해 남
동생은 두 차례나 계략을 써서 누나 부부를 속였고, 집주인은 몰래 훔쳤
으며, 홍선군은 남의 절에 불을 내서 절 주지가 피를 토하고 죽게 했다.

세 설화의 주인공들이 가졌던 욕망은 충동Trieb에 가까운 욕망으로,
충동은 추동력poussée이 되지 못한다.[230] 충동이란 무의식의 구조인 간
극구조(間隙構造)에 부합하는 방식으로 욕망을 심리적 활동에 참여시키
는 합성사진과 같은 것이다.[231] 그것이 욕망의 원인으로서 대상 a의 기
능이 수행되려면, 가문의 영속성을 얻기 위해 명당을 얻으려는 욕망이
그들의 만족 속에서 차지한다고 할 수 있을 어떤 기능이 부여되어야 한
다. 결과적으로 그들이 바라던 부귀영화를 누리고자 하는 욕망은 모두
이루어졌다. 하지만 세 설화에서 주인공들이 부귀영화를 누리기 위해 표
출한 강한 욕망은 타인의 희생과 폭력을 동반했음에 관심 가질 필요가
있다.

공진성은 폭력을 다음과 같이 설명했다.

> 첫째, 폭력은 파괴를 수반할 수 있는 강렬한 힘이다.
> 둘째, 폭력은 두려운 것이지만, 경험과 적응 여부에 따라서 그 강렬함의 정
> 도는 달라질 수 있다.
> 셋째, 폭력의 폭력성을 결정하는 것은 폭력의 사용자가 아니라 폭력의 대상
> 이다.
> 넷째, 폭력은 인간과 관련된 것이다.[232]

설화에서 보듯 폭력을 폭력이게 하는 것은 폭력 사용자가 아닌 피해
자와 주변인이다. 이 말은 인간에게 가해진 폭력이 마치 자신에게 폭력
으로 인식되어야 인정될 수 있기 때문이며, 이를 보거나 듣는 사람들에

230) Lacan, Jacques, 맹정현·이수련 옮김, 앞의 책, 245쪽.
231) 위의 책, 266쪽.
232) 공진성, 『폭력』, 책세상, 1999, 21쪽.

게도 간접적으로 동일한 폭력을 연상시킬 수 있기 때문에 그러하다.[233]

가부장제 사회의 구성원에게는 본능적으로 자신의 가문과 삶과 위상을 상승 발전시키고자 하는 욕구가 있다. 이를 위해 형제를 속이고, 타인의 것을 훔치고, 고의로 불을 내어 사람까지 죽게 하는 폭력적 행위에서 당대 사람들의 부귀영화에 대한 절실함을 엿볼 수 있는 것이다. 충족되지 않는 욕망과 충족불가능한 욕망이라는, 즉 결핍과 도덕성이라는 두 마음의 싸움에서 볼 수 있는 것은 이들이 심각한 내상(內傷)을 입고 있는 존재이다. 이 트라우마가 이 부분의 설화들에서 명당의 기능이 성사되어 그 영험을 발휘하기는 했지만, 이러한 문제점을 도출시킨 점으로 인해 이 명당들은 복(福)과 화(禍)가 함께 나타나 절반의 성공을 보였다고 할 수 있다.

하지만 인간생활의 도덕적 측면이 우선인가, 사회적 갈등이 유발되더라도 이기적 성취의 필연성이 우선적인가라는 담론이 어떤 의미를 가지는가에 대한 해답은 시대와 환경에 달려있다고 본다. 사회경제의 발전과 촉진은 전체적인 인간의 삶을 위태롭게 하는 방향에 있지 않다 해도, 물질의 안정적 상징을 파괴하고 불안을 조성하는 단초가 될 수 있는 기제임을 부인할 수 없다. 그러나 이러한 경향의 발전과 촉진은 그 시대 사람들을 불의를 행하는 인물로 전환케 하는 역할을 할 수 있다. 특히 부귀영화라는 복록을 탐함에 있어 대부분의 설화 주체들은 그 시대가 요구하는 의식을 지향하거나 가난을 벗어나기 위해 부도덕한 행위를 일삼는 것으로 드러난다. 시대와 환경의 상황에 많은 비중을 두기 때문에 과욕이라든가 탐욕의 문제가 두드러지는 것이다.

인간은 타인보다 잘 살기를 원망(願望)하고, 이를 가문의 영속성을 위해 좋은 공간을 욕망한다. 본고에서 알아본 설화 속의 주인공은 남들보다 더 풍요롭고 행복한 삶을 살고 싶은 세계관을 욕망으로 투영시켜, 그

---

233) 위의 책, 23~24쪽.

것이 바탕이 될 공간을 경험하고 그 공간을 통해서 욕망을 달성하고 있다. 하지만 인간이 가진 끝없는 욕망은 그 대상이 한정되어 있어 각자가 가진 능력의 한계점에 직면하게 될 것이다. 그러나 인간이 가진 현세주의적 성향은 이를 인정하지 않고, 원하는 것을 이루기 위해 공공연한 마찰을 일으키고 있음을 지금까지의 논의에서 알 수 있었다. '부귀영화는 인간이 원하는 것이지만 의롭지 못하면 뜬구름과 같다'[234]고 한 공자는 욕망에 대해 '慾而不貪, 즉 원하지만 탐욕하지 않는 것'[235]이라고 했다. 이는 앞에서도 언급한 것처럼 욕망 자체를 금지하는 것이 아니라, 그것이 갖는 '탐욕'의 성질 억제를 말하는 것임을 유념해야 할 것이다.

지금까지 이 글에서 알아본 내용을 종합해 보면 산 사람의 공간인 집보다 특히 죽은 사람의 공간인 무덤에서 폐단이 더 많다는 것을 알 수 있다. 앞에서도 거론했지만, 집은 그 집에서 태어났거나 그 집에 사는 사람에게만 복록이 발휘된다. 반면 무덤은 아직 태어나지도 않은 후손뿐 아니라, 무덤 주인의 모든 혈족, 가문에까지 그 영향력이 미친다. 이는 집보다 무덤에서 오는 영향력의 크기 때문이라고 집약할 수 있다. 이러한 사실은 당대가 혈연을 중심으로 하는 가문주의 사고가 팽창한 시대였기 때문이라는 것을 반영한다. 복록이 크고, 그 범위가 넓을수록 가문의 영속성을 위한 범위가 커지기 때문인 것이다.

이상으로 거주공간과 인간의 관련이 어떤 양상으로 상호조응적 관계를 드러내는지 알아보았다. 지금까지의 논의에서 보듯 명당을 발견한다는 것은 특정 공간에 장소감을 느낀다는 것이다. 공간이 진정한 의미로써 환경이 되는 것은 공간이 인간적인 의미를 가지는 것, 즉 공간이 인간화가 되는 것[236]이라고 했다. 에드워드 렐프의 '인간답다'[237]라는 말

---

234) 不義而富且貴於我如浮雲.(황병국 옮김, 『論語』 第7 述而編, 범우사, 1997, 110
　　쪽 참조)
235) 위의 책, 第20 堯曰編, 331쪽 참조.
236) 中野 肇, 최재석 옮김, 앞의 책, 130쪽.

의 의미 속에는 이 말의 뜻과 포함되어 있지만 '그 공간을 속속들이 잘
알며, 친밀감을 쌓아간다'라는 내용도 함축되어 있다.

　일반적으로 사람들이 특정 공간에서 느끼는 친밀한 경험은 그들의 가
장 깊은 내면세계에 자리 잡은 것이어서 그것에 형태를 부여하기 어려울
뿐 아니라, 때로는 미처 깨닫지 못한다. 그러나 어떠한 순간 그것이 사람
들의 의식의 표면에 떠오를 때 적극적으로 추구된 경험과 같은 행위들이
감당하지 못할 정도를 보이는데, 이푸 투안은 이를 '친밀한 장소의 경
험'[238]이라고 했다. 이를 통해 공간과 인간의 상호조응은 물리적인 환경
에 불과한 공간에 의미와 가치를 부여하여 그것을 내 공간으로 만드는
인식적·정서적·상징적 활동을 통해 드러난다는 것을 알 수 있다.

　무덤 공간의 경우에는 집 공간보다 복록의 기능이 커서 집(터)를 명당
으로 얻는 것보다 더 선호한다. 공간에 투사하는 인간의 욕망이 가문의
영속성을 위해 이용되기 때문이었다. 그 효험은 나타나겠지만 본고에서
알아본 설화에서 나타난 것처럼 지나친 욕심을 부려 이를 이용하고자 한
다면 설화 분석에서 보는 것처럼 문제점이 도출될 것은 분명하다. 인간
은 자신의 욕망을 충족시키는 데에 있어 방해받는다 싶으면 대상에 대한
강력한 결핍과 손상을 느낀다. 이러한 결핍과 손상이 축소·확대·변형의
방식으로 욕망을 뒤틀리게 하고 부풀려 왜곡함으로써 정상적인 충족이
나 해소가 불가능한 심각한 상황을 초래하게 하는 것이다. 충족이나 해
소가 불가능한 상황이 지속되면 신체적으로나 정신적으로 심각한 증상
을 유발하게 되어 질병의 원인이 된다. 본고에서 알아본 설화의 주인공
들이 그러한 상황이 유발된 경우에 해당할 것이다. 이와 같은 문제점이
도출된다면 공간은 인간적 의미를 가지지 못해 공간과 인간 사이에 상호
조응이 힘들 것이며, 삶의 에너지로서의 진정한 욕망 표출이 되지 못한

---

237) Relph, Edward, 김덕현·김현주·심승희 옮김, 앞의 책, 25쪽.
238) Tuan, Yi-Fu, 구동회·심승희 옮김, 앞의 책, 219쪽.

다는 것을 구비설화를 통해 알 수 있었다.

인간으로 살아간다는 것은 분명 공간과 상호조응을 하는 것임에 틀림이 없다. 이런 점을 고려해 볼 때, 집이나 무덤의 애착인 명당에 대한 열망은 무의미한 공간을 의미화하거나 체계화하여 자신들의 공간 만들기를 하는 것이다. 이때 가장 좋은 부분은 역시 거주공간이 적합하므로, 그곳이 인간의 의도를 담은 의식적(儀式的)인 장소감을 대표할 수 있는 대표적 공간이기 때문이다. 이것은 거주공간이 인간의 일상에서 공간의 의미에 대한 감수성으로 표출되는 공간일 뿐 아니라, 사람에 대한 명료하고 완전한 개념을 반영하는 공간을 확인할 수 있는 곳[239]이라는 점에서 민중의 세계관과 맞닿아 그들이 욕망하는 바를 이루게 하는 곳임을 보여주고 있다.

---

239) Relph, Edward, 김덕현·김현주·심승희 옮김, 앞의 책, 157쪽.

제4장
거주공간과 인간욕망에 담긴
사회문화적 함의

지금까지 거주공간에 투사하는 인간의 욕망 양상을 통해 공간과 인간이 어떤 모습으로 상호조응 하는지 알아보았다. 이를 통해 그 욕망은 어느 개인의 욕구를 충족시키기 위해서가 아닌 자신이 속한 가문의 영속성을 유지시키기 위해 표출되는 것임을 알 수 있었다. 한 시대는 그 시대를 유지하기 위한 문화와 사회관이 있어 이를 중심으로 운영된다. 여기에서 문화란 지식·신앙·예술·도덕·법률·관습·기타 인간이 사회 성원으로 획득한 능력이나 습성의 복합적 전체를 의미하는 것이다. 이 문화는 복합적 전체여서 어떠한 문화 요소를 끌어내어 보아도 그것은 사회전체의 구조 속에 유기적으로 엉켜서 가치 개념을 형성한다는 특징을 가지고 있다. 그리고 가치 개념이 형성된 문화는 특수한 자연적 환경 또는 인간의 물질적·생물적·정신적 욕구의 결과로 제도화된다. 이 제도화된 문화 양식은 그 자체의 내재적 법칙에 의해 계속되며, 고착화의 길로 치닫게 되는데, 이렇게 고착화된 문화 충동이 강인한 고집성을 드러내어[1] 당대의 사회관을 만드는 것이다. 그 중 많은 설화의 배경이 되는 조선조는 유교 이데올로기를 근간으로 하는 사회문화적 배경을 중심으로 운영된 시기이다. 그 시대의 이데올로기를 근간을 하는 모든 문화와 사회관은 당대를 이해할 수 있게 하는 사회문화적 배경이 된다. 따라서 문화와 사회관은 자신들이 가지고 있는 '성(聖)스러움'[2]을 드러내기 위해 그것과 관련해 있는 공동체 안의 사람들을 의식적으로나 무의식적으로 참여케

---

1) 김윤식·김현, 앞의 책, 39~40쪽.
2) 위의 책, 30쪽에서 용어를 인용함.

하는 것이다. 조선조의 경우 유교가 그 시대를 지배하는 이데올로기로 작용하였기 때문에 이것이 당대인을 사로잡은 성스러운 것이 해당하고, 이를 바탕으로 가부장제가 확립되었다. 이것이 당대 사회의 사회문화적 배경으로 존재하는 것이다.

앞에서도 언급하였듯이 이 글은 거주공간에 투사하는 인간의 욕망을 알아보고, 이것이 가문의 영속성을 위해 사용되었음을 밝히는 것이 목적이다. 이를 알아보려면 당대의 문화와 사회관을 바탕으로 하는 사회문화적 배경이 매우 중요한 역할을 한다. 그러므로 이 장에서는 본고가 밝히려는 논지를 위해 우선 조선조, 특히 후기의 사회문화적 배경을 형성하고 있는 가부장제에 대해 알아보겠다. 이어서 이를 토대로 가부장제 아래에서 거주공간에 투사하는 인간의 욕망이 사회문화적으로 어떤 의미를 가지고 있는지에 대해 알아보아 인간의 욕망이 거주공간과 어떤 모습으로 상호조응하는지 밝히고자 한다.

Ⅰ. 당대 사회문화적 배경

주지하다시피 조선조는 유교를 이데올로기로 채택하여 따르는 국가였다. 하지만 전기와 후기가 다른 양상으로 나타나고 있는 바, 전기에 비해 후기가 보다 강력한 규범으로 자리한다. 이러한 현상이 나타난 가장 큰 원인은 임진왜란과 병자호란으로 인해 발생한 국가적 위기를 극복하기 위해 이데올로기의 강화를 선택하지 않을 수 없었기 때문이다. 이것은 당대 사회의 모순을 스스로 드러내고 이를 해결하려는 노력을 보인 것으로 해석할 수 있다. 이는 봉건사회의 해체라는 커다란 사회변동이 일어났음을 의미하는 것이고, 유교가 역사적 변천에 따른 시대의 요청을 담아냄으로써 자기갱신을 거듭해 왔음을 보여주는 것이다.

조선조가 그 자체 내의 모순을 스스로 드러내고 그것을 해결하려는 노력을 보인 것이 임병양란 이후라는 것은 주지의 사실이지만, 그 속도는 완만하고 조심스러웠다. 그 변화가 나름의 이론적 배경과 거기에 상응하는 운동을 보여준 것이 영·정조 시대, 즉 18세기 이후이다.[3] 이 시기에 이르면 임병양란 이후의 여러 특징들, 예를 들면 신분계층의 변화·농업 생산과 경영의 발전 등에 힘입은 가부장제의 현상이 각종 예술적 장르의 상상적 산물 속에 풍성하게 드러난다. 이것은 그 시기에 이르러 당대가 자체 내의 구조적 모순을 상징적 기호로서 표시할 수 있는 힘을 얻었음을 증명하는 것이다.

그런데 흥미로운 것은 욕망이 한 개인의 차원을 넘어 그가 속한 가문의 영속성을 위해 발휘되었다는 점이다. 앞에서 살펴보았던 것처럼 한 시대는 그 시대를 유지하기 위한 문화와 사회제도가 있어 이를 중심으로 운영된다. 한 사회가 혼란스러웠든 편안했든 그 근본적 원인을 생각한다면 내면의 가치와 외적 기질, 즉 그 시대의 문화와 사회제도에서 찾을 수 있다. 구비설화의 주요한 시대적 배경은 주로 바로 앞 시대의 영향을 받는다. 현재의 바로 앞 시대는 주지하다시피 조선조였고, 이 시기는 유교를 국시로 삼아 운영되었음은 다 아는 사실이다. 조선조는 전기와 후기가 다른 양상으로 유교 이데올로기가 적용되었던 바, 후기가 전기보다 더 강력한 규범이 적용되던 시기였다. 그 이유는 임병양란으로 인해 피폐해진 국가를 재건하기 위한 노력의 일환으로, 이데올로기의 강화라는 강한 응집력을 발휘할 수 있는 방어기제(防禦機制)를 사용했기 때문이라고 앞에서 밝혔다.

이러한 시대는 유학에 근거한 통체(統體)-부분자적(部分子的) 세계관[4]

---

3) 위의 책, 47쪽을 참조하기 바람. 본고는 근대의 기점을 김윤식·김현의 견해를 따르고 있으므로 조선조의 변화와 관련한 시기 또한 이를 따랐음을 밝힌다.

4) 이 용어는 유학을 중심으로 재통합(再統合)하는 조선 후기 사회에 대한 분석으로, 당대 사회가 지향하는 점이 무엇인지를 잘 보여주는 명칭이다. 이는 명당을

에 입각하여 사회가 운영된다. 통체-부분자적 세계관에 입각하여 성립된
가치체계에서는 가(家) 중심의 가치체계[5]로 운영되며, 가문은 이를 대표
하는 집단이다.[6] 가문은 친족 사이의 결속 범위나 친소관계를 결정하는
단위로 조선후기라는 특정 시기에 일반화하여 사회사적 흔적을 남긴 역
사적 산물이다. 18-19세기에 일반화된 이러한 가문 강화 현상은 향촌사
회의 주도권 문제나 권위의 유지, 나아가 상대 세력과의 경쟁 등과 밀접
하게 관련된 것으로 이 모든 문제에 대응하면서 자신들의 종래 지위를
유지·강화하기 위한 족적(族的) 대응의 수단이었다. 따라서 조선후기는
전기에 비해 더욱더 강도 높은 가문의식(家門意識)이 일반화되고, 이에
따라 여러 부수적인 친족체계상의 변화가 성립되면서 문중 조직이 활성
화되어 족계(族系)의 조직이나 족보의 편찬, 동족마을 형성발달, 문중서
원(門中書院)·사우(祠宇)의 건립 등 다양한 문중 활동들이 나타난다. 이러
한 과정을 뒷받침하는 것이 각 가문의 상징적 인물배출, 즉 현조(顯祖)의

통해 발현되는 인간의 욕망이 사회문화적으로 어떤 의미가 있는지 살펴보는 데
있어서도 적절한 표현이라 하겠다. 통체-부분자적 세계관에 대한 자세한 사항은
崔鳳永, 『韓國人의 社會的 性格 Ⅰ-一般理論의 構成』, 앞의 책, 26~36쪽을 참고하
기 바람.)
5) 위의 책, 같은 쪽. 통체-부분자적 세계관에 대해서는 이 책, 26~35쪽을 참고하기
바람.
6) 조선조에서는 18세기 무렵 이후에 가문에 대한 관심이 전례 없이 고조된다. 이는
그 이전인 임병양란 이후 혼란스러운 국가 기강을 바로잡기 위해 유교적 제도를
강화해오고, 이 시기에 최고조에 이르렀음을 표명하는 것이다. 유교적 제도 중 가
족제도의 특징은 사회조직과 가정을 동일시 한다는 점에 있다. '수신제가치국평천
하(修身齊家治國平天下)' 혹은 '충(忠)=효(孝)'의 관점이 이를 대변한다. 이것은
치국(治國) 원리는 제가(齊家) 원리의 연장선상에 있다는 의미를 포함하기 때문이
다. 여기에서 '가(家)'는 가문의 의미를 내포하고 있다. 임병양란 이후 확충되기
시작한 가문의식은 단순한 혈연공동체 혹은 가족 확대 개념으로서의 가문이 아니
다. 여기에서의 가문은 사회구조를 결정짓는 일종의 정치 집단으로서의 실질적
구성요소였다.(宋晟旭, 「고전소설에 나타난 夫의 양상과 그 세계관-<뉴효공선행
록> <뉴씨삼대록>을 중심으로」, 『冠岳語文硏究』 第15輯, 서울대학교 국어국문
학과, 1990, 152쪽을 참고하기 바람.)

유무·문중 활동 시기 주도인물의 성격과 위상·사회경제적 지위와 기반 등이다.[7] 이러한 환경의 영향으로 인해 인간은 욕망을 품게 되고, 그 욕망을 이루기 위해 명당을 욕심내는 것이다. 이처럼 유교적 질서 속에 사는 사람들의 인식에서 가문에 대한 의미는 누구도 부인할 수 없는 절대성을 갖는다.[8] 이 절대성은 두 가지 차원으로 구분해 볼 수 있다. 하나는 '개인-가문'의 관계 차원으로, 가문이 가족에게 우선하는 절대성이다. 다른 하나는 '가문-다른 사회조직'의 관계 차원으로, 이 경우에도 가문은 여타의 사회조직에 우선함으로써 절대성을 갖는다. 조선조의 경우는 이 중 첫 번째 차원에 해당되는데, 이는 '사족지배체제의 협의적 논리 및 구조가 개인이 이를 넘어 절대화하는 것을 견제'[9]하였기 때문이다.

이와 같은 사회에서는 가문의 영속성을 중요하게 여긴다. 왜냐하면 한 개인은 가문의 일원으로 태어나고, 가문 속에서 생활하다가, 가문의 한 사람으로 죽기 때문이다. 가문의 영속성에는 '결여(缺如)'를 채워 줄 수 있다고 믿는 '욕망'이 그 사회를 기초하고 있는 이데올로기에 침투되어 나타난다. 유학의 이념을 바탕으로 살아가는 세계에서 가문은 개인에 의해 구성되는 것이라기보다 가문이 개인 이전에 존재한다. 따라서 가문의 일원으로서의 한 개인은 가문의 영속을 위해 이바지할 책임과 의무는 있지만, 파괴할 권한이 없다. 가문의 일원으로서 마땅히 해야 할 책무(責務)와 개인의 욕망은 동일시된다. 인간의 욕망이 통상 사회문화적으로 형성된다고 할 때 욕망의 내용은 문화적·역사적 차이로 설명될 수 있다. 다시 말하면 기본적인 욕망이 '있다'기 보다 앞에서 진술한 것처럼 욕망

---

7) 자세한 것은 李海濬, 「朝鮮後期 門中活動의 社會史的 背景」, 『東洋學』 第23輯, 檀國大學校東洋學硏究所, 1993을 참조하기 바람.

8) Deuchler, M., The Confusion Transformation of Korea: A Study of Society and Ideology, Harvard University, Council on East Asian Studies(Cambridge), 1992의 것을 최우영, 「조선시대 국가-사회관계의 변화와 가족주의의 기원」, 『가족과 문화』 제18집 제1호, 한국가족학회, 2006, 18쪽에서 재인용함.

9) 위의 책, 18쪽.

을 '만든다'는 것이 더욱 적합할 것이다.

여기에서 조선후기는 전기와 다른 새로운 사회변동이 일어나고 있었음을 주시할 필요가 있다. 전기에 주를 이루던 양반 중심의 신분제도가 무너지면서 신분의 상승과 몰락이 빈번하게 이루어졌으며, 자급적 자연경제가 와해되면서 경영형 부농층(經營形 富農層)10)이 생겨 상품화경제가 발전하였고, 서학이나 동학과 같은 반유교적(反儒敎的) 이데올로기가 피지배층 내에서 급속히 확산되어 새로운 시대가 도래되었다. 이는 위에서 언급한 당대 사회의 모순과 갈등을 극복하기 위한 사회적 몸부림이라 할 수 있을 것이다. 이러한 몸부림은 조선의 중세 봉건사회가 그 역사적 진보성을 상실하고 해체단계에 돌입했음을 알리는 역사적 징후들로 볼 수 있다.11) 물론 한 시대를 지탱해 왔던 사회의 해체과정은 단순하지도

---

10) 이것은 김용섭이 창안한 용어로 金容燮, 「朝鮮後期의 經營型 富農과 商業的 農業」, 『朝鮮後期農 業史研究[Ⅱ]-農業과 農業論의 變動』, 지식산업사, 2007, 312쪽에서 인용하였다.

11) 김현은 김윤식과 공저한 『한국문학사』에서 이를 다음과 같이 설명한다. 첫째, 영·정조 시대에 이르면서 조선사회의 기반을 이루고 있던 신분제도가 혼란을 일으키기 시작한다. 소위 경영형 부농이 생겨나고, 양반이 소작농으로 전락하는 예도 생겨난다. 그리고 이러한 변화는 그 사회의 모순과 갈등을 해소하려는 한국 사회 자체의 동적 능력이다. 그러한 동적 능력은 조선 후기의 단편소설에서 분명하게 표현된다. 둘째, 상인계급이 대두하기 시작하여 화폐가 전국적으로 유통된다. 직업의식이 점차로 생겨나 전통적 신분제도에 대한 확신을 흩어지게 만든다. 이것은 박지원(朴趾源)의 여러 소설들을 지배하고 있는 테마이다. 셋째, 상류계층에서는 몰락한 남인계의 양반이 주가 되어, 조선 사회의 여러 문물제도를 근본적으로 회의(懷疑)하기 시작하는 소위 실사구시파가 성립된다. 그것은 조선사회가 원래 지향한 당대의 사회적 제반제도에 대한 회의(懷疑)를 표명한다. 넷째, 관영(官營) 수공업이 점차 쇠퇴하고 독자적인 수공업자들이 점차 대두하여 시장경제의 형성을 가능케 한다. 다섯째, 시조·가사 등의 재래적 문학 장르가 집대성되면서, 점차로 판소리·가면극·소설 등으로 발전된다. 김만중(金萬重)의 폭탄적인 자국어 선언이 있은 후 몇 십 년 뒤의 일이다. 여섯째, 가장 중요한 것으로는 서민계급이 점차로 진출하면서 서민과 양반을 동일한 인격체로 보려는 경향이 성행해 간 것을 들 수 있다. 인간 평등에 대한 서서한 자각과 욕망의 표출(남녀 간의 애정, 가정생활, 성관계뿐만 아니라 돈에 대한 관심도 포함된다)은 동학의 인내천 사상으

순탄하지도 않아 18세기 이후인 영·정조 시대에야 그 모습이 드러나는 것이다. 김현은 이 시기를 근대문학의 기점으로 삼고 있는데[12], 이는 근대사회의 출발점이기도 하다.

조선후기의 가부장제는 양반 신분의 혈통적 세습과 정치경제적 권력의 유지확보, 즉 가문의 영속성을 위한 기반이 되었다. 조선후기의 농업기술의 발달과 경제생산의 향상은 상업화를 촉진시킨 상품경제의 발달을 가시화하는 계기가 되어 가부장제의 물적(物的) 기반이 되어, 비로소 그 제도가 보편화된 것이다. 더욱이 농업생산성 향상과 상업경제의 발달은 일반 민중들의 경제생활을 향상시켜서, 일부 계층의 부의 축적을 가능케 하였다.

이런 사회경제적 변화는 합법적·비합법적 수단을 동원한 신분상승의 기회를 확대시킬 수 있었다. 사회적 차별, 경제적 착취 및 억압에서 벗어나려는 신분상승의 욕구는 민중들로 하여금 양반층의 가부장제 문화를 모방하게 할 뿐 아니라 내면화시킴으로써 관습화되어갔다. 이로써 18-19세기에는 양반 신분의 인구가 급증하였고[13], 사회경제적 변화와 더불어 이러한 현상은 당대인의 가족생활에 가부장제가 뿌리를 내리는 데 영향을 미치게 된 것이다.

그런데 주목해야할 사항은 임병양란이 일어나기 이전에 지배계층이었던 양반계층은 이미 특권적 계층으로 상승해 있었다는 점이다. 하지만 여러 차례의 전란에 의해 그들이 가진 특권 기반은 통째로 뒤흔들렸기 때문에 자신들의 기득권(旣得權)을 회복해야 하는 기로에 서게 되었던

로 집약된다. 동학으로 인한 한국적인 신성한 것의 노출.(김현·김윤식, 앞의 책, 33~34쪽 참조) 김현은 근대문학의 기점으로 이를 설명하고 있지만 그의 설명에는 근대사회의 양상도 함께 드러나고 있어 문학과 사회가 혼합된 양상을 보인다. 이러한 점이 본고의 취지와 맞기 때문에 김현의 견해를 따랐음을 밝힌다.

12) 위의 책, 33쪽 참조.
13) 이이효재, 앞의 책, 25쪽.

것이다. 따라서 양반계층은 자신들을 특권 계층으로 지속되는 것을 보장
해 줄 수 있는 배경인 국가와 손을 잡아야 했고, 이를 위해 의병활동 등
의 방법으로 전란에 적극적으로 참여해야 했다. 양반 계층이 기득권을
유지하기 위해서는 자신들과 국가가 일치되어야 한다는 것을 깨달았기
때문에 가능했다.

이것은 가(家)와 나라를 뜻하는 국(國)과 방(邦)이 연용(連用)되어 쓰이
는 용어가 경전에서 빈번하게 등장14)하는 데에서 알 수 있다. 유교를 국
시로 하는 민족의 의식 속에 가문과 국가 사이가 공조해야한다는 사고가
의식화되어 있음을 의미하는 것이다. 따라서 임병양란의 결과는 국가와
양반계층의 '실질적 타협'15)으로 나타날 수밖에 없었을 것이다.

국가 역시 양반계층과의 공조(共助)가 절대적으로 필요했음은 말할 나
위가 없다. 한 국가의 왕권 유지는 지배계층의 지원이 근저에 깔리지 않
는다면 존립이 위태롭기 때문이다.16) 그리하여 전후 복구 과정에서 국

---

14) 이숙인, 「유학의 가족사상」, 한국고전여성문학회, 『한국 고전문학 속의 가족과 여
    성』, 월인, 2007, 35쪽.
15) 류희식, 「가부장제와 조선후기 가정소설에 나타난 특성」, 『문예미학』 제12집, 문
    예미학회, 2006, 177쪽.
16) 우리나라는 일찍부터 국가와 지배계층 사이의 공조 필요성을 훨씬 이른 시기인
    신라 중대부터 깨닫고 있었다. 신라 중대는 김춘추가 태종무열왕으로 즉위하면서
    부터 시작되었다. 앞 시대와 사회적 성격을 달리하는 여러 변화가 있었는데, 그
    중 하나가 바로 국가와 지배계층 사이의 공조이다. 외세의 힘으로 삼국을 통일하
    고 새로운 시대를 연 태종무열왕은 왕권 수호와 국가의 안정을 위해 중앙집권체
    제를 강화할 필요가 있었던 것이 지배계층과의 공조를 꾀하게 된 동기이다. 그
    예로 태종무열왕 대의 귀족 흠춘이 아들 반굴에게 가문을 위해 목숨을 내놓게 하
    였고, 동시대 귀족 품일이 아들 관창에게 가문을 위해 공명을 세워 부귀를 누릴
    수 있게 해야 한다며 역시 아들을 사지(死地)로 내몬 기록이 이를 뒷받침한다. 이
    외에도 『삼국사기』에는 이러한 기록이 다수 있다. 이로써 국가와 지배계층의 공
    조와 가문의 영속성을 위한 소속원의 욕망과 노력의 연원이 오래되었음을 알 수
    있다. 이에 대한 자세한 논의는 김영하, 『新羅中代社會硏究』, 일지사, 2007,
    196~236쪽을 참조바람. 기록은 김부식 지음, 이병도 역주, 『삼국사기』 하, 을유
    문화사, 1997, 448~450쪽을 참고하기 바람.

가는 양반들에게 감세 및 감면정책을 실시하였고, 이를 통해 양반계층은 많은 특혜를 누리게 된다. 또한 국가를 위해 공을 세우거나 금전을 지원해 준 서민들에게 명목상이나마 양반의 직첩(職帖)을 수여하여 왕권 유지의 기반을 넓혔다. 이러한 일들을 통해 양반계층은 많은 특혜를 누리게 되었던 바, 이후 양반들은 향교(鄕校) 건립 및 향약(鄕約)의 실시·서원 건립을 통해 직접적으로 서민들에게 권력을 행사할 수 있게 되었다. 결과적으로 임병양란은 양반들에게 지배적 위치를 보장해 주고, 국가는 동지가 될 양반의 수를 늘리는 데 기여한 것이다.[17]

위에서도 언급하였듯이 조선후기의 가부장제란 가문의 영속성을 유지하기 위해 강화된 제도이다. 이 시기의 가부장제는 고대국가에서부터 시작된 남권확립(男權確立)이 진전되어 가부장제적 국가사회로 완전히 전환된 것이다. 조선후기 사회가 가부장제에 의해 운영된다는 본격적 진술에 앞서 당대 가부장제의 성격에 대해 언급할 필요가 있다. 일반적으로 가부장제는 남성의 지배체제와 이데올로기를 지칭하는 용어로 사용된다. 이 용어는 여성에 대한 남성의 지배가 개별적 차원이 아닌 사회적 차원에서 구조화되어 있음을 함의하고 있다.[18] 이는 가부장제가 가족 속에서 여성과 아이들에 대한 남성 및 연장자(年長者)로 대변되는 지배자의 존재를 중심으로 제도화에 되어 있음을 의미한다.

앞에서 조선조 가부장제의 근원이 종법제(宗法制)에 있음을 설명한 바 있다.[19] 종법제에 따르면 경험의 세계가 성(性, gender)에 따라 달라진다. 이른바 '종법적 인간형(宗法的 人間型)'을 생산하게 되는데, 그것은 남성의 계보를 통해 자신의 정체성을 찾는 방식이다. 종법에 의해 여성은 역사 밖으로 밀려나 남성이 중심이 되고, 여성은 주변화되는 현상이 벌어

---

17) 자세한 것은 李海濬의 두 논문 「朝鮮後期 門中活動의 社會史的 背景」; 「조선후기 '문중화' 경향과 친족조직의 변질」을 참조하기 바람.
18) 편집부, 「가부장제」, 『여성과 사회』 제3호, 한국여성연구소, 1992, 346쪽.
19) 이 책 129쪽을 참조하기 바람.

진 것이다.[20] 그런데 여성 지배 양상은 단순한 동물세계에서의 지배 현상과는 매우 달라서 사회제도와 문화적 차원의 기제를 매개로 한다는 특징이 있다.[21] 따라서 가부장제는 사회문화적 시각에서 파악되어야 할 것이다.

조선조가 당대 사회의 모순과 갈등을 극복하기 위한 기제로 가부장제를 확립한 것은 구비설화에도 그 의미 속에 잘 나타나 있다. 이는 설화라는 장르가 인간의 원초적 삶과 뗄 수 없는 깊은 관련이 있어 그 내용 속에 당대의 문화와 사회관을 사회문화적 배경으로 담고 있음을 보여주는 단초가 된다. 구비설화에 나타난 가부장제의 양상은 수기치인(修己治人)을 바탕으로 한 자기실현과 입신양명, 그리고 남성에 의한 여성의 지배에 초점이 모아진다.

먼저 수기치인을 바탕으로 한 자기실현과 입신양명이 나타나는 양상에 대해 알아보겠다. 가부장제 사회에서 살아가는 양반계층 남성들은 이를 통해 가문의 지위를 확대 존속시켜 나가야 하는 주체이다. 유학을 국시(國是)로 지향하는 국가에서 '수기치인'이란 낯선 용어가 아닌 지극히 평범한 말일 것이다. 앞에서 설화에 나타난 이상과 같은 고난과 이를 극복하는 모습은 모두 임병양란으로 인한 국가적 위기를 형상화한 것이고, 극복 양상은 가문의 영속성을 통해 국가의 재건을 도모한 것이라고 했다.

여기에서 '국가의 재건'이라는 목적을 수행하기 위해 가부장제를 강화하였고, 이를 '수기치인(修己治人)을 통한 자기실현과 입신양명'을 실천 방법으로 제시한 이유를 살펴볼 필요가 있다. '수기치인'이란 유교적 세계관에 의하면 '인간은 하늘로부터 천명(天命)을 부여받아 생겨난 만물 중 하나'[22]라는 데에서 시작된다. 이 말은 인간이라는 의미가 하늘로

---

20) 이숙인, 「여성의 경험으로 읽는 유교」, 앞의 책, 76~77쪽.
21) 조혜정, 앞의 책, 58쪽.
22) 최봉영, 『주체와 욕망』, 앞의 책, 292쪽.

부터 주어졌음을 뜻한다. 그렇기 때문에 인간이 지켜야 할 도리는 하늘로부터 받은 성분(性分)인 인성을 따르면 된다는 것이다.[23] 인간의 의미는 하늘로부터 받은 성분임에는 틀림이 없지만 그것을 따라 실천하는 일은 저절로 이루어지는 것이 아니라 인간 개인의 의도적인 노력에 의해 이루어진다. 이는 사람이 성분(性分)을 따르려 한다면 적극적인 노력이 필요하다는 말로 바꿀 수 있다. 하늘의 이치를 따르기 위해서는 의식적(意識的)이고 주체적인 노력을 하지 않으면 불가능하기 때문이다.

'수기치인'을 구성하고 있는 글자 중 '기(己)'라는 글자는 한 개인을 의미한다. 국가라는 거대한 조직을 재건하기 위해 개인이라는 미미한 존재를 갈고 닦고 다스려야 한다는 논리는 조선조, 특히 후기의 사회문화적 배경과 관련지어 생각해 볼 수 있을 것이다. 이는 유교가 내세우고 있는 절제와 이념적 순결성이 국가통치의 표면적 측면으로 형성되어 있어서 철저한 자기 절제와 수양을 요구하고 있으며, 이를 위해 도덕과 정의를 강조해온 사회임을 뜻하는 것이다.

누누이 거론하지만 당대는 정치·경제·문화·교육 등 모든 분야가 유교 이데올로기에 입각하여 조직되고 운영된 사회였음을 상기해야 한다. 이러한 사회는 유학에 근거한 통체-부분자적 세계관(統體-部分子的 世界觀)[24]에 입각하여 운영된다고 앞에서 밝혔다. 유교 이데올로기를 지향하는 사회에서 사회는 개인에 의해 구성되는 것이기 보다 개인 이전에 존재하기 때문이다. 이러한 사회에서 한 개인은 사회의 일부분으로 태어나고, 그 속에서 생활하다가 그 일원 중 하나로 생(生)을 마감한다. 한 개인의 자기갱신(自己更新)이 모여 사회가 유지되고, 활성화되며, 재건된다고 보기 때문에 수기치인을 강조하고 강화하는 것이다.

---

23) 程子曰 天之附與之謂命 稟之在我之謂性(『性理大典書』卷29 性理 1 참조.) 원문은 앞의 책, 같은 쪽에서 재인용함.

24) 崔鳳永, 『韓國人의 社會的 性格 I -一般論理의 構成-』, 앞의 책, 25쪽. 이 부분에 대한 자세한 내용은 이 책 26~35쪽을 참조하기 바람.

하지만 몇 차례의 전란으로 인해 피폐해질 대로 피폐해진 당대 사회의 정신적 기풍을 재건하는 일은 무엇보다 우선적인 과제였지만 결코 쉬운 일이 아니었다. 이 같은 국가의 총체적 난국을 극복하기 위해 위기상황을 극복하고 당대의 지배체제를 수호하기 위해 더욱 이데올로기를 강화하려는 경향으로 나아갈 것이다. 작가의 이러한 의도가 반영되어 나타난 장르가 고전소설로, <소현성록(蘇賢聖錄)>을 비롯한 17세기 가문장편소설의 등장이다.25) 고전소설처럼 설화 역시 사람들의 삶의 단면에 깊이 영향을 받지 않을 수 없는 분야이므로 당대의 사회적 상황을 담지 않을 수 없는 장르이다. 따라서 의도적이든 의도적이지 않든 당대 사회 문화적 배경을 토대로 형성되었을 것이다. 이러한 모습은 고난을 당하고 이를 극복하여 예전의 나를 회복할 뿐 아니라 나아가 그 위상을 갱신하는 것으로 형상화된다.

위의 경우가 남성 자신의 수양을 통한 가부장제의 강화라면, 이번에 알아볼 내용은 조선후기 가부장제의 다른 모습인 남성의 여성에 대한 지배에 관한 것이다. 위에서도 언급했듯이 일반적으로 가부장제는 여성에 대한 남성의 지배와 이데올로기를 지칭하는 용어로 사용된다. 당대의 지배계급이었던 양반들은 유교의 이데올로기 아래에서 마음껏 권력 욕망

---

25) 병자호란 직후인 17세기 후반에 형성된 것으로 보이는 <소현성록(蘇賢聖錄)> 연작의 등장이 이를 대변하고 있다. <소현성록>은 한자 표기에서도 알 수 있듯이 '어질고(賢) 성(聖)스러운 것을 소생(蘇生)시킨다'라는 의도를 가지고 창작된 장편 가문소설이다. 작품 속에서 주인공인 소현성(蘇賢聖)은 일상생활을 『소학(小學)』에 근거해 효행을 행하고 자신을 수신하는데 힘쓰는 인물로 누누이 강조되고 있다. 그 내용을 통해 당대의 남녀 수신 교과서들이 자연스럽게 등장하고 있어 교훈서의영향을 받고 있으며, 이런 도덕관념에 해당하는 교훈서와 밀접한 관련을 맺고 있는 저서임이 드러난다. 이 점은 16세기 사림파(士林波)의 등장 이래로 강조된 『소학』류의 수신서의 영향을 철저하게 받고 있음을 보여주는 것이다. <소현성록>의 작가가 사대부로서 당대의 이데올로기 실천에 철저한 인물이었음을 알게 하는 것이다.(이 부분에 의한 자세한 내용은 朴英姬, 「<蘇賢聖錄> 連作 硏究」, 이화여자대학교 대학원 박사학위논문, 1993, 54~70쪽을 참조하기 바람.)

을 펼칠 수 있었다. 이렇게 발산되는 권력 욕망 중 하나가 여성에 대한
지배의 형상으로 나타난다.

조선조와 같은 사회에서 여성에게 부과되는 가장 중요한 일은 가부장
제의 존속을 위해 아들을 낳고, 시부모를 효로서 섬기며, 순순히 지아비
를 쫓는 것이었다. 이 뿐 아니라 규모 있고 생산적인 집안 살림을 통해
물질적으로 풍요롭게 할 막중한 책무를 수행해야 했다. 남성들에게 자기
실현과 입신양명을 통해 가문의 영속성을 유지시킬 책무가 있었다면, 여
성들에게는 똑같은 책임과 의무가 대를 이을 아들을 낳아야 하는 것을
포함한 총체적인 집안 운영에 있는 것이다. 이러한 사회에 살고 있는 여
성들은 가부장제 이데올로기의 모든 덕목을 수행해야 하는 도구로서 존
재할 뿐이어서 여성성이 상실될 것은 자명한 일이다. 구비설화에는 다양
한 형태의 남성의 여성 지배 현상이 드러나 있다.

남성의 여성 지배 현상 중 가장 두드러지는 부분은 아들을 낳아 대를
이어주어야 하는 것이다. 가부장제 사회에서 자식, 특히 아들 생산은 가
문의 영속성을 위해 가장 기본적이면서 중요한 덕목이다. 아들을 낳아
가문의 대를 이을 수 있어야 가문의 영속을 지속시킬 수 있는 밑거름
이 되기 때문이다. 설화에는 직접적으로 대 이을 아들 생산과 관련한
남성들의 몸부림이 잘 나타난다. 이들은 모두 아들 혹은 많은 아들을
낳을 수 있는 명당 터를 얻어 결핍을 해소한다. 당대 사회의 대 이을
아들을 얻기 위한 몸부림은 여기서 끝나지 않는다. 여성을 '정절(貞節)'
이라는 이데올로기로 묶어놓고 있으면서도 한편으로는 대리부(代理父)
를 구해 자신들의 임무를 다하고 있다.[26]

---

26) 이러한 양상은 <다남운을 타고 난 남자> 유형과 <씨임자보다 땅임자> 유형과
    같은 설화 유형에서 나타난다. 대를 이을 아들을 얻기 위해 앞의 설화 유형에서는
    이른바 '다자운(多子運)'을 타고난 사람을 찾아 자신의 아내들과 성관계를 갖게
    한다든가, 뒤의 설화 유형에서는 아들을 잘 낳는 자신의 친구에게 아내와 동침하
    게 하여 욕망을 달성하고 있다.

여기에서 문제가 되는 것은 자식이 여성의 몸을 통해 생산되는 관계로 인해 발생하는 여성의 출산 도구화라는 점이다. 이 과정에서 여성은 귀신에게 겁탈을 당하거나 본인이 원하지 않은 상황에서 이데올로기를 일탈(逸脫)하게 되는 수모를 겪음으로써 자존심이 짓밟히고 심각한 트라우마를 남기게 되는 것이다.[27] 원하지 않는데도 가문의 영속성을 위해 다른 남성과 성관계를 가질 수밖에 없는 상황은 도구적 존재로 살아가야 하는 당대 여성들의 비극적인 삶의 단면이었다.

또한 여성이 한 가문에 시집와서 해야 할 책무 중 하나는 시집의 살림을 규모 있고 생산적으로 운영해야하는 일이었다. 우리 속담에 '집안이 잘 되려면 남의 식구가 잘 들어와야 한다'는 말이 있다. 이 말은 남의 식구인 며느리가 어떤 사람인가에 따라 집안의 운영이 달라지므로 새 사람이 잘 들어와야 한다는 의미이다. 『구비대계』에는 여성에 대한 이와 같은 지배를 합리화하는 내용을 담은 것으로써, 며느리 후보자에게 시험을 보는 본격담으로 채록된 설화가 있다. <며느리 고르기>라는 유형 중 하나인 <며느리의 치가(治家)>[28]라는 설화에는 시집의 살림을 일으켜야 할 며느리를 선택해야 하는 일말의 고민과 아울러 남성의 여성 지

---

27) 『구비대계』에는 임신한 상태에서 남편이 죽어 재가(再嫁)한 후에 태중(胎中)에 있던 전(前) 남편 아이를 잘 키워 본가로 들여보내고, 자신의 한 발만 전남편 본가에 들여놓은 채 자살하는 <개가해서도 유복자 키운 열녀> 유형도 있어 여성이 처한 심각한 트라우마적 상황을 짐작할 수 있다.

28) 신홍준 구연, <며느리의 치가(治家)>, 『구비대계』1-2, 경기도 여주군 금사면 설화 9, 한국학중앙연구원, 1980, 519~524쪽 참조. 이 설화의 내용은 다음과 같다. 어느 부잣집 아들이 천상 빌어먹을 팔자라 아버지가 이를 염려하여 며느리를 잘 얻어 아들이 거지가 되지 않게 하려 며느리감을 적은 양식을 주고 시험한다. 며느리감은 근검절약으로 살아보려 하지만 실패하여 내쫓았다. 다른 며느리를 들여 똑같은 방법으로 시험을 했는데, 새로 들어온 며느리는 예전의 며느리 달리 종들을 배불리 먹였다. 그리고나서 남편과 남종은 땔나무를 해다 팔게 하고, 자신과 여종은 길쌈을 해서 징창거리고 먹어도 오히려 쌀가마가 쌓였다. 시아버지가 이를 보고 며느리 자격 있다고 본가로 데리고 가서 살았다.

배의 한 면을 들여다 볼 수 있게 한다.

본고에서 알아본 <경주 최씨와 개무덤>에 나오는 며느리 역시 똑같은 형태는 아니겠지만, 이러한 취지의 시험을 통과하여 그 집의 맏며느리가 되었을 것이다. 이 설화에서의 심사요건은 이 설화 텍스트의 행간에 보이는 것과 <며느리의 치가>의 내용처럼 경제적 혜안(慧眼)을 가진 여성을 찾는 것이 포함되어 있는 것이 아니었을까 싶다.[29] 왜냐하면 그 집안의 업(業)을 소중히 여겨 관찰하고, 이 업이 사라진 것을 알아채어 업을 따라가 멈춘 자리를 차지하고 누워, 그 곳에 집을 짓고 살아 집안을 더욱 번창시키기 때문이다. 뿐만 아니라 이 며느리는 집안의 우환도 현명하게 처리하여 가문의 영속성을 유지하는데 기여하고 있다.

이 설화들을 통해 볼 때, 한 가문이나 사회가 유지되기 위해서는 사회적 재생산(再生産) 과정이 필연적으로 존재한다는 경제학적 논의와 맥을 같이한다는 것을 알 수 있다. 여성학에서는 재생산을 사회적 재생산 과정의 세 범주 중에서, 특히 노동력재생산 부분에 집중하여 출발한다.[30] 여성들이 수행하는 재생산 활동이 노동력재생산과 직결되어 자본에 의한 착취를 가능하게 하고, 이것이 여성 억압의 구조를 형성한다고 보기 때문이다.[31] 태어난 집안이 아닌 시집간 가문의 영속성을 위해 온 힘을

---

29) 최운식은 <며느리 고르기 설화>의 유형을 연구한 논문에서 며느리의 자질을 다음과 같이 정리하였다. 첫째 돈을 벌 수 있는 지혜와 능력을 지니고 있어야 한다. 둘째 경제적인 안목과 함께 아랫사람을 다룰 줄 아는 사람이어야 한다. 셋째 형편과 처지, 능력과 적성에 맞게 일을 할 줄 알아야 한다. 넷째 스스로 할 수 있다고 실천하는 사람이어야 한다.(최운식, 「「며느리감 고르기 설화」에 나타난 부자 며느리의 조건과 경제의식」, 『韓國民俗學』 第41輯, 韓國民俗學會, 2005, 472~476쪽 참조.)

30) 재생산은 본래 경제학 용어이지만, 경제적 측면인 사회적 재생산 혹은 생산조건의 재생산과 노동력 재생산 이외에도 임신 출산을 뜻하는 인간 재생산, 즉 생물학적 재생산의 의미로 사용하기도 한다. 하지만 이 장에서는 경제적 측면의 재생산에 대해서만 사용했음을 밝힌다. 재생산에 대한 자세한 내용은 편집부, 「재생산」, 『여성과 사회』 제3호, 한국여성연구소, 1992, 351~359쪽을 참조하기 바람.

다해 노력해야 하는 당대 여성의 어깨에 지워진 무거운 짐의 단면을 보여준다.[32]

이상으로 공간과 인간의 상호조응성이 사회문화적 배경과 깊은 연관이 있음을 알아보았다. 위의 설명을 통해 조선후기 사회의 최고선(最高善)은 철저히 양반계층의 남성중심 가부장제 이데올로기가 요구하는 가부장제의 지속, 즉 가문의 영속성이라는 이슈와 관련됨을 알 수 있다. 유교의 기본 성격은 인간중심적이고 현세주의적이며 도덕적인 성격을 갖는다. 인간의 모든 문제는 품성과 관련한 문제를 포함한 관계의 문제를 중요시하고 있다.[33] 이중 공간과 인간이 상호조응되어 있는 문제에서 인간의 욕망 성취에 관한 것은 사회문화적 배경을 토대로 형성된다는 것을 알 수 있는 것이다.

II. 거주공간에 나타난 욕망의 사회문화적 의미

오늘날 우리는 욕망의 존재로서 욕망의 시대를 살고 있다 해도 과언이 아니다. 욕망이란 미래의 목적을 설정하는 야망과 그 지향점을 향해 달려가는 추진력을 내포하고 있어 욕망의 유무가 곧 삶의 성공 내지는 실패의 관건이 되기 때문이다. 이러한 견해를 통해 본다면 삶이 곧 욕망

---

31) 위의 책, 351~352쪽.
32) 『구비대계』의 설화 중 친정의 명당을 빼앗아 시집에서 사용하게 하여 그 명당에서 나타나는 복록을 가져가는 딸에 대한 설화 유형이 있는데, 이 경우에도 같은 맥락으로 작용함을 알 수 있다. 설화의 자세한 내용은 박영회 구연, <친정보다 시집 묘터 잘 쓴 부녀>, 『구비대계』 7-11, 경상북도 군위면 우보면 설화 20, 1980과 이애기 구연, <오대 정승자리를 훔쳐간 딸>, 『구비대계』 3-2, 충청북도 청주시 모충동 설화 30, 1980 등을 참고하기 바람.
33) 琴章泰 著, 『儒敎思想과 韓國社會』, 成均館大學校 大東文化硏究院, 1987, 13쪽.

이기에 욕망의 끝은 곧 삶의 끝을 의미하는 것이 되므로 욕망을 버릴
수 없다는 뜻이 내포되어 있다.

인간이 원망(願望)하는 욕망의 얼굴은 다양하다. 지금까지 본고에서
살펴본 경우만 하더라도 인간이 추구하는 욕망의 양상은 부귀영화를 비
롯하여, 자기실현·단명극복·자기확장 등 다양하면서도 세속적 측면의
것으로 확인되었다. 인간이 이러한 덕목을 욕망하는 이유는 자신이 속한
가문의 영속성 때문임을 앞에서 언급한 바 있다. 여기서는 이 점에 중점
을 두어 서술하겠다.

조홍길은 오늘날 자본주의 사회에 나타나는 욕망의 양상을 다음과 같
이 지적한다.

> 첫째 욕망은 실체(實體)가 없다.
> 둘째 욕망은 사회적 관계에서 형성된다.
> 셋째 욕망은 무한히 증식되고 확대된다.
> 넷째 욕망은 나르시시즘적 특징을 띤다.
> 다섯째 명품(名品)을 소비하려는 욕망과 몸을 뜯어 고치고 치장하려는 욕망
> 이 강해 진다.
> 여섯째 공허감·허영심·좌절감·박탈감·공포감과 같은 감정은 욕망으로부터
> 비롯된다.
> 일곱째 욕망은 중독이다.[34]

조홍길은 비록 현대 자본주의 사회에서 나타나는 욕망의 양상을 지적
한 것이지만, 현대사회나 그 이전 사회나 사람이 사는 방식과 물질을 중
요시여기는 인식은 크게 달라진 바가 없다고 본다.

인간을 생리학적(生理學的) 측면에서 본다면 연약하고 생존하는데 불
리한 존재라고 볼 수 있다. 따라서 세상을 살아가려면 자신의 삶을 주체
적으로 형성하지 않으면 안 된다. 구비설화 속의 인간은 거주공간을 명

---

34) 조홍길, 『욕망의 블랙홀』, 한국학술정보(주), 2010, 130~150쪽 참조.

당으로 얻어 이곳에 욕망을 투사하여 복록을 얻는 것으로 이러한 능력을 증명하려 했다. 연약함과 무력감에서 벗어나기 위한 힘을 명당을 통해 얻으려 했던 것이다.

구비설화는 인간의 의식세계가 세계관으로 작용하여 녹아있는 장르이다. 구비설화의 세계에는 인간이 가장 원하는 소망이 담겨 있다. 구비설화는 현실을 반영하지만 그 반영 양상은 단순하지 않음을 제3장을 통해 알 수 있었다. 구비설화에서 형상화된 인간과 그들이 사는 세계는 상상을 통해 재구성된 것이다. 그 안에는 그 사회가 보여주는 실제 현실과 수용자의 꿈, 즉 사실과 허구가 함께 얽혀있다. 일상생활에서 인간이 가장 원망(願望)하는 꿈은 풍요롭고 행복한 삶의 추구이고, 이를 얻기 위해 욕망을 갖는다. 욕망은 자신이 원하는 것을 얻고자 할 때 드러나는 심리 상태로, 무언가 결핍되었다고 인식될 때 나타난다. 이런 점에서 욕망은 인간 본연의 모습이고, 자연스러운 자기 표출이라 할 것이다. 인간을 둘러싸고 있는 일상의 세계에서 충족되지 못한 억압된 욕구들이 겉으로 드러나는 현상이기 때문이다.

욕망은 플라톤 이래 서양철학에서는 타자(他者)로 부정되고 억압되어 온 인간의 심리기제 중 하나이다. 플라톤이 욕망에 대해 이와 같이 생각하였던 것은 인간이 순수한 이념의 세계로 돌아가기 위해서는 욕망으로부터 영혼을 정화(淨化)해야 한다고 보았기 때문이다. 욕망에 대한 이러한 생각은 동양에서도 마찬가지로 나타난다. 불교의 열반(涅槃)은 욕망의 불이 꺼진 상태를 가리키는 개념이고, 유교의 수기치인은 욕망이 절제된 경지의 상태를 의미한다. 이를 보면 동·서양 모두 욕망에 대해 긍정적이지만은 않은 견해를 가지고 있다고 볼 수 있다.

자끄 라캉에 의하면 "욕망은 타자Other, 즉 대상에 의해 구성되며, 타자는 동일화되지 않기 때문에 결코 충족될 수 없어서 욕망이란 기제는 '끝이 없는 결핍 상태'[35]"라고 했다. 그는 결핍이 '욕망을 끊임없이 생산하는 욕망의 대상'이라 본 것이다. 욕망이 결핍으로 인식되기 때문에 에픽테투스는 "욕망의 통제는 인간의 이성(理性)과 의지에 달려있는데, 그 이성과 의지는 인간의 힘 안에 있으므로 '욕망을 이성과 의지로 통제할 것'"[36]을 권고하였던 것이다.

욕망의 이와 같은 성격을 염두에 두고 구비설화를 분석한 결과 공간에 투사한 인간의 욕망은 다음과 특징을 추출할 수 있었다.

> 첫째, 욕망은 인간을 살아가게 하는 생의 추진력으로 자리매김하기 때문에 삶을 포기하지 않는 한 끝없는 진행형이다.
> 둘째, 욕망은 그 자체만으로는 인간을 행복하게도 불행하게도 만들지 못한다.

위의 설명은 앞에서 인간의 행복과 불행을 좌우하는 것은 욕망 그 자체가 아닌 충족 여부에 달려 있다고 한 것과 상통한다. 자신이 품었던 욕망이 실현될 때 인간은 행복을 느끼겠지만, 그렇지 못하면 불행하다고 생각할 것이다. 이럴 때 인간의 뇌구조는 결핍감을 불러일으키게 마련이다. 욕망은 그 충족이 심각하게 방해받는다 싶으면 대상에 대한 강력한 결핍과 함께 손상층(損傷層)을 형성하기 때문이다. 이러한 결핍과 손상이 축소·확대·변형 등의 방식으로 욕망을 뒤틀리게 하고 부풀려 왜곡함으로써 정상적인 충족이나 해소가 불가능한 심각한 상황을 초래하게 된다. 충족이나 해소가 불가능한 상황이 지속되면 신체적으로나 정신적으로 심각한 상황을 유발하게 되어 질병의 원인이 되는 것이다.[37] 이를 통해 볼 때 욕망이라는 기제는 인생의 질을 높여주기 위한 덕목으로 작용하여 삶을 지탱해 주는 에너지가 되기도 하지만, 이를 초월하려고 할 때 생기

---

35) Lacan, Jacques, 민승기 옮김, 「남근의 의미 작용」, 권택영 엮음, 앞의 책, 267쪽.
36) Epictetus, *A Manual for Living*, Lebell, S., ed., HarperCollins Publisher, 1994, pp.13-14의 것을 조홍길, 앞의 책, 36쪽에서 재인용함.
37) 최봉영, 『주체와 욕망』, 앞의 책, 190쪽 참조.

는 이기적인 욕심은 자신이나 주변에 해를 끼치게 되어 양가적(兩價的)임을 알 수 있다.

욕망의 두 성격 중 앞의 것은 인간의 삶을 생산성과 창조성이 있는 삶으로 거듭날 수 있게 하는 생산지향적 욕망이다. 본고에서 알아본 많은 구비설화 주인공들의 경우, 그들이 거주공간에 투사했던 욕망은 그들의 삶의 질을 높여주었을 뿐 아니라 에너지로 작용하여 생산지향적 성격을 띠었다. 구비설화의 주체들이 표출했던 이와 같은 욕망에 대한 열망은 초월과 창조의 욕망이라고 부를 수 있을 것이다. 욕망이 생산적이고 긍정적인 형태로 나타날 경우, 이는 삶의 원동력이며 에너지가 될 수 있다.

이와 같은 형태의 욕망은 세계와의 승화(昇華)된 관계를 통해 얻어진 자아의 고귀한 존재를 확인하려는 의지와 이에 대한 노력을 통해 이루어진다. 가문의 일원으로서 그 구성원들이 해야 할 책임과 의무는 가문의 명성(名聲)을 높이는 것이고, 이를 영속시켜야 하는 것이다. 이러한 요소를 만족시켜줄 수 있는 덕목은 자기실현을 통한 입신양명·가문의 대 잇기 등으로 집약됨은 앞에서 지적한 바 있다.

앞에서 유교적 삶을 사는 세계에서 개인은 가문의 일원이고, 개인의 실현은 곧 가문의 실현을 의미한다고 했다. 자기실현은 설화 뿐 아니라 일상적인 상황에서 볼 때에도 고통과 상실을 경험한 행위자에게 그 기회가 주어지는데, 자신에게 주어진 고통과 상실을 극복하였을 때 그 보상으로 돌아오는 것이기 때문이다. 이 경우 이들이 원하는 것은 부귀영화가 아니라 그들이 원망(願望)하는 것은 생각지도 않게 경험하게 되는 고난을 극복하는 것이라고 했다. 그들이 주어진 고난을 극복하면 부귀영화는 부록처럼 따라오는데, 이는 자신의 한계를 뛰어 넘은 존재에게 주어지는 보상(補償)이라고 앞에서 밝혔다.

사회문화적 관점에서 나타나는 또 다른 인간의 욕망은 가문의 대 잇기이다. 인간은 개체적(個體的) 생명의 유한성(有限性)을 극복하여 영원

히 '생생(生生)'하기를 갈망한다. 천지만물의 원리를 설명하는 역(易)의
세계가 그 핵심을 '낳고 또 낳음'[38] 이라고 한 것은 곧 인간의 욕망에
대한 유교적 세계관의 설명방식이다. 후손은 나를 기억할 수 있는 방법
으로, 유한한 존재인 나에게 영원성을 약속해 주는 매개체로서 이해해야
한다. 그러므로 인간의 생물학적 한계는 자식을 통해 보완될 수 있어 자
신은 후손들에게 '관념적으로 계속 존재할 수'[39] 있는 것이다. 조선조의
사회관에서 아들은 '낡은' 나를 '새로운' 나로 바꿔주는 시간적 영원성
을 보장해 주는 공간으로 인식되었음을 상기해야 할 것이다. 앞 시대에
서 한 개인의 몸은 그 누구의 소유도 아니었다. 통체-부분자로서의 한
개인은 독립적 개체가 아니라 조상에서 부모로, 자식에서 후손으로 이
어지는 연쇄적 유기체(連鎖的 有機體)였다. 이러한 당대인들의 인식은
아들을 낳지 못한 여성이 출욕(黜辱)을 당하는 이른바 일방적인 혼인 해
지(婚姻 解止)의 용인성(容認性)과 자신의 죽음을 각오하면서까지 자식
의 생명에 집착하는 일련의 행위 등에서 알 수 있다. 칠거지악(七去之惡)
에는 '無子'에 대한 항목이 있고, 『맹자』에도 '無後가 가장 큰 불효'[40]라
는 항목이 있다. 이와 같은 점을 통해 가문의 대를 잇는다는 것이 유교
를 이데올로기로 하는 사회에서 얼마나 절박하고 중요한 문제인지 알 수
있다.

  이상의 진술이 욕망의 생산지향적 측면에 대한 것이라면 뒤의 것은
이와 반대로 타인에게는 피해를 주고, 자신에게는 블랙홀[41]과 같이 텅

---

38) ……生生之謂易…….(編輯部, 『周易』 繫辭上, 三星文化社, 1993, 289쪽 참조)
39) 이숙인, 「가족에 대한 유교적 상상」, 『현상과 인식』 제25권 제3호, 한국인문사회
    학회, 2002, 34쪽.
40) 『구비대계』의 <스무 여덟 형제 얻은 명당터>라는 설화에는 '그러니 이 집은 뭘
    자랑할 좋아하냐. 고관대작도 싫다, 인제. 으이. 자손 벌어져는 거만 좋다. 끊어지
    까봐이. 그래되만 무후(無後)하잖아.(『구비대계』 7-16, <스무 여덟 형제 얻은 명
    당터>, 101쪽 참조.)'라고 직접적으로 표출하는 내용이 있어 이를 짐작케 한다.
41) 조홍길은 그의 저서 머리말에서 '욕망을 블랙홀과 같은 존재'라고 보았다. 그 이

빈 공허에 해당되는 파괴지향적 욕망에 대한 것이다. 앞에서 가부장제가
수기치인을 바탕으로 실현된 사회제도로서, 이 정신에 입각하여 자기실
현을 통한 입신양명으로 가문의 영속성에 기여한다고 했다. 하지만 본고
의 분석을 통해 보았을 때, 수기치인은 이론적으로 바라는 부분에 불과
하고 실제로는 가문의 영속성을 위해 물불을 가리지 않고 실행하고 있음
을 알 수 있었다. 가문의 영속성을 위해 인간이 공간에 표출한 욕망을
사회문화적 관점에서 볼 때, 산송(山訟)과 여성의 도구화 문제가 가장 심
각하게 그 양면성이 드러낸다. 이와 같은 욕망의 양면성은 조선후기 가
부장제의 양면성과 다르지 않음을 알 수 있다.

산송(山訟)은 주로 투장(偸葬)이 원인이 되어 전개된 소송으로 가부장
제를 표방하는 조선후기 사회에서 피할 수 없는 쟁점 요소로 부각되는
사안이다. 조선후기 사회에서 투장은 왕실·권세가·명현(名賢)·관직자·
무보수 사족(無步數 士族) 등 대상을 가리지 않고 전국의 무덤 공간에서
광범위하게 발생하였다. 투장자 또한 양반층과 양인층의 비중이 높게 나
타나는 가운데 모든 신분층에서 발생하고 있었다.[42] 이는 조선후기 사
회가 보여주는 특징적인 역사적 현상으로서, 여기에는 당대사회의 관념

유는 블랙홀이 모든 물질을 빨아들이듯이 욕망도 인간을 사로잡기 때문이라고 했
다. 블랙홀에 들어서면 시간과 공간이 뒤틀려 이성의 법칙이 상실되듯이 욕망에
사로잡히면 이성이 맥을 추지 못하기 때문이라는 것이다.(조흥길, 앞의 책, 5쪽 참
조.) 긍정적 측면에서 보이는 욕망이라는 심리기제는 삶의 원동력이자 에너지가
될 수 있는 역할을 하지만, 이를 조절하지 못하고 계속 또 다른 욕망을 향해 나아
가면서 빗나간 욕심을 보이는 경우에는 이것이 블랙홀과 같은 현상을 보이고 있
어 적절한 표현이라 하겠다.

42) 김경숙이 조사한 바에 의하면 투장으로 정소(呈訴)당한 피소자 662건 가운데 양
반층 215층(32.5%), 양인층 173건(26.1%), 중인 및 이향층(吏鄕層) 48건(7.3%),
천인층 6건(0.9%), 기타 220건(33.2%)의 분포를 보이고 있다.(자세한 것은 金景
淑, 「조선후기 山訟과 사회갈등 연구」, 서울大學校 大學院 博士學位論文, 2002,
94쪽, 각주 16을 참조하기 바람.) 하지만 이것은 통계일 뿐 정소당하지 않고 서로
타협 또는 모르고 넘어가는 일, 그리고 약자라서 억울하게 빼앗기고만 경우가 더
많을 것으로 사료된다.

과 가치관의 흐름·친족질서의 변동·사회경제적 변동·신분질서의 동요·
향촌사회 구조의 변화 등 조선후기 사회상이 종합적으로 반영되어 있
다.[43] 따라서 산송에 대한 올바른 이해는 조선후기 사회의 특성과 성격
을 파악하는데 매우 중요한 관점이 될 것이다. 명당을 쓰는 것이 효의
일환이라 생각하는 당대인들의 사고를 고려해 볼 때, 산송의 원인은 일
차적으로는 효행의 일부로 나타났다고 볼 수 있다. 하지만 앞에서도 언
급한 것처럼 명당을 쓰는 이유가 효를 빙자한 가부장제 사회의 가문의
영속성 차원에서 비롯되는 것임을 설화를 통해 알 수 있었던 바, 소송
이유도 이와 다르지 않을 것이다.[44]

산송은 노비송(奴婢訟)과 전답송(田畓訟)과 함께 조선시대 3대 사송(詞
訟)[45]의 하나로 특히 18-19세기에 집중적으로 전개[46]되었다.[47] 그 시기

---

43) 위의 박사학위논문, 2쪽.
44) 본 저자의 이러한 견해는 김도남에서도 발견된다. 그는 산송의 원인은 효의 행위
   로 나타난 것이고, 혈족 중심의 가부장제 사회에서 자손의 번성과 부귀영화에 대
   한 의지의 욕구가 밀접하게 관련되어 있다고 보았다. 김도남의 자세한 견해는 金
   到南, 앞의 논문, 315쪽을 참고하기 바람.
45) 사송(詞訟)이란 민사소송을 의미하는 용어이다.
46) 金景淑, 앞의 박사학위논문, 10쪽.
47) 산송의 규정에 대해서는 『속대전(續大典)』에 잘 나타나 있는데 이를 살펴보면 당
   대의 산송에 대한 인식이 잘 반영되어 있다. 『속대전』의 산송에 대한 규정은 모
   두 8개 항목으로 구성되어 있는데, 맨 앞의 소송 격식에 대한 규정(『續大典』「刑
   典」 聽理 '山訟與他訟 一體具訟體施行')을 제외하면 나머지 7개 항목 모두 투장·
   금장(禁葬) 및 분묘(墳墓)와 관련한 사항을 중심적으로 규정하고 있다,
   ① 사대부가 늑장(勒葬), 유장(誘葬), 투장하는 것을 엄금하며, '奪入閭家律'에 따
   라 논죄한다.
   ② 사대부의 분묘는 품질(品秩)에 따라 보수(步數)가 있는데, 금제(禁制)를 범하여
   투장한 자는 법에 따라 굴이(掘移)한다. 유주산(有主山) 및 인가(人家) 근처에 투
   장한 자는 금단(禁斷)한다.
   ③ 법리상 당연히 금지하는 곳에 점산(占山)하여 낙송(落訟)한 자, 법리상 금지해
   서는 부당한 곳을 금장하여 낙송한 자는 아울러 형추(刑推)한다.
   ④ 사적(私的)으로 금장하여 법을 어겨 작라(作拏)한 자는 아울러 중론(重論)한다.
   ⑤ 산송에서 패소한 후에 굴이하지 않고 격쟁(擊錚)한 자, 굴이하겠다는 초사(招

는 가부장제가 정착되었던 때에 해당하므로, 산송은 가문의 영속성을 위해 치열한 경쟁을 일삼았던 당대 사회의 단면을 알 수 있는 중요한 사건이었다. 특히 18세기 이후 투장(偸葬)으로 인한 산송이 사회 전반적으로 두드러지는 양상을 보여 국가에서 산송의 원인이 되는 투장을 억제하기 위해 많은 노력을 기울였다.[48] 그럼에도 불구하고, 투장은 갈수록 확대되었음이 이 책에서 살펴보고 있는 『구비대계』의 설화를 비롯한 다른 기록들을 통해 알 수 있었다. 실제로 조선후기의 실학자 박지원도 왕실 세력에 의해 투장을 당하게 되었고, 이 사건이 산송으로 번진 경험이 있어 그 정황이 어떠하였는지 짐작할 수 있다.[49]

辭)를 바친 도망하여 숨은 자, 송관(訟官)의 결송(決訟)이 법리에 어긋나는 경우에 논죄한다.

⑥ 관찰사 및 수령이 도내(道內), 경내(境內)에 점산하는 것과 향교의 안산(案山) 망견처(望見處)에 입장(入葬)하는 것을 금한다.

⑦ 분산 쟁송(墳山 爭訟)으로 인하여 다른 사람을 무소(誣訴)하는 자는 도배(島配)한다.

위에서 ⑦은 소송 진행과정에서 발생하는 무고에 관한 규정이며, 나머지는 모두 분묘에 관한 규정이다. 분묘에 관한 규정 중 ④를 제외한 나머지는 투장 및 늑장을 금단하기 위해 설정된 규정이며, ③과 ④는 금장에 관한 항목으로, 투장 문제에 집중되는 경향을 보인다. 이는 조선 후기 산송이 분묘를 중심으로 전개된 분쟁이었으며, 특히 투장이 중심적인 문제였음을 반영하는 것이다. 자세한 것은 金景淑, 앞의 박사학위논문, 12~13쪽을 참고하기 바람.

48) 이 부분에 대한 상세한 설명은 위의 각주 참조 바람.

49) 연암 박지원의 차남인 박종채(朴宗采)가 아버지에 대한 내용을 담은 책인 『과정록』(박종채 저, 김윤조 역주, 태학사, 1997.)에는 다음과 같은 기록이 있다. 박지원 아버지가 돌아가 장지를 노원(蘆原)에 마련하였는데, 이곳이 명당으로 알려진 곳이어서 왕족인 녹천 상공 이유(鹿川 相公 李濡)의 증손인 이상래(李相萊)가 이를 탐내어 광(壙: 송장을 묻기 위한 구덩이)에 오물을 부어 침탈한 후 차지하려하였다. 이를 안 이유 집안의 어른들이 만류하고 사과하려했지만, 젊은 축들이 기필코 승부를 겨루어 이를 차지하고자 하였다. 이에 박지원의 가문에서는 왕이 밖으로 행차하는 틈을 이용하여 이를 바로잡고자 했으나, 이유의 가문에서는 권력을 앞세워 이를 방해하기에, 할 수 없이 북을 쳐서 원통함을 알렸다. 왕이 이유 가문의 젊은이들의 행태에 격노하니, 이유의 집안에서는 대표격인 사직(司直) 이상지(李相芝)의 이름으로 변명하고자 하였다. 왕이 이상지를 잡아 직접 국문하고자 하였

산송은 타인의 무덤공간에 욕심을 냈기 때문에 발생한 송사이다. 자크 라캉은 '욕망은 결코 채워질 수 없는 것'[50]이라며 욕망을 결핍으로 이해하였다. 하지만 욕망을 초월한 탐욕은 결핍 아닌 금기에 더 힘을 주어야 한다. 타인의 것을 탐하는 것은 비윤리적이고, 이는 금기에 해당한다는 것은 이미 고조선 때부터 법률로 제정되어 있었다. 따라서 군이 명문화되었음을 따지지 않더라도 절도는 금기라는 정서에 대한 암묵적 동의가 있다. 그럼에도 불구하고 이와 같은 행위를 일삼은 이면(裏面)에는 가문의 영속성을 위해서는 무슨 일이든 한다는 인식의 용인이 일상화되어 있었기 때문이다.

여기에서 '남의 것을 탐하지 마라' 라는 금기는 바꾸어 말하면 '남의 것을 탐하고 싶다'는 역설적인 심리 표현이라 할 수 있다. 금기에는 인간의 이러한 이중성(二重性)을 부추겨서 금기를 위반하도록 유혹하는 속성이 있다.[51] 금기는 결핍과 마찬가지로 욕망을 불러일으킨다. 결핍은 인간에게 타자의 욕망[52]을 불러일으키는 반면, 금기는 금기가 쳐 놓은 경계선을 넘으려는 위반의 욕망을 드러낸다.[53] 가문의 영속성을 위한

지만, 당사자인 이상지는 큰 병이 있어 이러한 사실을 전혀 알이지 못하는 상황이었다. 이에 왕이 더욱 분노하여 그의 부형(父兄)을 잡아다가 형벌을 가했지만, 이들 또한 모르는 일이었다. 이상지가 병이 나은 뒤에 이 사실을 알고 비통해하며, '부형이 나 때문에 형벌을 받았으니 내가 어찌 온전한 사람으로 자처하리오'하며 스스로 폐축(廢逐: 스스로 벼슬을 버리고 쫓아내는 것을 말함: 필자 주)하여 다시는 벼슬을 하지 않고, 떨어진 신발을 신고, 도보로 다니며, 서울에는 들어오지 않았다. 이러한 이상지의 불행을 전해들은 박지원이 이를 안타까이 여겨 그 또한 스스로 분수를 지켜야 한다며, 더 이상 과거에 응시하지 않았다고 한다. 박지원 아버지의 시신은 왕이 오물을 걷어 내고 다시 하라는 분부로 인해 그곳에 안장(安葬)하였던 일이 있었다.(자세한 것은 이 책, 38~42쪽을 참고하기 바람.)

50) Lacan, Jacques, 민승기 옮김, 「무의식에 있어 문자가 갖는 권위(주장) 또는 프로이트 이후의 이성」, 권택영 엮음, 앞의 책, 81쪽.

51) 김용덕, 「금기 설화의 구조와 상징적 의미 연구」, 『한국언어문화』 제36집, 한국언어문화학회, 2008, 11쪽.

52) 타자를 욕망하거나 타자의 욕망을 욕망하는 것을 말함.

가부장제 이면의 모습은 바로 금기를 위반한 것이라 할 것이다. 산송을
통해 알아본 인간의 욕망은 해당 개인의 파국으로 연결되어 개인적 차원
에 속할 수 있겠지만, 조선후기 사회와 같은 시대는 인간의 잘못된 욕망
이 가문의 존폐(存廢) 위기와 직결되기도 한다[54]는 조광국의 지적을 염
두에 두어야 한다. 이는 개인의 잘못된 욕망을 성취하려는 성향이 강할
수록 그에 비례하여 소속 가문 역시 위기에 처할 수 있음[55]을 보여주는
민중의 의식이다.

　이번에 거론할 공간에 투사한 인간 욕망의 사회문화적 측면에서 바라
본 문제점은 여성의 도구화이다. 조선후기와 같은 사회에서는 여성을 철
저하게 가부장적 시선에서만 묘사하며, 여성이 자신의 여성성 혹은 여자
로서의 욕망을 드러내는 것을 철저히 금기시 한다.[56] 부계 혈연을 중심
으로 하는 가부장제 이데올로기에 입각한 사회에서는 여성은 배제될 수
밖에 없다.[57] 하지만 가문의 영속성을 유지하는 수단이 입신양명을 통
한 가문창달(家門暢達)인 바, 이것은 여성의 협조가 없으면 그 기능을 발휘
할 수 없다. 여기에서 '여성의 협조'란 성별교의(性別敎義)의 주입gender
indoctrination, 교육기회의 박탈[58], 여성이 역사에 대해 알지 못하게 하
는 것, 여성의 성적(性的) 행동에 따라 '존중받을 수 있음respectability'과
'일탈deviance'을 규정함에 의해, 제재와 노골적 강압에 의해, 경제적 자

---

53) 조흥길, 앞의 책, 54쪽.

54) 조광국, 「<임화정연>에 나타난 家門連帶의 양상과 의미」, 『고전문학연구』 제22
　　집, 한국고전문학회, 2002, 180쪽.

55) 위의 논문, 같은 쪽.

56) 류희식, 앞의 논문, 184쪽.

57) 이 점에 대해서는 정충권도 같은 견해를 가지고 있다. 정충권의 자세한 견해는
　　정충권, 앞의 논문, 107쪽을 참조하기 바람.

58) 여성의 교육 기회가 완전히 박탈된 것은 아니다. 가부장제 사회에서 여성은 그
　　어떤 존재보다 교육받아야 했다. 하지만 그들이 받는 교육이란 가부장제 사회를
　　지속시키기 위해 반드시 알아야 할 사항과 가문의 영속성에 기여할 수 있는 것에
　　한정되어 있었기 때문에 여성의 자기계발을 위한 교육과는 거리가 멀었다.

원과 정치적 권력에의 접근 차별에 의해, 그리고 동조하는 여성들에게 포상(襃賞)으로 계급적 특권을 줌으로써 여성들을 분리하고 서로 반목하게 하는 것과 같은 다양한 수단에 의해 확보된다.[59] 이러한 사고가 팽배한 사회에서는 남성의 여성 지배가 보편화되지 않을 수 없다. 이를 통해 남성들은 권력 욕망을 마음껏 표출하였으며, 이 욕망이 서로 뒤섞여서 당대의 갖가지 모순을 야기 했던 것이다.

　이상과 같은 조선후기 사회의 양면적 성격은 가부장제를 통해 가문의 영속성을 위한 삶을 살았기 때문에 발생한 현상이다. 그 사회의 구성원들은 한 개인으로서 살아갈 수 없었고 통체-부분자적 존재인 가문의 소속원으로서만 살아가야했기 때문에 이러한 행위를 자행할 수밖에 없었다. 가문 구성원인 개인의 욕망이 자신을 위한 것이 아니라 가문의 일원으로서 이뤄 내야할 책무로서 작용했기 때문이다. 이는 인간의 욕망과 가문의 일원으로서의 책무가 동일시되었음을 말해 주는 것이다.

　그렇다 해도 위에서 알아본 것과 같은 행위들은 가부장제 사회에서 벌어지는 폭력에 해당된다. 앞에서 권력과 폭력 사이에는 유대관계가 존재한다고 밝히면서, 이 관계는 서로 너무 밀접한 관계를 맺고 있을 뿐 아니라 자신들의 사회구조와 불가분의 관계를 맺고 있기 때문에 더욱 그러하고 했다.[60] 조선후기 사회에서 공간과 인간이 서로 조응하는 양상의 이면에는 이와 같은 권력과 폭력이 공존하고 있었던 것이다.

　가문 구성원의 개체로서의 불인정은 그 사람의 욕망과 영달이 가문의 영속성을 위한 도구에 불과했음을 보여준다. 이로써 가부장제를 통한 가문의 영속성이라는 명목 아래 자행되는 남성의 욕망 내지 특권은 그들에

---

59) Lerner, Gerda, *The Creation of Patriarchy*, Oxford University Press(New York), 1986.(강세영 옮김, 『가부장제의 창조』, 당대, 2004, 380쪽.) 러너는 가부장제에 대해 서양인의 시각으로 바라보았지만, 조선후기의 가부장제 사회와 별반 다르지 않음을 알 수 있다.

60) Dadun, Roder, 최윤주 옮김, 앞의 책, 84쪽. 각주 221) 참조.

대한 또 하나의 함정이며, 때로 불합리한 상황 속에서조차 이를 확인해
야 하는 지속적인 긴장이라는 대가를 치러야 했음을 알아야 할 것이다.
여기에서 알아본 구비설화에서도 남성들은 자신들이 욕망하는 가문의
영속성을 위해 위와 같은 덕목들을 실천하지 못하면 자신을 죄인으로 치
부했고, 이를 모면하기 위해 부정적이며 파괴적인 행위들을 하지 않을
수 없는 또 다른 피해자였음을 발견할 수 있다.

모든 인간의 심리에는 욕망을 생산적이고 창조적인 방식으로 실현
할 수 있는 측면과 비생산적이고 파괴적 방식으로 실현할 수 있는 측
면의 양면적 성격이 공존한다. 욕망을 조절하는 것은 결국 '자기조절self-
regulation의 문제'[61]이다. 우리 민족은 삶의 에너지가 되는 욕망은 권장
하였지만, 반대로 이를 초월해 탐욕이 될 때에는 경계의 자세를 취하였
음을 알 수 있다. 구비설화에 나타난 가부장제와 관련한 모든 양상은 이
제도의 양면성을 꼬집는 민중의 꾸짖음임을 간과해서는 안 될 것이다.
이 점을 상기해 볼 때, 욕망이란 형이상학적이면서 사회적이라는 이중의
얼굴을 가진 심리기제임을 깨달을 수 있다.

이상으로 거주공간에 인간이 투사하는 욕망을 사회문화적으로 볼 때
한 개인을 위해서가 아닌 통체-부분자로서의 입장, 즉 가문의 영속성을
위해 투사되는 것에 대해 알아보았다. 이를 통해 욕망은 필요에 따라,
즉 사용가치에 따라 어떤 욕망을 갖는 것이 아니라 타인과의 경쟁 관계,
즉 교환가치에 따라 가질 수밖에 없는 가문의 영속성이라는 사회구조 때
문임을 알 수 있었다. 르네 지라르는 질투와 선망이라는 일상의 경험에
서 욕망의 실마리를 찾고, 이것이 '욕망의 부산물이며, 그 욕망은 모방적
경쟁에서 나온다'고 했다.[62] 그의 이러한 언급은 욕망의 대상은 환상이

---

61) 권석만, 「욕망과 자각의 조절」, 김종욱 편, 앞의 책, 278쪽.

62) Girard, René, *Mensonge romantique et vérité romantique*, Grasset & Fasquelle, 1961.
    (김치수·송의경 옮김, 『낭만적 거짓과 소설적 진실』, 한길사, 2009, 39~101쪽 참조.

지만, 대상에서 기대되는 가치는 환상적이지 않다는 것을 의미한다. 대상은 단지 그 사회가 추구하는 삶의 가치에 도달하기 위한 수단에 불과하지만, 욕망이 지향하는 것은 바로 그 사회가 추구하는 삶의 가치이다. 바람직한 사회라면 인간의 이러한 양면성을 고려하면서 인간이 자신들의 욕망을 긍정적이고 생산적으로 실현하는 것을 도울 수 있는 '휴머니즘적 사회'가 되어야 한다. 하지만 조선후기에서 사회문화적 측면으로 전개되는 가문의 영속성 차원의 사고는 이러한 능력은 가졌으면서도 실천함에 있어 이를 따르지 않았다는 문제점을 노출하고 있다.

지금까지의 진술을 통해 거주공간과 인간 욕망은 조선후기 사회가 가부장제 유지를 위해 가문의 영속성을 추구했고, 이는 당대의 이데올로기의 확장에 대한 결과였음을 알 수 있다. 결국 명당이란 공간은 인간의 욕망을 이루기 위한 도구로서의 역할을 했을 뿐이고, 그 시대 사람들이 가진 명당과 인간의 욕망에 대한 가치는 그 사회에서 살아남기 위한 몸부림이었다고 할 수 있다.

제5장
마치는 글

　인간은 공간 안에서 삶을 영위하고 공간을 형성하면서 살아가는 존재이다. 인간의 거주공간에 대한 애착은 보다 나은 삶을 살고자 하는 강렬한 욕망, 복록(福祿)을 얻고자 하는 욕망에서 비롯된다. 거주공간에 대한 애착은 그곳이 인간이 세계와 맺는 관계의 토대 아래 발생하는 것이어서, 공간과 인간 사이의 유기적인 관련성, 즉 상호조응성을 보여준다.

　조선조를 배경으로 하는 구비설화에서는 인간 욕망이 자신의 영달보다는 그가 속한 가문의 영속성을 위해 표출되었다. 그 이유는 한 시대를 표방하는 인간의 사고가 인간을 둘러싼 사회의 환경 문제, 그리고 그 사회 환경과 관련된 당대의 이데올로기로부터 영향을 받기 때문이다. 이러한 점이 구비설화에 잘 나타나 있는데, 이 속의 주체들은 다양하고 끊임없는 자기갱신을 통해 이를 드러내고 있어, 여기에서의 공간은 인간의 감각과 정신을 담아내는 그릇이라 할 수 있다.

　구비설화는 문자가 사용되기 이전부터 존재해 온 장르로 인류의 시작과 같은 역사를 가지고 있다. 더구나 삶의 오랜 체험에서 얻어진 다양한 경험이 형상화된 인간 정신의 소산으로, 이를 향유하는 사람들의 삶의 양식이자 실체(實體)로 전승되어 왔다. 문자가 없던 시대에서 구비설화라는 장르는 이미 인간 정신의 깊숙한 층위를 구명하고자 시도했던 장르였다.[1] 구비설화라는 장르도 문학의 일부분이다. 문학작품의 세계는 근본적으로 현실세계와는 다른 허구의 세계이다. 그러나 문학에서 내포하는 것은 현실에서 경험한 보편적인 인식과 행위를 통해 이를 표현하는

---

1) 강진옥, 「구비설화」, 민속학회, 『한국민속학의 이해』, 문학아카데미, 1994, 311쪽.

현실의 반영이다. 이 장에서는 지금까지 논의했던 내용들을 요약하면서 구비설화에 나타난 거주공간과 인간의 욕망을 통해 공간과 인간이 어떠게 상호조응하고 있는지 다시 한 번 살펴보기로 하겠다.

본고의 목적을 조명하기 위해 제1장에서는 연구 목적을 밝히기 위한 문제 제기와 연구사를 검토하였다. 이어 본고에서 논의할 거주공간에서 인간의 욕망이 가문의 영속성을 위해 발생되는 구비설화 자료의 범위와 이를 논할 연구 방법을 제시하였다. 흔히 거주공간이라 하면 산 사람이 사는 집으로만 간주되고 있지만, 본고에서는 다음과 같은 이유로 거주공간에는 집과 무덤이 모두 포함된다고 밝혔다.

> 첫째, 둘 다 휴식과 안주를 위한 공간이어서 그 사람의 일상과 관련이 있다.(김미숙)
> 둘째, 둘 다 개인의 정체를 찾아내고 전개하는데 필요한 움추림을 함축하고 있으며, 자연 속에 정주하고 있다.(슐츠)
> 셋째, 죽은 사람도 산 사람과 똑같은 욕구를 가지고 있으며, 해소 방법도 똑같다고 생각하는 전통적 사고를 반영한다.(최봉영)
> 넷째, 집단 사이의 정치적 이해관계를 영속화하기 위해서는 인간관계나 사회질서가 죽은 뒤에도 유지되고 인정되어야 한다.(장철수)
> 다섯째, 무덤은 죽은 자를 위한 또 하나의 우주로 집과 층위가 같다.(전호태)
> 여섯째, 거주공간을 나누는 기준은 장소성에 의거해야 한다.(이명호)

제2장은 본고의 논지를 밝히기 위한 예비적 논의 서로 공간과 인간의 서로 조응을 맺는 관계라는 점과 인간의 욕망에 대한 개관의 장이다. 인간이 접하는 대표적 환경은 공간이다. 인간이 공간을 접한다는 말은 그가 특정 공간에 애착을 갖고 유대감을 갖는다는 것이다. 인간이 어떤 공간이 거주한다고 할 때, 거기에는 생활이라는 함축된 의미가 내포되어 있고, 그럼으로써 공간은 환경이 된다. 이때 공간이 인간과 상호조응하게 되어 '공간의 인간화'가 되는 것이다. 공간의 인간화, 즉 공간과 인간

의 상호조응성이 발생하는 매개는 거주공간 중 '명당'이라는 특별한 공간에 대한 애착으로, 이 애착은 그 공간에 투사하는 욕망의 형태로 나타난다.

이를 통해 거주공간은 인간에게 '진정한 삶의 감각'을 지니게 하는 특별한 곳임을 알 수 있다. 인간의 세계관이 투영되어있는 구비설화의 세계에는 공간과 인간이 깊은 관련이 있는 존재임을 선명히 드러난다는 것을 구비설화 텍스트를 예로 들어 진술하였다.

제3장에서는 제1장과 제2장을 토대로 공간의 형태를 알아보고 이 공간에 인간의 욕망이 어떤 양상으로 표출되고 있는지에 대해 살펴보았다. 여기에서 인간이 특정 공간과 관련을 맺고, 그곳에 욕망을 투사하는 것은 자신보다 가문의 영속성을 위해서라는 논지의 목적을 위해 인간의 대표적 환경인 거주공간을 집과 무덤으로 나누고 이곳에 인간이 표출하는 욕망을 알아보았다. 공간에 투사하는 인간의 욕망과 관련해『구비대계』를 비롯한 설화집에는 집보다 무덤의 경우에 투사하는 욕망이 더 많다. 그 이유는 집의 경우 무덤보다 그 효험이 쉽게 나타나기는 하지만, 그 음덕(蔭德)은 그 곳에 사는 사람이나 태어난 사람에게만 한정되어 나타나기 때문이다. 반면 무덤은 즉시 발복(發福)하는 경우도 있지만, 원칙적으로 발복이 드러나는 기간이 길고 그 음덕이 모든 혈족(血族)에게 두루 나타난다는 차이점이 있다.

구비설화 분석 결과 인간이 집 공간에 투사한 욕망은 부귀영화·단명극복·자기실현이 표출되었다. 대개의 구비설화에서 결핍상황은 가난 혹은 고난에서 비롯되는데, 그 이유는 구비설화에서의 인간욕망은 힘없는 민중의 삶과 직결되어 있기 때문이다. 욕망이란 인간 본연의 모습이고, 인간의 삶에서 이를 떼어 놓고는 본질과 삶을 제대로 규명할 수 없는 심리기제이다. 인간 삶에 있어 욕망이란 문제는 삶의 질과도 연관이 있기 때문에 이러한 현상은 지극히 당연한 것일 수도 있다. 구비설화 속

인물들이 자신과 자신이 속한 가문의 영속성을 위해 투자하는 노력과 방법은, 욕망이란 심리기제가 사고의 세계에 기초하여 언제나 지금의 상태를 넘어선 상태, 즉 미래에 대한 계획을 지향하기 때문이다.

인간은 명당에 조상을 묻으면 행복한 삶을 보장받을 수 있다는 믿음에서 무덤 공간에 대한 애착을 강하게 느낀다. 집을 명당에 짓는 것도 행복한 삶에 대한 욕망추구이지만, 집보다 무덤의 효험 폭이 넓다는 믿음 때문에 무덤 공간을 명당으로 선호하는 경우가 더 많았다. 당시는 개인보다는 가문이 우선이어서 자신이 속한 가문의 영속성을 책임져야 할 구성원으로서의 입장이었다면 효험이 더 넓은 곳에 관심을 가질 수밖에 없을 것이다. 구비설화의 세계에서도 이러한 이유를 내세워 인간의 욕망을 충족시키려는 경우가 많았다. 산 사람이 사는 집도 그러하겠지만 인간의 강한 욕망을 반영하는 무덤은 자신과 공간이 '나-사물'의 대응관계가 아닌 '나-너'의 관계가 된다는 의식, 즉 무의식과 실존 안에서 주체와 공간이 하나가 된다고 믿는 의식이 강하다. 본고에서 이런 관점으로 알아본 구비설화들은 명당이 바로 인간 복록을 구현시켜 줄 수 있는 성(聖)의 현현체(顯現體)라고 믿는 민중의 세계관을 보여주는 예이다. 여기에서도 가장 많이 나타나는 덕목은 부귀영화이고, 자기확장이 뒤를 따르며, 타인의 공간에 투장을 하는 이기적 선택이다.

제4장에서는 제3장의 분석을 토대로 거주공간과 인간이 상호조응되어 그곳에 욕망을 투사하고, 이를 가문의 영속성으로 영위하는 것이 사회문화적으로 어떤 의미가 있는지에 대해 알아보았다.

한 시대는 그 시대를 유지하기 위한 문화와 사회관이 있어 이를 중심으로 운영된다. 여기에서 문화란 지식·신앙·신앙·예술·도덕·법률·관습·기타 인간이 사회 성원으로 획득한 능력이나 습성의 복합적 전체를 의미하는 것이다. 이 문화는 복합적 전체여서 어떠한 문화 요소를 끌어내어 보아도 그것은 문화 전체의 구조 속에 유기적으로 엉켜 있으며, 가

치 개념을 형성한다는 특징을 가지고 있다. 또한 특수한 자연적 환경 또
는 인간의 물질적·정신적 욕구의 결과로 어떤 형태의 문화가 제도화된
다. 이 제도화된 문화 양식은 그 자체의 내재적 법칙에 의해 지속되며,
고착화(固着化)의 길로 치닫게 되는데, 이렇게 고착화된 문화 충동은 강
인한 고집성을 드러내어 당대의 사회관을 만든다. 사회관이 바로 구비설
화의 사회문화적 배경이 되어 가장 많이 드러나는 시대는 조선조 후기로
추정되는 바, 이 시기의 상황이 구비설화의 배경이 되어 텍스트에 고스
란히 담겼다.

　문제제기에서도 밝혔듯이 공간에 투사하는 인간의 욕망이 한 인간의
만족을 위해 사용된 것이 아니라는 점이 매우 흥미롭다. 이 욕망은 한
개인의 차원을 넘어 그가 속한 가문의 영속성을 위해 발휘되었다는 점에
서 시사되는 바가 크다. 이 시대는 유학에 근거한 통체-부분자적 세계관
에 입각하여 사회가 운영되었다. 통체-부분자적 세계관에 입각하여 성립
된 가치체계에서는 가(家) 중심의 가치체계로 운영되며, 가문은 이를 대
표하는 집단이다. 가문은 친족 사이의 결속 범위나 친소관계(親疎關係)를
결정하는 단위로 조선후기라는 특정 시기에 일반화하여 사회사적 흔적
을 남긴 역사적 산물이다. 그 이유는 임병양란으로 인해 피폐해진 사회
기강을 바로잡을 필요가 있었고, 이를 가문을 통해 해결하려했기 때문이
다. 18-19세기에 일반화된 이러한 가문 강화 현상은 향촌사회의 주도권
문제나 권위의 유지, 나아가 상대 세력과의 경쟁 등과 밀접하게 관련된
것으로 이 모든 문제에 대응하면서 자신들의 종래 지위를 유지·강화하
기 위한 족적(族的) 대응의 수단이었다. 이러한 점을 만족시키기 위해 인
간은 공간에 욕망을 품었던 것이고, 그 욕망을 이루기 위해 명당을 욕심
낸 것이다. 가문의 영속성에는 '결여'를 채워 줄 수 있다고 믿는 '욕망'
이 그 사회를 기초하고 있는 이데올로기가 침투되어 나타나 있었다.

　지금까지의 논의에서 보듯 거주공간에 투사한 욕망은 가문의 일원으

로서의 존재감으로 인한 것이고, 가문의 일원으로서의 존재인 인간은 가문의 한 부분으로서 기능했다. 가문의 일원으로서 그 구성원들이 해야 할 책임과 의무는 가문의 명성을 높이는 것이고, 이를 영속시켜야 하는 것이다. 이는 수기치인(修己治人)을 바탕으로 한 자기실현과 입신양명, 그리고 남성에 의한 여성의 지배 등으로 고착되어 각종 예술적 장르의 상상적 산물(想像的 産物) 속에 풍성하게 드러난다. 이것은 그 시기에 이르러 당대가 자체 내의 구조적 모순을 상징적 기호로서 표시할 수 있는 힘을 얻은 상태임을 증명하는 것이다.

이상으로 구비설화에 나타난 공간과 인간의 상호조응성에 대해서 알아보았다. 구비설화를 통해 알아본 결과 이 상호조응성은 인간이 거주공간이라는 특정 공간에 욕망을 품어 이를 성취하기 위한 노력이었음이 알 수 있었고, 이는 한 개인의 영화가 아닌 가문의 영속성을 위한 차원에서의 원망(願望)이었음을 확인할 수 있었다. 인간이 세상을 살아가는 데 욕망을 통한 즐거움 성취는 필수불가결한 요소이다. 왜냐하면 욕망을 통한 의욕과 성취 그리고 그 과정이 없다면 삶에 대한 목적의식이 사라지고 무기력함에 빠져 일상생활이 어렵기 때문이다. 노자는 인간이 인위적(人爲的)인 욕망을 이겨내고 마음을 비워 순박한 삶에 만족을 느낄 때 비로소 무위자연(無爲自然)의 도를 체득할 수 있다고 했다. 이는 욕망을 무조건 부정하고 죄악시하라는 말이 아니다. 노자의 언급은 욕망의 긍정적인 부분을 따르고, 탐욕을 경계하라는 말로 바꿀 수 있다. 이러한 사고는 구비설화의 세계에서도 구연자들의 입을 통해 면면히 이어져 내려오는 것이기도 하다.

구비설화라는 장르도 문학의 한 부분이다. 모든 문학에는 그 민족의 철학인 세계관이 담겨 있다. 세계관이란 한 민족의 삶의 세계에 담긴 철학적 사고이다. 이러한 세계관은 '의식적 혹은 무의식적으로 갖추어진 기본적인 신념의 틀'2)을 구성하고 있다. 구비설화는 전승층의 있는 그대로의 삶이 적나라하게 들어 있기 때문에 구연자의 무의식의 세계가 그대로 노출된다. 그래서 보다 적극적이고 민중적인 사고가 담겨있어 감추지 않는 인간의 무의식이 세계관이 되어 텍스트에 반영된다. 민중들의 이러한 의식은 거주공간을 명당으로 찾고, 이를 얻으려 욕망하는 내용을 담은 구비설화에서 현저하게 드러나게 되는 것이다. 미셸라 마르자노는 욕망이라는 것 자체가 '다채롭고 여러 개의 머리를 가진 형태의 짐승'이라는 플라톤의 표현3)과 욕망은 '인간 본질 그 자체'라는 베네딕투스 드 스피노자의 언급4)을 원용하여 '파악하기 어려운 기제'5)라고 인식했다. 욕망이란 필요와 충동이라는 난해하고도 모호한 관계 사이에 있어, 한편으로는 반감을 주면서도 인간의 마음을 사로잡아 고통을 주며, 다른 한편으로는 그 심리를 충족시킨다는 양가적 형태로 나타나는 심리기제이기 때문이다. 이러한 파격적인 심리기제가 명당을 매개로 표출되어 공간과 인간의 조응을 깊이 연결지어주는 메커니즘이 되는 것이다. 욕망이 지향하는 것은 바로 그 사회가 추구하는 삶의 가치이다. 바람직한 사회라면 인간의 이러한 양면성을 고려하면서 인간이 자신들의 욕망을 긍정적이고 생산적으로 실현하는 것을 도울 수 있는 '휴머니즘적 사회'가 되어야 한다. 하지만 조선후기에서 사회문화적 관점에서 전개되던 가문의 영속성 차원의 사고는, 이러한 능력은 가졌으면서도 실천함에 있어 이를 따

---

2) Kai H. Kwok, http://sun14.vlsi.uwat...stmodernism/node8.htlm에 나온 것을 宋孝燮, 앞의 책, 29쪽에서 재인용 함.

3) Platon, S. R. Slings em., *Politeia(Platonis Respublica)*, Oxford University Press, 2003, 588c.(박종현 역주, 『플라톤의 국가·政體』, 도서출판 서광사, 2009, 601쪽.)

4) Spinoza, Benedictus De, *Die Ethik*, Lateinisch und Deutsch, übers, Stern, von Jakob(Stuttgart, 1977.(강영계 옮김, 『에티카』, 서광사, 2010, 212쪽.)

5) Jouannet, Pierre & Nahoum-Grappe, Veronique, *outre 13 Histoires de sexe et désird'enfant*, PubHub Literary Agency, 2004.(Marzano, Michella, 「욕망, 철학의 투통 거리」, 김성희 옮김, 『성의 역사와 아이를 가지고 싶은 욕망』, 알마, 2009, 178~188쪽.)

르지 않았다는 문제점을 노출하고 있다.

지금까지의 진술을 통해 공간과 인간의 상호조응 관계를 맺고 있음을 알 수 있다. 이를 바탕으로 조선후기 사회가 가부장제 유지를 위해 가문의 영속성을 추구했고, 이는 당대의 이데올로기의 확장에 대한 결과였음을 알 수 있었다. 결국 명당이란 공간은 인간의 욕망을 이루기 위한 도구로서의 역할을 했을 뿐이고, 그 시대 사람들이 가진 명당과 인간의 욕망에 대한 가치는 그 사회에서 살아남기 위한 몸부림으로서의 가치였다고 할 수 있다.

참고문헌

1. 기본 자료

곽부영 구연, <명당자리 훔쳐서 잘 산 이야기>, 『한국구비문학대계』 3-2, 충청 북도 청원군 옥산면 설화 1, 한국학중앙연구원, 1980.(이하 『구비대계』 로 약칭, 출판사 생략)

곽성용 구연, <아들 없이 손자 얻은 명당>, 『구비대계』 4-3, 충청남도 아산군음 봉면 설화 8, 1980.

권중원 구연, <이장(移葬)해 준 원귀의 묘>, 『구비대계』 7-14, 경상북도 달성군 유가면 설화 18, 1980.

김동원 구연, <마누라 죽여 아들을 두게 한 명당>, 『구비대계』 3-4, 충북 영동 군 영동읍 설화 29, 1980.

김두화 구연, <정승 어머니의 묘를 옮기게 한 어린 아들의 기지>, 『구비대계』 8-12, 경상남도 울주군 언양면 설화 50, 1980.

김봉학 구연, <스무 여덟 형제 얻은 명당터>, 『구비대계』 7-16, 경상북도 선산 군 고아면 설화 43, 1980.

김영태 구연, <삼형제 죽고 만대 발복한 명당>, 『구비대계』 3-2, 충청북도 청주 시 모충동 설화 31, 1980.

김재식 구연, <산모(産母) 구한 적덕으로 얻은 명당>, 『구비대계』 4-4, 충청남 도 보령군 오천면 설화 34, 1980.

김종호 구연, <채번암 이야기>, 『구비대계』 7-3, 경상북도 월성군 안강읍 설화 12, 1980.

노학우 구연, <악인(惡人)에게는 명당도 없다>, 『구비대계』 3-2, 충청북도 청주 시 내덕동 설화 3, 1980.

민봉호 구연, <호환 면한 정승 아들>, 『구비대계』 2-2, 강원도 춘천시·춘성군 남면 설화 1, 1981.

박건문 구연, <홀아비를 잘 살게 해준 풍수와 중>, 『구비대계』 8-6, 경상남도 거창군 위천면 설화 11, 1981.

박무세 구연, <사자생손(死子生孫)의 혈(穴)>, 『구비대계』 8-3, 경상남도 진주시
　　　상봉동 설화 8, 1980.

박석산 구연, <허풍수와 임금>, 『구비대계』 2-2, 강원도 춘천시·춘성군 편 신
　　　북면설화 18, 1981.

박성호 구연, <조상의 묘 지킨 꼬마의 기지>, 『구비대계』 4-4, 충청남도 보령군
　　　대천읍 설화 28, 1980.

박영희 구연, <친정보다 시집 묘터 잘 쓴 부녀>, 『구비대계』 7-11, 경상북도 군
　　　위면 우보면 설화 20, 1980.

박재문 구연, <백우(白牛)의 전설>, 『구비대계』 2-3, 강원도 삼척군 편 삼척읍
　　　설화 125, 1980.

신홍준 구연, <며느리의 치가(治家)>, 『구비대계』 1-2, 경기도 여주군 금사면
　　　설화 9, 1980.

심연수 구연, <율곡 선생 탄생담>, 『구비대계』 2-1, 江原道 江陵市·溟洲郡 설
　　　화80, 1980.

안병초 구연, <山訟判決(산송판결)>, 『구비대계』1-1, 서울시 도봉구 설화 4,
　　　1980.

안재운 구연, <박상의가 지관된 유래>, 『구비대계』 6-8, 전라남도 장성군 북하
　　　면 설화 7, 1980.

오금열 구연, <황씨 성이 살아야 되는 집터>, 『구비대계』 6-6, 전라남도 신안군
　　　압해면 설화 44, 1980.

오영석 구연, <사람은 사주팔자 속으로 산다>, 『구비대계』 4-2, 충청남도 대덕
　　　군 신탄진읍 설화 19, 1980.

용영구 구연, <중이 호환 모면한 이야기>, 『구비대계』 2-2, 강원도 춘천시·춘
　　　성군 북산면 설화 21, 1981.

유환용 구연, <박상의와 박세원>, 『구비대계』 5-2, 전라북도 완주군 삼례읍 설
　　　화 5, 1980.

이문구 구연, <집터 잘 잡아 왕비된 이야기>, 『구비대계』 8-6, 경상북도 거창군
　　　북상면 설화 35, 1981.

이애기 구연, <오대 정승자리를 훔쳐간 딸>, 『구비대계』 3-2, 충청북도 청주시
　　　모충동 설화 30, 1980.

이영래 구연, <흥선군과 묘자리>, 『구비대계』 4-1, 충청남도 당진군 면천면 설
　　　화11, 1980.

이창래 구연, <울산 심씨 사당에 묘를 쓴 청송 심씨>, 『구비대계』 5-4, 전라북
　　　도 옥구군 대야면 설화 16, 1980.

이춘하 구연, <남의 말 듣다 잃고 만 금시발복(今時發福) 자리>, 『구비대계』 3-2, 충청북도 단양군 매포면 설화 1, 1980.

이호승 구연, <진사(進士)까지 된 천애 고아>, 『구비대계』 4-6, 충청남도 공주군 사곡면 설화 12, 1984.

임덕명 구연, <경주 최씨와 개무덤>, 『구비대계』 7-14, 경상북도 달성군 화원면 설화 38, 한국학중앙연구원, 1980.

임사봉 구연, <원수를 은혜로 갚은 조카>, 『구비대계』 5-2, 전라북도 전주시 완주군 서서학동 설화 1, 1980.

전세권 구연, <사자유손지혈(死子有孫之穴)>, 『구비대계』 4-4, 충청남도 공주군 의당면 설화 12, 한국학중앙연구원, 1980.

정이만 구연, <장인 장모에게 묘자리 빼앗긴 사위>, 『구비대계』 8-6, 경상남도 거창군 남하면 설화 6, 1980.

정상규 구연, <생거남원 사거임실(生居南原 死居任實)>, 『구비대계』 5-2, 전라북도 전주시 완주군 노송동 설화 1, 1980.

진상춘 구연, <정승판서 집터>, 『구비대계』 5-4, 전라북도 군산시 설화 14, 1980.

차상분 구연, <아버지의 묘를 지킨 어린 아들>, 『구비대계』 8-11, 경상남도 의령군 봉수면설화 44, 1980.

최돈구 구연, <부인 서른 명에 아들 아흔 명(묘 바람)>, 『구비대계』 2-1, 강원도 강릉시·명주시 설화 19, 1980.

최웅, <定佳成地師聽痴童>, 『주해 청구야담』 Ⅲ, 국학자료원, 1996.

최종묵 구연, <사자유손지혈(死者遺孫之穴)>, 『구비대계』 4-4, 충청남도 보령군 오천면 설화 53, 1980.

한기문 구연, <두 풍수쟁이>, 『구비대계』 3-1, 충청북도 중원군 노은면 설화 23, 1980.

함종태 구연, <박씨와 심씨의 묘 싸움>, 『구비대계』 2-1, 강원도 강릉시 설화 54, 1980.

현용준, <지관 김귀천>, 『제주도 전설』, 서문당, 1996.

현용준·현승환 역주, <삼공본풀이>, 『제주도 무가』, 고려대학교 민족문화연구소, 1996.

2. 단행본

강진옥, 「설화」, 민속학회, 『한국민속학의 이해』, 문학아카데미, 1994.

강진옥, 「虎食과 그 해결방안을 통해 본 운명론 극복의 양상-설화유형번호 212-4 '虎食당할 사람 구한 이인'을 중심으로」, 陽圃李相澤敎授還曆紀念論叢刊行委員會, 『韓國 古典小說과 敍事文學』(下), 집문당, 1998.

공진성, 『폭력』, 책세상, 1999.

권석만, 「욕망의 자각과 조절」, 김종욱 편, 『욕망, 삶의 동력인가 괴로움의 뿌리인가』, 운주사, 2008.

琴章泰 著, 『儒敎思想과 韓國社會』, 成均館大學校 大東文化硏究院, 1987.

김부식 지음, 이병도 역주, 『삼국사기』 상·하, 을유문화사, 1997.

金相宰, 『명당은 순환한다』, 답게, 2001.

김석, 『에크리』, 살림, 2007.

김열규, 『한국의 문화코드 열다섯 가지』, 금호문화, 1997.

김영하, 『新羅中代社會硏究』, 일지사, 2007.

金容燮, 「朝鮮後期의 經營型 富農과 商業的 農業」, 『朝鮮後期農業史硏究[Ⅱ]-農業과 農業論의 變動』, 지식산업사, 2007.

金允植·김현, 『韓國文學史』, 民音社, 1974.

김종구, 「효석의 문학과 토포필리아」, 『소설시학과 담론』, 글누리, 2007.

金重河, 「李箱의 小說과 空間性」, 『한국현대소설사연구』, 民音社, 1984.

『大明律直解』 卷 第十八, 法制處, 1964.

박상호, 『풍수지리의 원리』, 가교, 2002.

박종채, 김윤조 역, 『과정록』, 태학사, 1997.

박현국, 『한국의 공간설화연구』, 국학자료원, 1995.

사단법인 세종대왕기념사업회, 『철종실록』 제14권, 1990.

사회과학원 민족고전연구소 편, 『이조실록』 58 세조혜장대왕실록 제5권, 여강출판사, 1993.

사회과학원 민족고전연구소 편, 『이조실록』 58 세조혜장대왕실록 제8권, 여강출판사, 1993.

서정호, 『儒學의 욕망론과 인간해석』, 한국학술정보(주), 2008.

성동환, 「땅의 기란 무엇인가?」, 최창조 외 4인, 『풍수, 그 삶의 지리 생명의 지리』, 푸른나무, 1993.

손석우, 『터』 상, 도서출판 답게, 1993.

손정희, 『풍수와 한국문학』, 세종출판사, 2000.

송명희, 『타자의 서사학』, 푸른사상, 2004.

宋孝燮, 『설화의 기호학』, 민음사, 1999.

오세정, 「제의적 공간과 신화적 인식」, 한국소설학회 편, 『공간의 시학』, 예림기획, 2002.

윤재홍, 『울타리와 우리의 교육인간학』, 한국학술정보 (주), 2006.

李慶善, 「五福에 대한 가치관」, 『韓國文學과 傳統文化』, 新丘文化史, 1988.

이능화 지음, 서영대 옮김, 『조선무속고』, (주) 창비, 2008(1927).

이덕진, 「욕망의 바다에서 유영하기」, 김종욱 편, 『욕망, 삶의 동력인가 괴로움의 뿌리인가』, 운주사, 2008.

이동하, 「70년대의 소설」, 『집 없는 시대의 문학』, 정음사, 1985.

이명호, 「주거와 문화」, 대한건축학회 편, 『주거론』, 기문사, 1997.

李丙燾, 『高麗時代의 研究』, 亞細亞文化史, 1980.

이상성, 「인간에게 어떻게 교육이 가능한가」, 김성기·최영진 外 9인, 『지금, 여기의 유학』, 성균관대학교 출판부, 2005.

이숙인, 「여성의 경험으로 읽는 유교」, 김성기·최영진 外 9인, 『지금, 여기의 유학』, 성균관대학교 출판부, 2005.

이숙인, 「유학의 가족사상」, 한국고전여성문학회, 『한국 고전문학 속의 가족과 여성』, 월인, 2007.

이효재, 『조선조 사회와 가족-신분상승과 가부장제 문화』, 한울아카데미, 2003.

이재선, 「가족사 소설과 집의 공간시학」, 『한국문학의 원근법』, 민음사, 1996.

李在銑, 「韓國文學의 金錢觀」, 『韓國文學 主題論』, 西江大學校出版部, 2003.

이진경, 『근대적 주거공간의 탄생』, 도서출판 그린비, 2007.

이중환 지음, 허경진 옮김, 『택리지』, 한양출판, 1999.

장석주, 『장소의 탄생』, 작가정신, 2006.

장일구, 「소설공간론, 그 전제와 지평」, 한국소설학회 편, 『공간의 시학』, 예림기획, 2002.

장철수, 『옛 무덤의 사회사』, 웅진출판주식회사, 1995.

鄭奭鍾, 『朝鮮後期社會變動研究』, 日潮閣, 1983.

조홍길, 『욕망의 블랙홀』, 한국학술정보(주), 2010.

조혜정, 『한국의 남성과 여성』, 文學과 知性社, 1988.

차용준, 『한국인의 전통사상』, 전주대학교 출판부, 1999.

崔鳳永, 『韓國人의 社會的 性格Ⅰ-一般論理의 構成-』, 느티나무, 1996.

최봉영, 『주체와 욕망』, 사계절, 2000.

최시한, 「맺힘-풀림의 서사구조에 대한 시론」, 金烈圭 編, 『韓國文學의 두 問題-

怨恨과 家系』, 學研社, 1985.
崔雲植, 『韓國說話硏究』, 集文堂, 1994.

Bachelard, Gaston., *La poétique de l'espace*, Presses Universitaire deFrance(Paris), 1957.(곽
  광수, 『공간의 시학』, 東文選, 2003.

Bollnow, Otto F., *Anthropologische Pädagogik*, tamagawa University Press (Tokyo), 1971.
  (한상진 역, 『인간학적 교육학』, 양서원, 2006.)

Bollnow, Otto F., 箸/李奎浩 譯, 「인간과 그의 집」, 『現代哲學의 展望』, 法文社,
  1973.

Bollnow, O. F., 崔東熙 譯, 『實存哲學이란 무엇인가』, 1974.

Buber, Martin, *Ich und Du*, Verlag Lanbert Schneider(Heidelberg), 1954, 1974(표재명
  옮김, 『나와 너』, 문예출판사, 2004.)

Campbell, Joseph, *The Hero With A Thousand Faces*, Princeton University Press, (New
  Jersey), 1949.(이윤기 옮김, 『천의 얼굴을 가진 영웅』, 민음사, 2004.)

Cassirer, Ernst, *An Essay on Man*, Yail Univ. Press, 1944.(최명관 옮김, 『인간이란 무
  엇인가』, 창, 2008.)

Dadoun, Roder, *Le violence: Essai sur 'l'home violens'*, Hatier(Paris), 1993.(최윤주 옮김,
  『폭력: '폭력적 인간'에 대하여』, 東文選, 2006.)

Dovey, Kinberly, "Home and homelessness", Altman, I. & Werner,C.M.(ed.), *Mome
  Envirinment*, Plenum Press(New York), 1985,(이경희 편역, 「주거의 의미와
  상실」, 洪亨沃 編著, 『人間과 住居』, 文運堂, 1995.)

Dylan, Evans, An I*ntroductory Dictionary of Lacanian Psychoanalysis*, Routledge (London),
  1996.(김종주 외 지음, 『라깡 정신분석 사전』, 인간 사랑, 1998.)

Eliade, Mircea, *Das Heilige und das Profane*, Roeohlt Taschenbuch Verlag GmbH, 1957.
  (이은봉 옮김, 『성과 속』, 한길사, 2003.)

Eliade, Mircea, *Patterns in Comparative Religion*.(이은봉 옮김, 『종교형태론』, 한길사,
  2004.)

Galbraith, John K., *Money*. (최광렬 역, 『돈-그 歷史와 展開』, 玄岩社, 1980, 14~15쪽.)

Girard, René, *Mensonge romantique et vérité romantique*, Grasset & Fasquelle, 1961.(김치
  수·송의경 옮김, 『낭만적 거짓과 소설적진실』, 한길사, 2009.)

Georges Vigarello, *Histoire du voil*, Éditions du Seuil(Paris), 1998.(이상해 역, 『강간의
  역사』, 당대, 2002, 9쪽.)

Heidegger, Martin, *Vorträge und Aufsätze*, Verlag Günther Neske, 2000.(이기상·신상희·
  박찬국 옮김, 「건축함 거주함 사유함」, 『강연과 논문』, 이학사, 2008.)

Jost, Francois, Seigneuret, Jean-charles., ed., *Dictionary of Literary Themes and Motifs*, Greenwood Press, 1988, preface.(장순란 옮김, 「모티프와 주제」, 이재선 엮음, 『문학주제학이란 무엇인가』, 민음사, 1996.)

Jouannet, Pierre & Nahoum-Grappe, Veronique, *outre 13 Histoires de sexe et désir d'enfant*, PubHub Literary Agency, 2004.(Marzano, Michella, 「욕망, 철학의 두통거리」, 김성희 옮김, 『성의 역사와 아이를 가지고 싶은 욕망』, 알마, 2009.)

Lacan, Jacques, "Die Bedeurng des Phallus"(민승기 옮김, 「남근의 의미작용」, 권택영 엮음, 『욕망이론』, 文藝出版社, 2005.)

Lacan, Jacques, "L'instance de la lettre dans l'inconscient ou la raison depuis Freud", 1957.(민승기 옮김, 「무의식에 있어 문자가 갖는 권위(주장) 또는 프로이트 이후의 이성」, 권택영 엮음, 『욕망 이론』, 文藝出版社, 2005.)

Lacan, Jacques, Hulbert, James tran., "Desire and the Interpretation of Desire in Hamlet", *Yale French Sudies* No. 55-56, 1977. (이미선 옮김, 「욕망, 그리고 「햄릿」에 나타난 욕망의 해석」, 권택영 엮음, 『욕망이론』, 文藝出版社, 2005.)

Lacan, Jacques, *Le Séminaire livre XI-Les quatre concepts fondamentaux de la psychanalyse*, Seuil, 1973.(맹정현·이수련 옮김, 「부분충동과 그 회로」, 『자크 라깡 세미나 11권-정신분석의 네 가지근본 개념-』, 새물결, 2008.)

Laplanche, Jean, et Pontalis, J. B., *Vocabulaire De La Psychanalyse*, PressUniversitaires de France(Paris), 1967(임진수 옮김, 『정신분석사전』, 열린책들, 2005.)

Lerner, Gerda, *The Creation of Patriarchy*, Oxford University Press(NewYork), 1986.(강세영 옮김, 『가부장제의 창조』, 당대, 2004.)

Lutwack, Leonard, *The Role of Place in Literature*, Syracuse UniversityPress(Syracuse), 1984.

Magliola, Robert R., *Pheenomenology and literature: An Introduction*, Perdue University Press(Indiana), 1977.(崔祥圭 譯, 『現象學과 文學』, 大邦出版社, 1986.)

Niebuhr, Reinhold, *Moral Man and Immoral Society*, Louisville(London),2001. (남정우 옮김, 『도덕적 인간과 비도덕적 사회』, 대한기독교서회, 2010.)

Norberg-Schulz, C., *Existence, Space and Arcritecture*, Praeger Publishers, Inc., 1971.(金光鉉 譯, 『實存·空間·建築』, 泰林文化社, 1994.)

Norberg-Schulz, C., *The concept of dwelling-On the way to figurative architecture*, 1987.(李在勳 譯, 『住居의 槪念-具象的 建築을 향하여』, 泰林文化社, 1995.)

Platon, S. R., Slings em., *Politeia(Platonis Respublica)*, Oxford UniversityPress, 2003.(박종

현 역주, 『플라톤의 국가·政體』, 도서출판 서광사, 2009.)

Relph, Edward, *Place and Placelessness*, Pion(London), 1976.(김덕현·김현주·심승희 옮김, 『장소와 장소상실』, 논형, 2005.)

Schoenauer, Nobert, *6000 Years of Housing*, W. W. Norton & Company, 1981.(김연홍 옮김, 『집 -6000년 인류 주거의 역사-』, 다우, 2004.)

Smith, Jonathan Z., *To Take Place: Toward Theory in Ritual*, The University of Chicago Press(Chicago), 1987.(방원일 옮김, 『자리 잡기』, 이학사, 2009.)

Spinoza, Benedictus De, *Die Ethik*, Lateinisch und Deutsch, übers, Stern, vonJakob (Stuttgart, 1977.(강영계 옮김, 『에티카』, 서광사, 2010.)

Spring, Janis Abrahms, *How Can Forgive You?*, Haper Colillns Publishers,Inc., 2004.(양은모 옮김, 『용서의 기술』, 메가트렌드, 2009.)

Tuan, Yi-Fu, *Topophilia (morningside)*, Colombia University Press, 1974.

Tuan, Yi-Fu, *Space and Place : the perspective of esperience*, university of Minnesota Press(Minneapolis), 1977.(구동희·심승희 옮김, 『공간과 장소』, 도서출판 대윤, 2005.)

中野 肇, 『空間と 人間-文明と 生活の 底邊にあるもの-』, 1989.(최재석 옮김, 『공간과 인간-문명의 밑바닥에 널려 있는 것-』, 도서출판 국제, 1999.)

莊子, <逍遙遊>, 李康洙 외 5인 번역, 『慾望論 -哲學的·宗敎的 解釋-』, 경서원, 1995.

朱熹, 한상갑 역, 『大學·孟子』, 삼성출판사, 1990.

村山智順, 『朝鮮の 風水』, 朝鮮總督府, 1931(崔吉城 옮김, 『朝鮮의 風水』, 民音社, 1990.)

穐山貞登 著, 崔光烈 譯, 『공간학의 초대』, 電波科學社, 1991.

彭久松·金在善 編著, 『原文 東夷傳』, 서문문화사, 2000.

編輯部, 『周易』, 三星文化社, 1993.

피에르 프랑카스텔, 金華榮 譯, 「空間의 誕生-콰트로첸토의 神話와 幾何學」, 『海外 文藝』 通卷 4號, 한국문화예술진흥원, 1980년 봄.

황병국 옮김, 『論語』, 범우사, 1997.

3. 논문 자료

강성숙, 「풍수발복설화에 나타난 발복의 양상과 그 의미」, 『이화어문논집』 제17호, 이화여자대학교 이화어문학회, 1999.

姜中卓, 「風水說의 國文學的 受容樣相 研究」, 中央大學校 大學院 博士學位論文, 1987.

姜秦玉, 「韓國 傳說에 나타난 傳承集團의 意識構造 研究」, 梨花女子大學敎 大學院 碩士學位論文, 1980.

姜秦玉, 「口傳說話 類型群의 存在樣相과 意味層位」, 梨花女子大學敎 大學院 博士學位論文, 1986.

곽진석, 「한국 풍수설화와 토포필리아」, 『한국문학이론과 비평』 제20집, 한국문학이론과 비평학회, 2003.

권기중, 「향리에 대한 기억과 편견, 그리고 역사교육」, 『史林』 제32호, 首善史學會, 2009.

김갑수, 「장자의 욕망론」, 『시대와 철학』 제8권 제2호, 한국철학사상연구회, 2005.

金慶淑, 「金東里 小說의 空間性 研究-住居空間을 중심으로」, 梨花女子大學敎 大學院 碩士學位論文, 1986.

金景淑, 「조선후기 山訟과 사회갈등 연구」, 서울大學校 大學院 博士學位論文, 2002.

金到南, 「朝鮮後期 山訟 研究-光山金氏·扶安 金氏 家門의 山訟 所志를 中心으로-」, 『考古歷史學志 第5·6輯, 東亞大學校 博物館, 1990.

김동춘, 「유교(儒敎)와 한국의 가족주의-가족주의는 유교적 가치의 산물인가?」, 『경제와 사회』 제55호, 한국산업사회학회, 2002.

김미숙, 「수수께끼의 疏通狀況 研究-民譚에 삽입된 수수께끼를 중심으로-」, 아주대학교 대학원 석사학위논문, 2005.

김미숙, 「<삼공본풀이>에 나타난 공간의 의미: '집'을 중심으로」, 『구비문학연구』 제25집, 한국구비문학회, 2007.

김병욱, 「韓國 現代小說의 空間意識」, 『西江語文』 第2輯, 西江語文學會, 1982.

김석배, 「裨補風水傳說과 이야기집단의 의식구조」, 『문학과 언어』 제5집 제1호, 言語研究所, 1984.

金聖哲, 「<유효공선행록>연구」, 高麗大學校 大學院 碩士學位論文, 2002.

김숙이, 「김소월 시에 나타난 공간 인식-「금잔디」의 토포필리아적 성격을 중심으로-」, 『民族文化論叢』 第34輯, 영남대학교 민족문화연구소, 2006.

김열규, 「Topophilia: 토포스를 위한 새로운 토폴로지와 시학을 위해서」, 『한국문학이론과 비평』 제20집, 한국문학이론과 비평학회, 2003.

김영희, 「'아버지의 딸'이기를 거부한 막내딸의 入社記」, 『溫知論叢』 第18輯, 2008.

김용덕, 「금기 설화의 구조와 상징적 의미 연구」, 『한국언어문화』 제36집, 한국

언어문화학회, 2008, 11쪽.

金恩子,「韓國現代詩의 空間意識에 관한 硏究-金素月·李箱·徐廷柱를 中心으로」, 서울大學校 大學院 博士學位論文, 1986.

김정아,「이문구 소설의 토포필리아 연구」,『한국문학이론과 비평』제20집, 한국문학이론과 비평학회, 2003.

김정아,「이문구 소설의 토포필리아」,『문예시학』제15집, 문예시학회, 2004.

김정아,「이문구 소설의 토포필리아 연구」, 충북대학교 대학원 박사학위논문, 2004.

김종건,「소설의 공간구조가 지닌 의미」,『대구어문논총』제13권, 대구어문학회, 1995.

김종구,「「메밀꽃 필 무렵」의 시공간과 장소애」,『한국문학이론과 비평』제20집, 한국문학이론과 비평학회, 2003.

김현숙,「호남풍수설화의 전승집단의식」,『國語文學』第42輯, 國語文學會, 2007.

김홍근,「돈과 재물에 대한 통합적 인식과 상호관계적인 영성」,『신학과 실천』제23집, 2010.

류은숙,「여성소설에 나타난 <집>의 의미 연구-1980년대 이후 소설을 중심으로」,『여성문학연구』통권 7호, 한국여성문학학회, 2002.

류희식,「가부장제와 조선후기 가정소설에 나타난 특성」,『문예미학』제12집, 문예미학회, 2006.

맹용길,「한국인의 가치관과 의식구조」,『기독교 사상』제31권 제8호, 대한기독교성회, 1987.

文亨鎭,「風水思想의 전래와 明堂 發福 說話」,『外大史學』第11輯 第1號, 韓國外國語大學校 外國學綜合硏究센터 歷史文化硏究所, 2000.

박경안,「일상적 삶에 투영된 경제의식」,『동방학지』제124권, 연세대학교 국학대학원, 2004.

朴明淑,「韓·中 運命說話 比較硏究」, 서울大學校 大學院 博士學位論文, 2007.

박성환,「고전사회학에 나타난 근대사회의 '행복' 논리」,『韓國社會學』제39집 제3호, 한국사회학회, 2005.

박수호·궁선영,「동아시아 전통사상에 근거한 주거공간의 이해」,『韓國學論集』第35輯, 啓明大學校 韓國學硏究所, 2007.

박영신,「한국인의 성취의식과 귀인양식에 대한 토착심리적 분석」,『한국심리학회지: 사회문제』제6권 제3호, 한국심리학회, 2000.

朴英姬,「<蘇賢聖錄> 連作 硏究」, 이화여자대학교 대학원 박사학위논문, 1993.

朴容玉,「유교적 여성관의 재조명」,『한국여성학』제1집, 한국여성학회, 1985.

박정수,「허윤석 소설의 토포필리아」,『한국문학이론과 비평』제20집, 한국문학
　　이론과 비평학회, 2003.

朴宗吾,「陽宅風水說話-전남지역 전승자료를 중심으로」, 全南大學校 大學院 碩
　　士學位論文, 1999.

방운규,「돈 관련 속담에 나타난 한국인의 의식구조」,『겨레어문학』제31권, 겨
　　레어문학회, 2003.

徐大錫,「韓國 神話와 民譚의 世界觀 硏究-世界觀的 對稱位相의 檢討-」,『국어
　　국문학』제101호, 국어국문학회, 1989.

徐延宙,「김승옥 소설의 작가의식 연구」, 國民大學校 大學院 博士學位論文, 2004.

成賢慶,「고전소설과 가문(일대기 영웅소설을 중심으로)」,『人文硏究論集』第20
　　卷, 서강대 인문과학연구소, 1988.

成賢子,「오정희 소설의 공간성과 죽음」,『人文學志』第4輯, 忠北大學校 人文
　　科學硏究所, 1989.

손정희,「韓國風水說話硏究」, 釜山大學校 大學院 博士學位論文, 1992.

손정희,「「靑邱野談」所載 風水說話 硏究」,『文化傳統論集』創刊號, 慶星大學
　　校鄕土文化硏究所, 1993.

송명희·박영혜,「박완서의 자전적 근대 체험과 토포필리아-『그 많던 싱아는 누
　　가 다 먹었을까』를 중심으로」,『한국문학이론과 비평』제20집, 한국문
　　학이론과 비평학회, 2003.

宋晟旭,「고전소설에 나타난 夫의 양상과 그 세계관-<뉴효공선행록> <뉴씨삼
　　대록>을 중심으로」,『冠岳語文硏究』第15輯, 서울대학교 국어국문학
　　과, 1990.

신민호,「<명당을 훔친 딸> 설화의 형성 배경에 관한 연구」,『한국고전여성문
　　학연구』제11집, 한국고전여성문학회, 2005.

신민호,「풍수설화에 나타난 여성인물 고찰」,『겨레어문학』제37집, 겨레어문학
　　회, 2006.

申月均,「韓國 風水說話의 敍事構造와 意味分析」, 仁荷大學校 大學院 博士學
　　位論文, 1989.

신재은,「토포필리아로서의 글쓰기」,『한국문학이론과 비평』제20집, 한국문학
　　이론과 비평학회, 2003.

신재은,「유년의 기억 속에 투영된 공간 수사학-'토포필리아'와 '토포포비아'의
　　수사적 차이를 중심으로」,『현대문학의 연구』제28집, 한국문학연구학
　　회, 2006.

안숙원,「소설의 크로노토프와 여성 서사시학(1)-≪토지≫를 대상으로」,『현대

소설연구』 제21집, 한국현대소설학회, 2004.

안숙원, 「소설의 크로노토프와 여성 서사시학(2)-『미망』을 대상으로」, 『여성문학연구』 제13집, 한국여성문학학회, 2005.

양혜란, 「고소설에 나타난 조선조 후기사회의 性차별의식고찰-<方翰林傳>을 중심으로-」, 『韓國古典研究』 第4輯, 韓國古典研究學會, 1998.

오종근, 「南原地方의 風水說話研究」, 『國語國文學』 第19輯, 圓光大學校 人文科學大學 國語國文學科, 1997.

吳昶旻, 「老子의 人間觀에 대한 研究-인간의 욕망문제와 聖人의 통치방식을 중심으로」, 成均館大學校 大學院 碩士學位論文, 2002.

윤병렬, 「'거주함'의 철학적 지평-하이데거의 사유와 고구려 고분벽화를 중심으로-」, 『존재론연구』 제11집, 한국하이데거학회, 2005.

윤분희, 「地下國大賊退治 설화의 空間 構造와 意味」, 『語文論叢』 第7輯, 숙명여자대학교 어문학연구소, 1997.

이동명, 「強姦犯罪와 그 對應方案」, 『人文社會科學研究』 第8輯, 호남대학교 인문사회과학연구소, 2001.

이석환·황기원, 「장소와 장소성의 다의적 개념에 관한 연구」, 『大韓國土·都市計劃學會誌』 第32卷 第5號, 大韓國土·都市計劃學會, 1997.

이세경, 「한국 현대시에 나타난 공간인식 연구」, 단국대학교 대학원 박사학위논문, 2007.

이숙인, 「가족에 대한 유교적 상상」, 『현상과 인식』 제25권 제3호, 한국인문사회학회, 2002.

李有卿, 「여성영웅 형상의 신화적 원형과 서사문학적 의미」, 淑明女子大學校 大學院 博士學位論文, 2006.

李有土, 「李淸俊의 基督敎 小說 研究」, 忠南大學校 大學院 博士學位論文, 2007.

李鍾恒, 「風水地理說의 盛行의 原因과 그것이 우리 民族性에 미친 惡影響에 관한 一考察」, 『慶大論文集』 第5輯, 慶北大學校, 1961.

이종항, 「풍수지리설」, 『정신문화연구』 제6권 제16호, 한국학중앙연구원, 1983.

李窓益, 「민속적 시공간과 근대적 공간」, 『민속학연구』 7호, 국립민속박물관, 2008.

李海濬, 「朝鮮後期 門中活動의 社會史的 背景」, 『東洋學』 第23輯, 檀國大學校 東洋學研究所, 1993.

이해준, 「조선후기 '문중화' 경향과 친족조직의 변질」, 『역사와 현실』 제48권, 한국역사연구회, 2003.

이형권, 「지역 문학의 정체성과 토포필리아의 상관성-박용래와 대전·충남 문학의 관계를 중심으로」, 『語文研究』 제60집, 어문연구학회, 2009.

이혜경, 「문학적 토포필리아로 찾는 『혼불』의 자리」, 『한국문학이론과 비평』 제
　　20집, 한국문학이론과 비평학회, 2003.

林甲娘, 「陰宅風水說話研究」, 『韓國學論集』 第十三輯, 啓明大學校 韓國學研究
　　所, 1986.

임재해, 「풍수지리설의 생태학적 이해와 한국인의 자연관」, 『한국민속학보』 제
　　9호, 한국민속학회, 1998.

장장식, 「풍수설화의 유형 분류-음택풍수설화를 중심으로」, 『韓國民俗學』 第22
　　輯 第1號, 민속학회, 1989.

張長植, 「韓國의 風水說話 研究」, 慶喜大學校 大學院 博士學位論文, 1993.

정유화, 「집에 대한 공간체험과 기호론적 의미」, 『語文論集』 第29輯, 中央語文
　　學會, 2001.

정충권, 「구비 설화에 나타난 가족 재생산과 혈연 문제」, 『구비문학연구』 제31
　　집, 한국구비문학회, 2010.

정태귀, 「이양하 수필의 토포필리아 연구」, 부경대학교대학원 석사학위논문, 2008.

정하늬, 「오정희 소설에 나타난 공간 의식 연구-'집'을 중심으로」, 서울대학교
　　대학원 석사학위논문, 2004.

정현숙, 「윤대녕 소설의 공간과 토포필리아」, 『江原文化研究』 第24輯, 江原大
　　學校 江原文化 研究所, 2005.

조광국, 「<임화정연>에 나타난 家門連帶의 양상과 의미」, 『고전문학연구』 제
　　22집, 한국고전문학회, 2002.

조광국, 「<유효공선행록>에 구현된 閥閱家門의 自己更新」, 『韓中人文科學研
　　究』 第16輯, 한중인문학회, 2005.

조은희, 「"내 복에 산다"와 "복진 며느리"의 여성의식 변모 양상」, 『우리말글』
　　제24집, 우리말글학회, 2002.

조희정, 「'악한 아버지'도 사랑해야 하는가?-≪맹자≫와 <스타워즈>를 중심으
　　로」, 『한국문학치료학회 제22회 학술대회 발표문』, 한국문학치료학회,
　　2005.

朱南哲, 「韓國 建築에 있어 담(墻)에 관한 研究」, 『韓國文化研究院 論叢』 第28
　　輯, 이화여자대학교 부설 한국문화연구원, 1976.

秦晶和, 「女性과 住居空間」, 『建築』 第45輯 第3號, 대한건축학회, 2001.

천혜숙, 「부자 이야기의 주제와 민중적 상상력」, 『구비문학연구』 제29집, 한국
　　구비문학회, 2009.

崔晩鐘, 「金素月 詩에 있어서 '場所愛'의 現象學的 研究」, 西江大學校 大學院
　　博士學位論文, 2001.

최상욱, 「거주하기의 의미에 대하여-하이데거를 중심으로 한 탈근대적 거주하기
　　의 의미」, 『존재론 연구』 제4집, 하이데거학회, 1999.
최우영, 「조선시대 국가-사회관계의 변화와 가족주의의 기원」, 『가족과 문화』
　　제18집 제1호, 한국가족학회, 2006.
최운식, 「설화에 나타난 한국인의 풍수의식」, 『한국어문교육』 제10집 제1호, 한
　　국교원대학교 한국어문교육연구소, 2001.
최운식, 「「며느리감 고르기 설화」에 나타난 부자 며느리의 조건과 경제의식」,
　　『韓國民俗學』 第41輯, 韓國民俗學會, 2005.
최원오, 「한국 구비문학의 성격과 민족문화의 정체성」, 『국학연구』 제16집, 한
　　국국학진흥원, 2010.
최유연, 「1970년대 소설에 나타나는 ‘집’의 상징성 연구」, 『도솔어문』 제15집,
　　단국대학교, 2001.
최진봉, 「창세신화의 공간연구」, 『崇實語文』 第19卷, 崇實語文學會, 2003.
최해진, 「경주 최부자의 경영사상과 경제적 부의 지속 요인에 대한 연구」, 『大
　　韓經營學會誌』 第16輯, 대한경영학회, 1997.
탁원정, 「17세기 가정소설의 공간 연구-<사씨남정기>, <창선감의록>을 대상
　　으로-」, 이화여자대학교 대학원 박사학위논문, 2006.
편집부, 「가부장제」, 『여성과 사회』 제3호, 한국여성연구소, 1992.
편집부, 「재생산」, 『여성과 사회』 제3호, 한국여성연구소, 1992.
한귀은, 「장소감에 따른 기억의 재서술-박완서의 《그 남자네 집》을 중심으
　　로」, 『현대문학의 연구』 제36집, 한국문학연구학회, 2008.
현승환, 「제주도 풍수설화의 이해」, 『耽羅文化』 第22號, 제주대학교 탐라문화연
　　구소, 2002.
洪承兌, 「孟·荀 慾望論 硏究」, 中央大學校 大學院 碩士學位論文, 2004.
黃桃慶, 「李箱의 小說 空間 硏究」, 이화여자대학교 대학원 박사학위논문, 1993.
황도경, 「소설 공간과 ‘집’의 시학」, 『현대소설연구』 제17집, 한국현대소설학회,
　　2000.

4. 인터넷 자료 및 사전

두산백과사전 EnCyber & EnCyber.com.
서석산 카페 cafe.naver.com/ddosan.
李瀷, 『星湖僿說』 卷19 「經史文」, http://www.itkc.or.kr.(한국고전번역원).
조윤승 외 편저, 『환경용어사전』, 新光出版社, 2005.

http://www.pungsuziry.co.kr.

『英祖實錄』 卷第13, http://sillok.history.go.kr.

Abstract

This study is to identify that humans project their desire into space, in particular, a residential space and they contribute the blessing and prosperity obtained from the space to permanence of family, showing their deep engagement in space; and accordingly to shed light on human life.

Human settling in a space refers to maintaining of support base against the world, keeping their position strong among the order of things, and feeling affection for a certain place with a meaning; as well, taking root in and living in a space means empathy into the space and making it a meaning environment.

Considering a residential space as a space humans stop over, stay and rest with silence, it is seemed coming from sense of place. The scope of residential space based on sense of place is limited not only to living people but to the deceased. Humans are rested in a 'tomb' after death, which means he or she still has to stay in a specific space. Therefore, when it comes to residential space, we should deal with house and tomb all together. Tomb, like a house where humans reside while living, is deemed another house to live after death.

Studies on relation between space and humans have been steadily conducted in any and all literature areas. Although human residential space covers a tomb as well as a house, however, preliminary studies failed to consider and handle both of them as a residential area. Overcoming such limit, the study looked at the two places as a residential space and found out that human projection of desire into space, a purpose of the study, is for the permanence of family and accordingly, space and humans are involved each other.

Chapter II, a preliminary discussion to help understand the topic of study, explains an exact concept of terms of 'desire' and 'residential space' in order to find out involvement between humans and space and how human desires are expressed in a residential space in an example sentence.

Chapter III is to specifically highlights the topic of study; where the author looks into how human desires are materialized into making a space appearing in a residential space, in which space and humans are mostly engaged. making a space from an oral folktale is expressed that humans strive against and overcome fate. For a house, humans project their desires including wealth and prosperity, overcoming of short life and self-realization into their house (site); for space making through a tomb, they project into a tomb, greed such as wealth and prosperity, self-acfualize and selfish desire to steal and take blessing and prosperity that others deserve.

Chapter IV illustrates which meaning relation between space and humans has in a societal and cultural basis, given the extracts from discussion in Chapter II and III. The social and cultural background of the time showed strong patriarchy to overcome hardships of society at that age. Oral folk tales materialize such phenomena into self-acfualize and rising in the world and gaining fame based on moral training and people governing, and predominance of men over women.

Engagement between space and humans are taken shape into human desire for a propitious and ideal site.

Wishing and hoping of humans by projecting their desire into space is only for permanency of family they belong to. The value of space is derived from affinity or correspondence of human relationships since humans are directly involved with environment and they cannot live their life leaving the environment, which means that space, humans and environment get along with and react each other, that is, the relation between humans and space is not one between 'me' and 'a thing' but one between 'me' and 'you', making a space with a sense of unity.

Humans, of course, tend to live adapting themselves to a given fate but also has a strong consciousness to overcome such fate. As such consciousness is externally expressed, that becomes a desire. One thing to think of at this point is that desire humans take shape and realize as a subject of perception is not that different from that animals have. It is not until human transformation from a being to need to a being to want that humans realize humanity in earnest.

Today, it is not too much to say that humans live in a age of desire as an existence of desire since desire includes ambition to set a future goal and driving force to push ahead with such goal until achieved and whether or not to have a desire is the key to success or failure of life. In other words, life is desire and end of desire menas end of life so that humans cannot throw away their desire. A mechanism of desire acts as a virtue to improve the quality of human life and becomes an energy to support life, but a greed generated when humans go beyond desire damages not only oneself but also others, an ambivalent existence. While our people used to encourage the desire that becomes an energy for life, they also used to become wary of the desire that fails to become an energy for life, expressed here and there in oral folk tales.

As mentioned above, considering the emotion to express a desire projected by humans into a residential space for the purpose of family permanence, it is repeatedly suggested that space is a product and tool of human desire.

Key words: space, humans, residential space, environment, relation between space and humans, family, permanence of family, desire, greed, lack, house (site), tomb, Feng shui (Korean traditional philosophy figuring out the harmonic relation between nature, geometry and humans), wealth and prosperity, overcoming of short life, self-acfualize, self- extension, projection, patriarchy, self-acfualize and rising in the world and gaining fame through moral training and people governing, predominance of men over women

찾아보기

경인한국학연구총서

*대한민국학술원 우수학술 도서   ****문화체육관광부 우수학술 도서**